〈よい再エネ〉を拡大する

地域に資するための社会的仕組み

丸山康司・本巣芽美〔編著〕

法政大学出版局

本書は公益財団法人日本生命財団の助成を得て刊行された。

はじめに　〈よい再エネ〉を考える

丸山 康司

1　再生可能エネルギーと社会的摩擦

本書の目的は、多様な人々に積極的に受け入れられる再生可能エネルギー（以下、再エネ）の具体的な条件と、これを実現するための社会的仕組みを明らかにすることである。

持続可能な社会への問題意識を背景として全世界的に脱炭素に向けた動きが加速している。そのための一つの方策が再エネの大量導入を伴うエネルギー転換であり、国連の持続可能な開発目標（ＳＤＧｓ）やパリ協定など国際社会のなかでも主要施策の一つとされている。脱原子力やエネルギー安全保障といった動機にも支えられ、再エネの利用は全世界的に拡大している。

日本でも二〇一一年以降にはさまざまな主体が再エネ事業に取り組むようになり、外国資本を含む大手企業だけではなく、地域の企業やＮＰＯ、あるいは自治体のような主体がかかわる事業も存在する。その結果、二〇二三年時点での再エネの導入量は二〇一〇年と比べて約四倍に増加し、発電事業の数は七〇万件を超えている（経済産業省 2024）。エネルギー源としての存在感も増しており、二〇二一年の電力需要の約二〇％の供給を担っている。多くの国が二〇五〇年までに二酸化炭素排出を実質ゼロとする目標を掲げているなかで、日本も今後さらなる再エネの利用拡大が必要とされている。

その一方で、再エネに対する懸念も増えている。理由はさまざまであるが、環境影響に起因していることが多い。再エネ事業では設備の導入は不可欠であるし、太陽光のように比較的広い土地を占有するものもある。さまざまなことが争点になるが、①植生の改変や風力発電による鳥類の衝突死のように生態系など自然環境への影響、②騒音や景観、あるいは土砂災害のような近隣住民の生活環境への影響、③洋上風力における漁業への影響のように既存の社会経済活動への影響に整理することができるだろう［丸山 2014］。懸念事項は多岐にわたっており、それぞれに異なるステークホルダーが存在する。たとえば自然環境ならＮＧＯが、生活環境なら近隣住民が主たるステークホルダーとなる。関心事項の数と質的多様性が合意形成を難しくしており、景観や自然物に対する位置づけなど地域固有の文化的事情もある。コミュニケーションの仕組みとして環境影響評価制度があるものの、それだけでは十分に機能しない場合もある。

大半の再エネ事業はなんらかの開発行為を伴う。このため、影響に対する懸念が存在すること自体は不可避である。現状ではステークホルダーの警戒的な反応が増えており、新聞報道をみても懸念事項を含む記事が増えている。**図０－１**は太陽光や風力に対して懸念事項とともに報じられている記事数の推移を示している。一つの記事で複数の懸念事項に言及されている場合には重複して数えられているため注意が必要だが、全体的な傾向とし

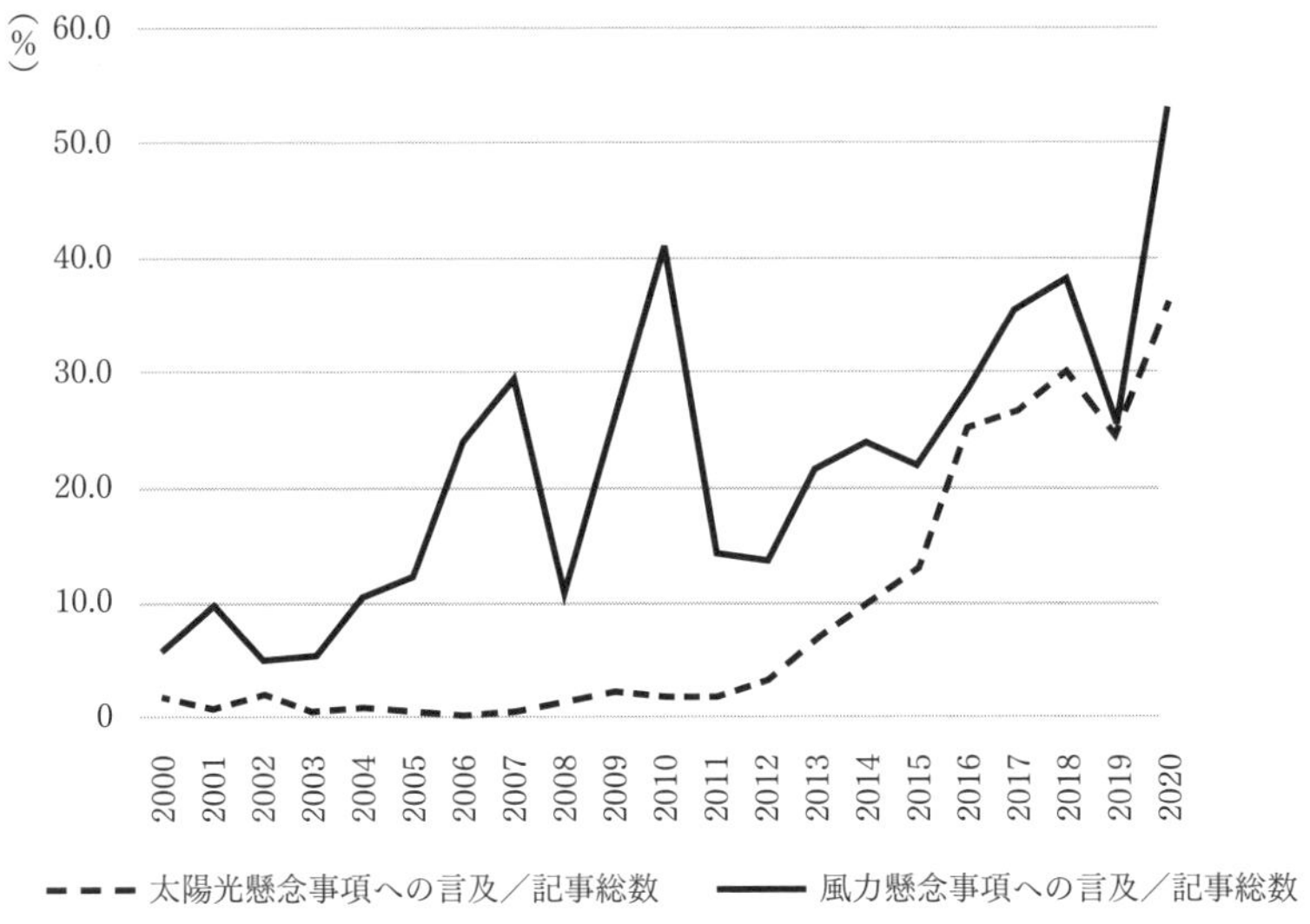

図0–1　再エネ事業に対する懸念を含む記事数の推移　（筆者作成）

ては懸念や警戒を喚起するような記事が増えている。

理由はいくつか考えられるが、たとえば、常総市（二〇一五年）や熱海市（二〇二一年）など土砂災害との関連が疑われた事例が契機となった可能性がある。再エネ全般に対する一般的支持があるなかでの問題事例には意外性があるため、人々の耳目を集めやすい。あるいは二〇一一年以降の再エネ推進の風潮に対する反発のようなものもあるかもしれない。マスメディアのみならずソーシャルメディアでも同様の傾向があり、たとえば再エネに対して「メガソーラー」といった批判的なニュアンスでの呼称が増えている［Doedt & Maruyama 2023］。反再エネの世論が形成されつつあるようにもみえる。

こうした世論と呼応するかのように、再エネ導入に対して異を唱える市民の全国的なネットワークが形成され、これに賛意を示す政治家も現れている。なかには温暖化懐疑論など事実認識の妥当性が疑わしい主張も含まれているし、少数の事例や研究を過度に一般化していることもある。そういう意味で事実認識の妥当性には疑わしさが残るものの、再エネ全体を疑問視する人々の存在感は増している。こうした動きに呼応するかのように、再エネに対して慎重な姿勢を示す地方自治体も増えている。二〇一六年前後以降は規制的な内容を含む条例が増えており、禁止区域の設定や独自の課税、あるいは近隣住民全員の同意を求めるようなものもある。固定価格買取制度が定める価格の低下や制度の変更といったことも影響した結果、再エネの普及速度は鈍化しつつある。

2 「被害」の複雑さと規制の難しさ

当然のことながら、エネルギー技術は再エネだけではないし、個々の再エネ事業の是非については多様な議論がありうる。すべての再エネ事業が再エネだという理由だけで推奨されるわけではないし、そうされるべきでもない。各種の規制をクリアした合法的な事業であっても疑義が提示されている以上、何らかの形での政策的な介入を検討する必要はあるだろう。ただし、要否の判断や具体的な基準に落とし込むのは容易ではない。再エネによる懸念事項は多岐にわたっており、その性質もさまざまである。風車による電波障害や太陽光パネルの反射など、予測や対応が比較的容易なものもあれば、騒音や景観のように単純には線引きできないものもある。

これらをどのように整理できるか、事実関係と価値判断という枠組みから考えてみよう。規制が遍く機能するのは、外形的に把握できる事実に基づいて誰もが可否を判断できるからである。実際のところ、環境に関する規制の多くは機械的に測定可能な物理的指標に基づいている。これが避けるべき現象と密接に関係していれば規制は機能する。こうして環境にかかわるさまざまな規制が導入されてきた。その結果、程度問題については議論の余地はあるにせよ、問題の再発防止や抑制には貢献してきた。再エネ関連でも、たとえば風車による騒音について風の状況に対応した相対的な差分を対象とした指針が示されるようになった。あるいは林地開発の際に許可が必要となる面積の下限が二〇二二年に引き下げられたように、事実関係を調べた上で必要に応じて新たな規制や指針が導入されている。

だが、原因となる物理現象と避けるべき現象との関連が低いと、問題の扱いは難しくなる。再エネの環境影響のなかにはそのような性質を持つものもある。たとえば風車音についての実証的な研究では、機械的な測定に基づく客観的な睡眠指標と風車音の間には統計的に意味のある関係が認められないということが報告されている[Liebich et al. 2021]。主観的な睡眠指標は風車音と関連する研究もあるが、これらを総合的にレビューした世界保健機構(WHO)の欧州地域向け環境騒音ガイドラインでは、政策的介入が必要となる証拠は得られていないとしている[WHO 2018]。騒音に対する被害感情の評価でも経済的な受益がある人は騒音を煩わしく感じる程度が減少するなど、社会的な要因の影響も示唆されている[Pedersen et al. 2009]。大規模な調査としては、アメリカの再生可能エネルギー研究所が実施したものがあるが、そこでも同様の結果が報告されている。風車からの距離にかかわらず、全体としては事業に対して肯定的な評価が多数を占めている[Rand & Hoen 2017]。事業への賛否と相関しているのは、施設からの距離、音への感受性、あるいは聞こえるかどうかといった物理的要因ではなく、受益の有無や意思決定過程の公正さといった社会的要因であるという。こうした傾向は風車音に限られたものではなく、回転する風車の影の問題(シャドウ・フリッカー)や[Haac et al. 2022]、景観[Warren & McFadyen 2010]についても同様の結果が報告されている。

もちろん、これらが一般的傾向とみなせるかどうかは不確実な部分もある。さらなる調査が必要かもしれないし、少なくとも便益があれば被害感情も薄くなると安易に一般化することには慎重であるべきだろう。同様に、風車からの距離を対象とする規制の妥当性にも疑義が存在することになる。リスク管理全般に通じる話として、原因と推測される現象と結果の間に影響の有無が分かたれるしきい値が存在するかどうかは一つのポイントとなる。しきい値が存在する場合には、それ以下は安全であるとみなすことができる。そこを目安とした規制によって、問題を回避できる可能性は高い。可否の線引きが難しい場合があっても、避ける事態の深刻さに応じて安全側に規制の値を設定する予防原則のような考え方もある。どの程度安全側で判断するかは議論の余地があるものの、原因者側にとっても規制さえ守っていれば免責されることになるため、納得感のある線引きが可能である。

ところが、前述した風車音のように物理現象との関係が明確ではない場合には、誰もが納得できるような規制値を決められないことになる。影響がなくなる値は特定できないので、規制の妥当性を科学的知見で正当化することが難しくなる。このような場合にはなんらかの価値判断に基づいて意思決定せざるをえないが、それも容易ではない。予防を重視すれば確証なしに禁止することになる。その一方で、疑わしい問題をも免責することには慎重にならざるをえない。もちろん、間をとってたとえば八〇%以上の人が不快に感じるといった基準で線引きすることも可能ではある。だが、そのような判断に基づいて規制値を決めると、残りの二〇%の人が感じる被害が法的には救済されなくなってしまう可能性を排除しきれない。いずれの場合も規制を望む側・望まない側双方の不満が予想される。

もちろん、強い予防原則に基づいて再エネ全般を抑制するという考え方もありうる。その場合には、再エネがもたらす便益も失われることになる。産業振興に期待する地域も存在するであろうし、これを除外したとしても、脱炭素に向けた代替的手段の検討は必要になるだろう。再エネに限った話ではないが、事業には何らかの目的があり、受益者が存在する。むしろ、他者への迷惑や加害そのものを目的とする行為は例外的である。再エネ事業の場合、事業者にとっては電気の生産やそれに伴う事業収益が基本的な目的となるが、それに付随して気候変動の緩和をはじめとする公共的な意義も派生している。多様な波及効果を通じて、地域資源として活用するような取り組みも生まれている。規制の導入や運用のあり方によっては、こうした便益も抑制されることになる。地球温暖化そのものを疑えば論理的な矛盾はなくなるが、気候変動に関する政府間パネルの報告では人為的な影響は「ほぼ確実」とされており、むしろ真逆の見解が示されている［IPCC 2021］。

逆に、再エネ導入の社会的便益を理由に個の不利益を正当化する考え方もありうるが、それも望ましいとはいえない。気候変動問題だけが社会課題であるならば、温室効果ガスを抑制できればなんでもよいということになるかもしれない。だが、再エネへの反発という現状が示しているのはそうした大義名分の限界でもある。そもそも全体の利益を理由に少数の不利益を正当化する考え方はＳＤＧｓが掲げる「誰ひとり取り残さない」という理念にもそぐわない。少なくとも、そのような社会を皆が積極的に望むということは想像しにくい。

3 複雑な問題を複雑に解決する方法

ここまで述べてきたように、脱炭素と再エネの関係は複雑で、特定の要因に注目して単純に制御しようとすると、それ自体が別の問題を喚起してしまう。再エネ事業のあり方は多種多様であるし、それぞれの事業に対するステークホルダーの見解も多様である。こうした複雑さを考えると、問題を単純化すること自体に誤りの原因が潜んでしまうことになる。ある程度問題を整理するとしても、多種多様な課題の実態に則した対応方法を検討する必要があるだろう。

問題の性質	単純	複雑	不確実性	曖昧
リスク管理の方法	ルーティーン	科学的リスク評価	リスクバランス	リスクトレードオフの分析と熟議
関与する主体	行政	外部の専門家 行政	ステークホルダー 外部の専門家 行政	一般市民 ステークホルダー 外部の専門家 行政
対立のタイプ		認識枠組み	利害関心 認識枠組み	規範 利害関心 認識枠組み

表 0–1　リスクの類型とガバナンスの手法　出典：Renn & Klinke 2015: 15; Renn 2008: 280.

実際のところ、再エネへの懸念事項には単純なものもあれば複雑なものもあるので、ある程度整理することは可能である。ドイツの社会学者のレン［Renn & Klinke 2015］はリスクの性質の多様性を踏まえて四つの類型に整理し、それぞれの性質に応じた対応方法を提案している（**表0－1**）。具体的には(1)機械的に判断可能なもの、(2)複雑ではあるが専門家の判断に委ねることが可能なもの、(3)利害当事者の合意によるもの、(4)社会的な議論が必要なもの、の四つの類型に整理している。(1)および(2)は問題の所在そのものは明確であり、科学の領域だけで扱うことが可能な問題である。多くの規制は(1)に属しており、専門的知識のない行政当局でも運用可能である。(2)は専門家の助けが必要になるが、科学的知見に基づいた判断が可能である。従来の公害規制はこれらのカテゴリーに属していると考えられる。

これが価値判断を伴うようになると行政や専門家だけでは判断できなかったり、そうすることが問題を複雑にしてしまうことがある。それが(3)および(4)の領域である。(3)は科学的知見の不確実性を踏まえて当事者の合意を根拠とするもので、当事者を限定できない場合には(4)の多面的な議論が必要になる。再エネの環境影響にあてはめると、(1)は電波障害のように科学的予測や対策が十分機能するもので、(2)は太陽光パネルの反射光など、複雑ななりに専門的知見を集約することによって対応可能なものである。洋上風力発電と漁業、あるいは地熱利用と温泉事業者のような課題は(3)になる。当事者を限定できるという意味では風車音の問題も含めることが可能かもしれない。景観など多面的な議論を踏まえた合意でしか決められないような課題は(4)になる。

価値判断を伴う課題は行政や専門家だけでは決められない。(3)は当事者の合意に基づいて意思決定することになる。必要に応じて協議会のような場を設けることもありうるだろう。協定書のような形で予め条件を定めておくことも可能である。(4)の場合は科学的知見にも不確実性がある一方で、価値判断も複雑になる。再エネと脱炭素のような課題が典型例となる。この種の課題は多様な主体の参加を踏まえて多面的に論じ、合意に基づいて何かを決定することになる。もちろん、多様な論点が混乱を招くかもしれないし、対立が深まる可能性もある。そこで、何が問題なのかという出発点から合意を積み上げていくという方法が必要となる。たとえば、生態系のような課題はステークホルダーのあり方次第というところもあり、(2)~(4)のいずれかになるかは地域ごとに異なってくる。特定のステークホルダーが存在しない場合には、法的には生物の個体群や生態系が存続できるかについての評価となり、(2)とみなすことができる。もちろん、特定の生物種への愛着が強い人が存在する場合もあるし、その生物が地域のシンボルとなっているような場合もある。その場合は(3)や(4)の課題になる。生き物がもたらす価値や機能には個人差や地域差があるので、それに応じた対応が必要となる。

このように、事実認識と価値判断が複雑に関連する課題を解決するためには丁寧なコミュニケーションと段階を踏んだ合意形成の過程が必要になる。地域の事情も多様であるため、トップダウンで全国一律に適用可能な方策を決めるのも難しい。こうした事情を踏まえ、環境省の温暖化対策では再エネ導入は重要としつつも、地域ごとのボトムアップの合意を尊重している。どのように脱炭素を進めるのかという手段の選択や、その手段の一つとしての再エネ導入を進める促進区域の設定は、地域ごとの計策策定を促そうとしている。メガソーラーや大型風車だけが再エネではないし、平均的な想定以上の省エネも脱炭素に寄与する手段となる。省エネといっても家屋の断熱など、経済面や健康増進の効果に期待できるものもある。

脱炭素は避けて通ることのできない課題だとしても、そこに至るまでの道筋は多様であり、地域ごとに最適な方法を探ることができる。再エネ導入にしても、一律に森林地域での開発を禁止するような考え方もあるが、たとえば地域での脱炭素を上限とする林地開発は認め、開発面積相当の植林を代替措置として求めるような考え方もありうる。希少性のある生態系の維持を最優先とし、脱炭素については高コストな垂直型太陽光を導入するといった方針もありうる。もちろん、再エネの資源量には地域差があるので全体的な枠組みのなかで、ある部分では貢献し、別の部分では多地域に依存するというバランスのなかで地域のあり方を考えるという方法もある。

4 〈よい再エネ〉の必要性

このように問題設定の枠組みを拡げることによって、社会的摩擦が少ない形での脱炭素を実現する可能性が見えてくる。少なくとも、紛争や分断を回避し、立場や価値の異なる人々の合意に基づいた意思決定を促す効果には期待できる。ただし、そこが限界でもある。そこでもう一つ重要なのが、トレードオフが小ないだけではなく、シナジーの大きい〈よい再エネ〉を定義し、それを推奨する方法である。

理由の一つは、市場の仕組みを通じた問題解決の可能性が拓かれることである。前述のように規制は権利の制限を伴うので、根拠となる事実の有無や線引きの妥当性が問われてしまう。だが、それは個別の対策が機能しないことを意味しない。風車音のように全体としてはしきい値が見つからない課題であっても、住居への防音対策などによって問題が解決することも多い。鳥類や生態系などの自然環境への影響についても、同様の対応は可能である。たとえば、運転開始後の状態に応じて対策の内容や強度を選択する順応的管理という方法がある［松田・門畑 2015、島田 2015］。環境影響評価の調査結果や事前予測の精度には議論の余地があったとしても、事後対策が保証されていれば防げることはある。

このように、科学的根拠に基づく線引きが難しかったとしても、個別の解決策が機能する可能性はある。ただし、こうした対応にも費用は発生するため、企業イメージの向上のような効果だけだと事業者が積極的に取り組む動機は乏しい。環境問題全般に共通する課題だが、企業のモラルや意識だけに委ねてしまうと、法令遵守以上には費用をかけない企業のほうが利益を上げやすい構造になってしまう。

こうした状況を変えるためには、追加的な環境配慮が利益につながるような選択的誘因を設けるという方法がある。なんらかの条件で〈よい再エネ〉を定義し、企業に対するインセンティブとすることによって、市場メカニズムを通じて普及する可能性が拓かれる。規制ではないので行政以外が設定したり運営することも可能で、業界団体、消費者、あるいは第三者機関など、実施する主体によってさまざまな方法が可能である。認証と消費者の選択という仕組みによって市場メカニズムのなかで望ましい取り組みを拡げようとしている。農林漁業では先駆的取り組みがあるが、エネルギー分野への応用も可能だろう。近年では再エネの利用を積極的に進める企業も増えているが、合意形成上の問題のある再エネを避けて〈よい再エネ〉を選ぶ動機はある。

こうした〈よい再エネ〉への誘導はリスク対応だけではなく、立地地域にもたらす便益に関しても有効である。売上の一部を自治体に寄附し、基金のような形で地域の問題解決につなげている事例もあるが、これも企業イメージの向上といった効果だけでは動機に乏しい。こうした取り組みを〈よい再エネ〉と位置づけ、市場メカニズムを通じて支援することも可能である。

〈よい再エネ〉が必要なもう一つの理由は、「結果としての脱炭素」である。脱炭素は社会全体として重要な課題であり、程度の差はあれすべての人に影響する。ただし、すべての人にとって第一の優先順位であるとは限らない。またその手段が再エネだけであるとも限らない。永続的なエネルギー資源の確保という意味では再エネには固有の意義があるものの、温室効果ガスを排出しない非化石エネルギー技術は他にも存在する。事業による経済的価値にしても、稼ぐ手段は他にもあるかもしれない。こうした考え方も含めた多様な価値を尊重する方策として考えられるのが、多様な波及効果を主たる動機とする「結果としての脱炭素」である。健康増進、快適な住居、交通まちづくりなど、脱炭素と組み合わせた相乗効果には多様な可能性があるが、その一つとして〈よい再エネ〉を位置づけることができる。

具体的には、たとえば自然保護との関係でいえば、丁寧なリスク管理による軽減措置だけではなく、自然再生など生物多様性の確保に積極的に貢献するような取り組みが相当するだろう。実際のところ、事業に際して生物の保護増殖や生息環境の積極的な確保に取り組む例は存在する。地域社会との関係についても、負の影響への対応にとどまらず、調達や雇用での地元配慮、寄附金を通じた地域振興、電力供給、災害時対応など、多様な便益を提供できる。再エネを中心に見れば、これらは付加価値であったり波及効果であったりするが、むしろそこに魅力を感じる人もいるかもしれない。そうした周辺的な価値が評価された結果選ばれた再エネであっても、脱炭素には貢献する。

こうした考え方はＳＤＧｓの趣旨でもある。目標とされているそれぞれの項目を単独で切り出すのではなく、相乗効果によって複数の課題の同時解決を目指すことが必要とされている［IPCC 2023］。上位目標は持続可能な社会の実現であり、再エネはその一手段に過ぎない。社会的受容性との関連の有無にかかわらず、多様な便益を同時に実現するのが〈よい再エネ〉なのである。重要なのは、再エネに対して反対や抵抗が存在しないことではなく、多様な形で積極的な支持が得られる状態を作り出すことにある。これは、多くの人の豊かさを実現する脱炭素の条件でもある。

5　本書の構成

以上のような問題意識から、本書はトレードオフが少なく相乗効果の多い〈よい再エネ〉を定義し、そうした取り組みが報われるような仕組みを明らかにする。そのことを通じて、多様な便益を産み出しながら持続可能な社会の構築に寄与する道筋を探りたい。

もちろん〈よい再エネ〉を定義するだけで普及するわけではない。再エネに取り組む事業者の経験やノウハウは許認可や技術設計といった領域に集中している場合も多い。地域住民が市町村を頼りにすることも多いが、行政の本来の役割は制度全般の運用である。再エネ事業のような複雑な課題の合意形成にはノウハウが必要である。エネルギー事業に対して大きな許認可権限があるわけではない。そもそも二〇一一年の東日本大震災以前はエネルギー政策を課題として意識してこなかった自治体のほうが多いだろう。さらには、定期的な人事異動のため経験や知識が蓄積されにくいという課題もある。各地域で〈よい再エネ〉を普及させるためには専門的支援が欠かせない。リスク管理も含めたコミュニケーションや合意形成、地域課題の可視化、ローカルな制度作りなど、必要なノウハウは多岐にわたっている。これらについて、専門的支援という形で整理したい。

本書の構成は以下のとおりである。第1部では〈よい再エネ〉の定義を試みる。立地地域における再エネの受容性の研究では、利害のバランスや意思決定の手続きの公正さが注目されてきた。これらを具体化する手段としてコミュニティパワーという考え方が提唱されてきた［飯田ほか 2014］。その意義は大としつつ、地域外の事業者であっても取り組むことが可能な条件として整理した。

持続可能な社会を構想する際の参照点として、経済、社会関係、自然環境を想定し、それぞれについて再エネ事業が積極的に貢献する具体的方法を紹介する。第1章では地域経済への貢献、第2章では地域社会とのシナジー、第3章では自然環境の保全や再生へのシナジーを紹介した上で、それぞれ一般化するための可能性や条件について論じている。

第2部では国内外の事例を踏まえて必要とされる社会的仕組みを紹介する。六章構成となっているが、中間支援と認証という要素が含まれている。再エネにかかわる直接的なステークホルダーには事業者、地域住民、自然保護団体、市町村などがあり、それぞれ多様な利害関心や意見がある。当事者間の議論だけでは話がまとまらないことも多い。これらを仲介したり媒介する専門的支援について第4章から第6章で紹介している。4章では専門性、5章ではコミュニケーションという視点からそれぞれ専門的支援の必要性を論じた上で、海外の事例を紹介している。日本ではこうした機能を持つ第三者機関は存在しないものの、都道府県行政が果たしうる役割について6章で紹介している。第7章から第9章は認証という仕組みの可能性を検討している。認証と消費者の選択を通じた市場メカニズムの活用は農林漁業が先行しているが、7章では海産物の認証を紹介しながら再エネへの応用について議論している。8章は世界でも最先端の取り組みの一つであるドイツにおける風力の認証の事例を紹介している。9章では条例を活用して〈よい再エネ〉へと誘導する方策を検討している。

加えて、八本のコラムではさまざまな団体の実践を紹介している。執筆者には当事者が多数含まれている。この課題の複雑さを受け止めた上で、誠実に取り組む方々を紹介すべく、本書に掲載させていただいた。

日本で本格的に再エネが導入され始めてからすでに一〇年以上経過している。今後の導入量やスピード感には議論があるとしても、すでに一定の存在感があるエネルギー源であるし、世界的にも国内的にもさらなる利用が求められている。そろそろ再エネの多様なあり方を無視した雑ぱくなくくりや「再エネ問題」といった議論から一歩踏み出し、どのような再エネが社会として必要なのかという論点を設定し、社会を豊かにする〈よい再エネ〉へのアップデートを考えるべきではないだろうか。本書がその一助となれば幸いである。

〈よい再エネ〉を拡大する❖目次

第1部　〈よい再エネ〉事業を定義する

〈よい再エネ〉を拡大する——地域に資するための社会的仕組み

第1部 〈よい再エネ〉事業を定義する

第1章 再生可能エネルギーの地域経済効果

地場産業化に向けた道筋

山下 英俊

1 地域経済効果の理論[1]

再生可能エネルギーの発電設備・発電事業が立地地域におよぼす影響は多岐にわたる。地域のエネルギー自給率を高めること、未利用の地域資源が有効活用されること、従来の電源よりも環境負荷の相対的に低い電気を供給できること、売電収入が得られること。このように地域に良い影響をもたらす可能性もある。一方で、住民との合意形成を欠き、立地選定、設置工事などが適切に行われなければ、地域に害悪を与えることにもつながる。

再生可能エネルギーと立地地域との関係は、本書全体を貫くテーマである。そのなかで、本章では特に、経済的な影響、つまり地域経済効果を採り上げる。経済的な影響は、先に述べたさまざまな影響の一部にすぎない。

一方で、事業者の利益や従業員の雇用など、直接的・金銭的な形で現れるため、わかりやすい。「世の中カネがすべて」ではないものの、カネの話を避けて通ることも難しい。再生可能エネルギーの地場産業化［丸山 2014］を進める上でも、地域に経済的な好影響をもたらすことが大前提となる。

そこで以下ではまず、地域経済効果の理論的な考え方と再生可能エネルギーによる地域経済効果の計測方法を解説する。その上で、実際に日本においてどの程度の地域経済効果が生じているのか、試算結果を紹介する。これらを踏まえ、地域経済効果を高めるために求められる条件を論じる。

1・1　発電事業の経済効果

再生可能エネルギーの地域経済効果をイメージする手がかりとして、たとえば出力二メガワットの風力発電設備を想定してみる。[◉2] この風車の設備利用率（一年間のうち出力どおり発電できる時間の割合）が二五％であれば、一年間に二メガワット×二四時間×三六五日×二五％で合計四三八〇メガワット時の電気を発電することができる。これを全量、固定価格買取制度で売電できたとすると、買取価格が一五円であれば年間六五七〇万円の売電収入（発電事業に限らず一般的に表現すれば、売上）が得られる。風車が二〇年間稼働すれば、合計一三億一四〇〇万円の売電収入となる。この売電収入が、この風車の生み出す経済的価値として、最初に思い浮かぶものだろう。相対的な把握のしやすさという面でも、売電収入は経済効果を測る便利な指標といえる。

しかし、厳密にいえば、売上がそのまま経済的価値になるわけではない。この風車を所有している事業者が手にする利益は、売上から諸々の費用を差し引いたものになる。たとえば、風車などの設備に四億円、設備の設置工事に二億円、合わせて六億円の初期投資が必要だったかもしれない。このうち二億円を出資金（自己資本）で賄い、残り四億円を銀行から年利二％ほどで借りたとする。借入金を年間二八〇〇万円ずつ一七年かけて返済したとすると、合計七六五〇万円ほどの利子を払うことになる（以下では、年平均四五〇万円の利払とする）。加えて、風車の設備を一七年（均等割）で減価償却すると、年三五三〇万円ほどの減価償却費がかかる。さらに、発電を開始してからも、風車の維持管理に年一六〇〇万円かかる。そのうち四〇〇万円は事業者の人件費で、残りは風車の故障などに備えた保険料や修理のための部品代などとする。また、地権者に支払う地代が年一五〇万円かかるとする。

結果として、六五七〇万円の売上から五七三〇万円の費用を差し引いた八四〇万円に対して法人税などの税金が二〇〇万円かかり、最終的に事業者には年間六四〇万円の純利益が生まれる。借入金の返済や減価償却が済んだ後は、その分だけ利益も増える。二〇年間の合計としては、売上が一三億一四〇〇万円、費用は初期投資（＝減価償却費）の六億円に加え、人件費が八〇〇〇万円、その他の維持管理費が二億四〇〇〇万円、利払に七六五〇万円、地代に三〇〇〇万円、税金の支払いに七〇〇〇万円の計一〇億九六五〇万円となり、差し引き二億一七五〇万円の利益が事業者のものとなる。この事業者の利益が、この風車の生み出す経済的価値として、次に思い浮かぶものだろう。

では、売上と利益、どちらが経済的価値を測る目安としてふさわしいだろうか。実は、両方の間に正解がある。売上と利益との差は費用である。費用は、大きく分けると①地権者への地代の支払、②従業員に支払う賃金、③税金の支払、④設備費や工事費、保険料や部品代、借入金の利子など、他の企業などの経済主体への支払、の四種類に整理できる。これらのうち、①地代、②賃金と③税金はこの発電事業が生み出した価値を、地権者と労働者と政府に分配したものといえる。一方、④の他の主体への支払は、受け取った相手から見れば売上に加えられる。その意味では、④はこの風車が生み出した経済的価値ではなく、発電設備を作った会社や工事会社、融資をした金融機関などが生み出した価値ということになる。

このように、経済学ではある経済主体が新たに生み出した経済的価値のことを付加価値と呼ぶ。この風車から直接生み出される付加価値は、⓪利益、①地代、②賃金、③税金の合計となる。売上から④を除いたものともいえる。これが、両方（売上と利益）の間に正解があるという理由でもある。先の例でいえば、⓪二億一七五〇万円の利益と①三〇〇〇万円の地代、②八〇〇〇万円の人件費、③七〇〇〇万円の税金を合計した三億九七五〇万円が、この風車が直接生み出した経済的価値ということになる。

ところが、話はここでは終わらない。この風車が「直接」生み出した経済的価値だけでなく、この風車によって「間接的に」生み出される経済的価値も、この風車がなければ生まれなかったという意味で、この風車の経済効果とみなすことができる。注目すべきは、④の他の主体への支払である。風車を所有している事業者にとって、④は費用であるが、受け取った相手から見れば売上である。したがって、④についても、それぞれの主体が売上を生むために必要とした費用とその内訳がわかれば、⓪′利益、①′地代、②′賃金、③′税金から、それぞれの主体が生んだ付加価値がわかる。

たとえば、四億円の風車の設備を作るために、①′九〇〇万円の地代、②′一億円の人件費、③′九〇〇万円の税金がかかり、④′他の主体へ二億七〇〇〇万円支払って、⓪′二〇〇〇万円の利益を上げていたとすれば、この発電設備製造会社は一億三〇〇〇万円の付加価値を生んだことになる。二億円の設備工事費や、二億四〇〇〇万円の維持管理費、七六五〇万円の利払についても同様である。それぞれ、仮に売上の二割が付加価値になるとすれば、四〇〇〇万円と四八〇〇万円、一五二五万円の付加価値を生んだことになる。他に費用を支払った相手がいなけ

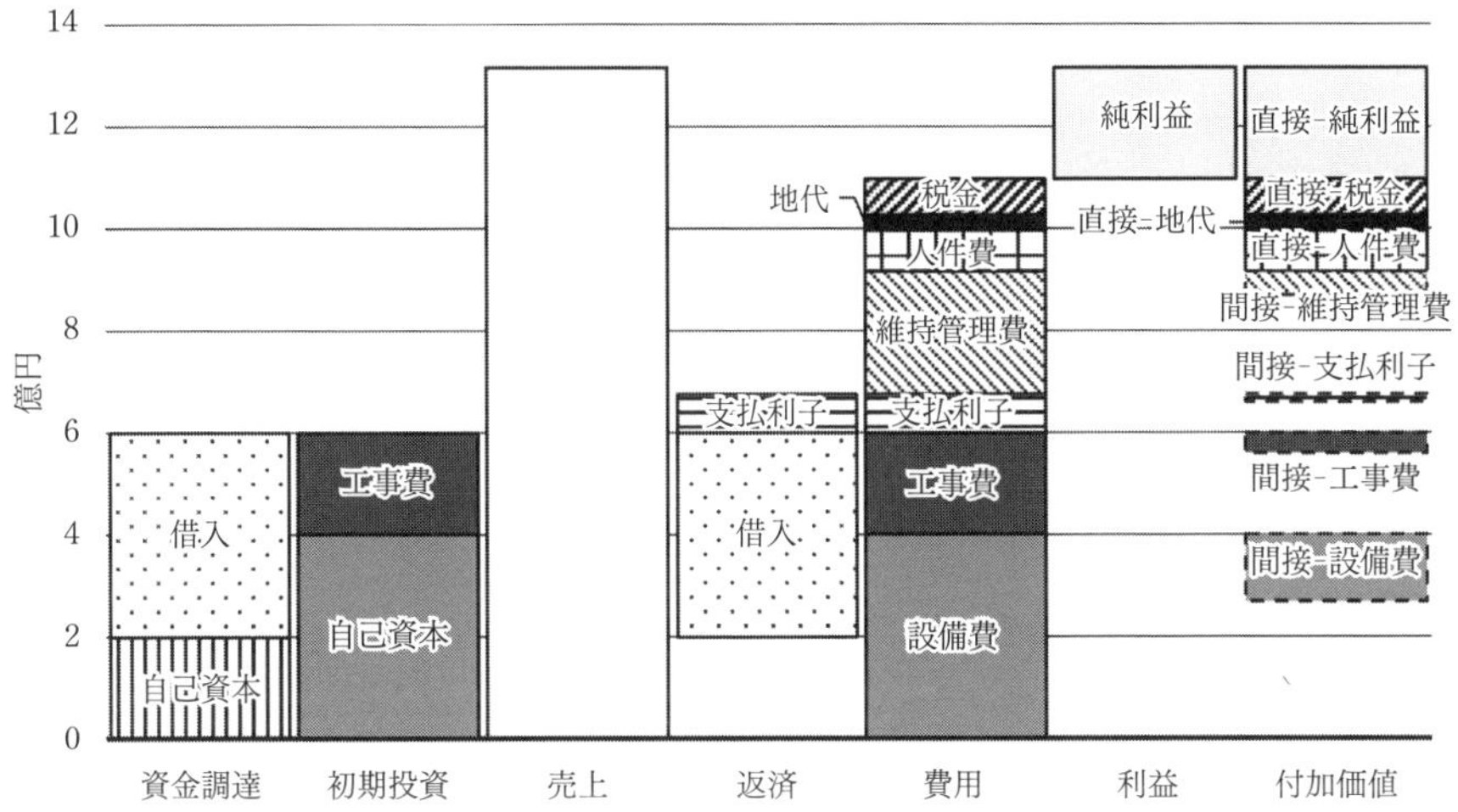

図 1–1　経済効果の算出イメージ　　＊筆者作成

れば、四者の合計二億三三二五万円を風車が直接生み出した経済価値に加えた六億三〇七五万円が、この風車が直接・間接に生み出した経済的価値ということになる（**図１－１**）。３節で紹介する地域付加価値創造分析の手法では、このような手順で付加価値を計算している。

生み出される経済的価値はさらに続く。実際には、″④の支払を受け取った主体、たとえば発電設備の原材料の会社も、他の主体に費用を支払っている。これらの支払は、それぞれの主体にとっては売上となり、売上のうち″⓪利益、″①地代、″②賃金、″③税金が付加価値になる。さらに取引関係をたどっていけば、その先で関わってくる主体が生み出した付加価値を把握することもできる。こうした取引先から間接的に生み出される付加価値も、厳密に考えるとこの風車の経済効果に加えることができる。

このように、売電収入（売上）には他の経済主体が生み出した価値が含まれている。そのため、経済効果を測る際に上記のように取引関係をたどって、関係のある主体の売上を足し合わせていくと、「他の経済主体が生み出した価値」の部分が重複することになる。一方、売上ではなく付加価値を足し合わせた場合には、それぞれの主体がこの発電事業にかかわって新たに生み出した価値の部分だけを加えるため、重複が起きず、正味の経済効果を評価することができる。

一方で、付加価値を測るためには、これまでに述べた通り、売上だけではなく費用に関する詳細な情報が必要となる。しかも、なるべくもれなく測るためには、取引関係をたどって同様に詳細な情報を集めなければならない。それが難しい場合には、最初に示したように売電収入（売上）を用いて経済効果を評価することになる。売電収入は、注目している発電事業の経済効果の指標としてはそれ自体に意味があるし、他の発電事業と比較することや、地域のなかの他の発電事業の売電収入を合計して、地域全体の経済効果を測ることもできる。実際、2節では、売電収入に着目して、自治体ごとの再生可能エネルギーの経済効果を比較する。

1・2　地域経済効果

ここまでは、発電事業が生み出す経済効果全体をどのように把握するかを紹介した。しかし、立地地域にとって重要なのは、事業によって生み出される経済効果のうち、どのくらいが立地地域のものになるかということである。言い換えれば、事業によって生み出される付加価値を誰が手にするかということである。

先に述べたとおり、付加価値は、⓪（事業者の）利益、①（その事業を行う土地の所有者が得る）地代、②（その事業で働く労働者が得る）賃金、③税金に分けられる。このうち⓪利益については、その事業に出資した主体のものになる。立地地域（域内）の住民や企業が出資していれば、地域の主体の利益となるが、外部（域外）の出資による場合には、利益は地域の外に流出してしまう。出資者が複数いた場合には、利益の分配は、通常は出資割合に応じて決まる。したがって、地域経済効果を考える上で、利益分配の鍵になるのは立地地域の主体が出資している割合（域内出資率）である。事業の原資を全額域内の主体が出資している場合（域内出資率一〇〇％）には、利益も全額が地域の付加価値となり、地域経済効果に算入できる。先の風車の例でいえば、二億円の出資金を全額地域の住民が出していれば、⓪二億七五〇〇万円の利益もすべて地域住民のものになる。

①地代や②賃金についても同様で、地権者や従業員が地域住民であれば、三〇〇〇万円の地代や八〇〇〇万円の人件費も地域の付加価値になる。③税金については、日本の場合、法人税は国税なので域外への流出となる。地方税のうち、固定資産税は立地市町村の、法人事業税は立地都道府県の税収になる。一方、法人住民税は事業者の本社がある自治体の税収になるため、外部の事業者の場合には域外への流出となる。七〇〇〇万円の税金のうち、地域の付加価値になるのは、地域内の事業者だったとしても二一〇〇万円程度と見込まれる。税制が違えば結果も当然変わり、たとえばドイツでは再生可能エネルギーについては国税分も自治体の税収となっている。

これらに加え、④他の経済主体への支払から間接的に生み出される付加価値についても、支払先が立地地域内の主体であれば、地域の付加価値となる。ただし、先に紹介したとおり、現実の世界で、実際に個別の事業について取引関係を何重にもたどって調べることは難しい。そのため、発電事業者が直接費用を支払った主体に限って付加価値を計算することが多い。先の風車の例でいえば、風車の設備は地域外の会社が製造したものだったとしても、設置工事や維持管理を地域内の事業者に発注し、地域内の金融機関から融資を受ければ、四〇〇〇万円と四八〇〇万円、一五二五万円の合計一億三二五万円の付加価値が地域にもたらされることになる。この場合、⓪〜④をあわせた四億五一七五万円が地域の付加価値となる。

利益の分配について、域内出資率に注目したのと同様、費用の支払いについても、地域の主体に対して支払われた割合（域内調達率）が地域経済効果を高める鍵になる。域内出資率が一〇〇%で、①地代、②賃金と④他の経済主体への支払の域内調達率も一〇〇%だったとすると、先の風車の例の場合、付加価値全体の六億三〇七五万円のうち、国税部分を除いた五億八一七五万円が地域の付加価値となる。一方、域内出資率、①、②と④の域内調達率がいずれも〇%だったとすると、地方税収部分しか地域の付加価値にならないことになる。

このように、域内出資率・域内調達率を上げることが、地域経済効果を高める基本である。ただし、通常、事業者は地域経済効果を高めるために事業を行っているわけではない。地域貢献を第一に掲げる事業者でなければ、事業の目的は、より多くの利益を上げることだろう。その場合、費用をなるべく安く済ませるため、設備や工事の発注先はなるべく安く請け負ってくれるところを、融資を受ける銀行もなるべく金利の安いところを選ぶことになる。域外の業者のほうが安ければ域外に発注され、域内調達率が下がる。一方で、たとえば風車のまわりの草刈り作業のように、周辺の住民に頼むのが安上がりとなる場合には、利潤追求の結果が地域経済効果を生むことになる。その意味では、実質的な地域貢献といえるのは、自分の利益を一部犠牲にすることになったとしても、地域経済効果を高めるような選択をする場合に限られる。なお、域内出資率の高い事業であれば、事業者の利益が地域の付加価値になるので、利潤追求の行動自体が地域経済効果を高めることにつながる。

2　地域経済効果の実際――売電収入額の試算

再生可能エネルギーによる発電事業は、実際にどの程度の地域経済効果を生んでいるのだろうか。次節で付加価値に基づいて詳細な検討を行う前に、ここではまず、売電収入を用いて自治体単位の地域経済効果を定量化す

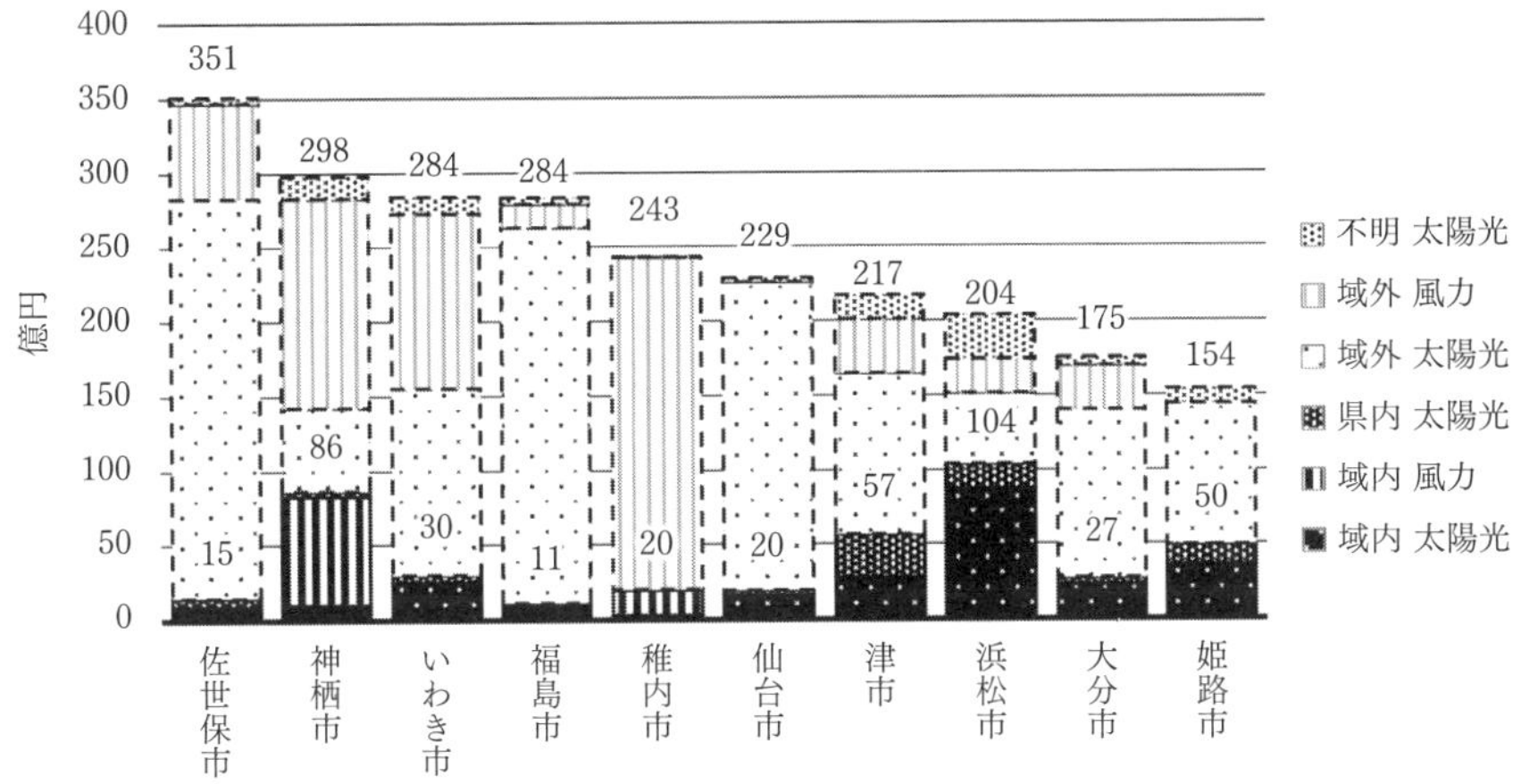

＊筆者作成。グラフの上の数値は総額，下の数値は域内と県内の合計額

図 1–2　自治体別の年間売電収入額の試算結果（上位自治体）

る。具体的には、自治体区域内にある固定価格買取制度で認定された太陽光発電および風力発電の事業から、一年間にどれだけの売電収入を得ることができるか、一定の想定の下で試算を行った。[3] その結果、売電収入額が上位となった自治体を**図1－2**に示す。**図1－2**には、売電収入総額、電源別の内訳に加え、事業主体の所在地別の内訳も示している。「域内」とは、発電事業者の所在地が、発電所の立地する自治体内となっている事業者であり、「県内」は発電所立地自治体以外の同一都道府県内の事業者、「県外」は発電所の立地する都道府県以外の事業者、「不明」は住所が開示されていない事業者（主として個人名義）である。[4]

今回の試算で、売電収入額が全国一位となったのは長崎県佐世保市で、年間三五一億円（稼働済み事業に限ると五六億円）の売上という結果となった。ついで、茨城県神栖市の二九八億円（同一〇六億円）、福島県いわき市の二八四・一億円（同六六億円）、福島県福島市の二八三・六億円（同三〇億円）という順となった（稼働済み事業の一位は静岡県浜松市の一六四億円、以下、三重県津市の一二八億円、福岡県北九州市の一一〇・七億円、大分県大分市の一一〇・六億円など）。これらを各市内の産業規模の指標である製造品出荷額等（工業統計による）と比較すると、佐世保市は一五％（二〇一九年二三二二億円）、神栖市は二％（同一兆五三二二億円）、いわき市は三％（同九七三六億円）、福島市は六％（同四七六八億円）となる。佐世保市は、輸送用機械器具製造業、食料品製造業に次ぐ規模となる。自治体財政との比較では（各市の決算概要による）、一般会計歳入総額（二〇一九年度）に対し、佐世保市は二六％（歳入一三六七億円）、神栖市は六二％（同四七九億円）、いわき市は一七％（同一六三四億円）、福島市は二四％（同一一九七億円）となる。このように、再生可能エネルギー導入量・計画量が全国トップクラスの自治体では、売電収入が一定のインパクトを持ちうることが分かる。

しかし、域内と県内の事業に限ると、佐世保市では一五億円（売電収入総額の四％）、神栖市では八六億円（二九％）、いわき市では三〇億円（一一％）、福島市では一一億円（四％）と激減する。福島市や佐世保市のような域内事業の割合が低い自治体では、再生可能エネルギーの導入量は全国トップクラスだったとしても、生み出される経済的価値の九割以上が域外に流出してしまう。福島市では、二〇二三年八月に市長が「ノーモア　メガソーラー宣言」を行った。[5]この宣言は、山地への大規模太陽光発電施設の設置にともなう、景観の悪化や災害の発生に対する懸念を踏まえたものとされている。こうした対応をしなければならなくなった背景として、地域経済効果の低さが影響している可能性もある。佐世保市についても、売電収入総額の三分の二が、市内の宇久島で予定されている外部の事業者による四〇〇メガワット規模のメガソーラーによるものである。島の面積の四分の一を占める巨大事業で、反対する住民もいるという。[6]地域経済効果の低さと地域トラブルの発生との間には、一定の関係があるかもしれない。

一方、**図1－2**の自治体のなかで、域内と県内の売電収入額が最大だったのは、浜松市の一〇四億円であり、売電収入総額に対する割合も五一％と最大であった。次に多いのは神栖市の八六億円（二九％）で、津市の五七億円（二六％）、兵庫県姫路市の五〇億円（三二％）が続いた。このように、地域のなかに投資できる主体がいることが、域内事業を増やし、地域経済効果を高める基本である。四市のうち神栖市では、域内の風力発電は市内の事業者一社が出資する事業であり、これが域内事業の大半を占めている。一方で、浜松市など三市には二メガワットを下回る太陽光発電の域内事業が多数存在している。この四市は不明の割合も相対的に多いが、不明のうちの一定割合も、域内の個人によるものと考えられる。浜松市などのように域内に多数の事業主体がいるほうが、事業主体の数が限られる場合よりも地域経済効果が大きい可能性が高い。事業利益の使途は、基本的にはその事業への出資者の意思決定によって決まる。出資者が単一の主体だった場合、その出資者が利益を地域貢献に充てようと考えれば、地域に大きな効果がもたらされる。その意味では、地域貢献をしてくれるのであれば、域外の事業者でも同様である。一方で、利益が自社の新たな事業展開のための投資として、たとえば他地域への進出のために用いられた場合、地元地域は何の恩恵も受けられない。いずれにしても、一社の意思決定に地域全体が大きく左右されることになる。反対に、多数の主体が存在する場合には、個別主体がさまざまに意思決定したとしても、地域としては平均的な効果が期待できる。地域のなかで恩恵を受けることができる人の広がりも、多数の出資者が存在する場合のほうが大きいのではないか。

以上は、売電収入、つまり売上の試算であった。では、売上のうち、どの程度が事業者の利益となっているのだろうか。**図1－3**は、法人企業統計を元に計算した、[7]電気業の売上高経常利益率の推移である。売上高経常利益率とは、売上のうちどのくらいの割合が、経常利益になっているかを示している。経常利益は、初期投資の借

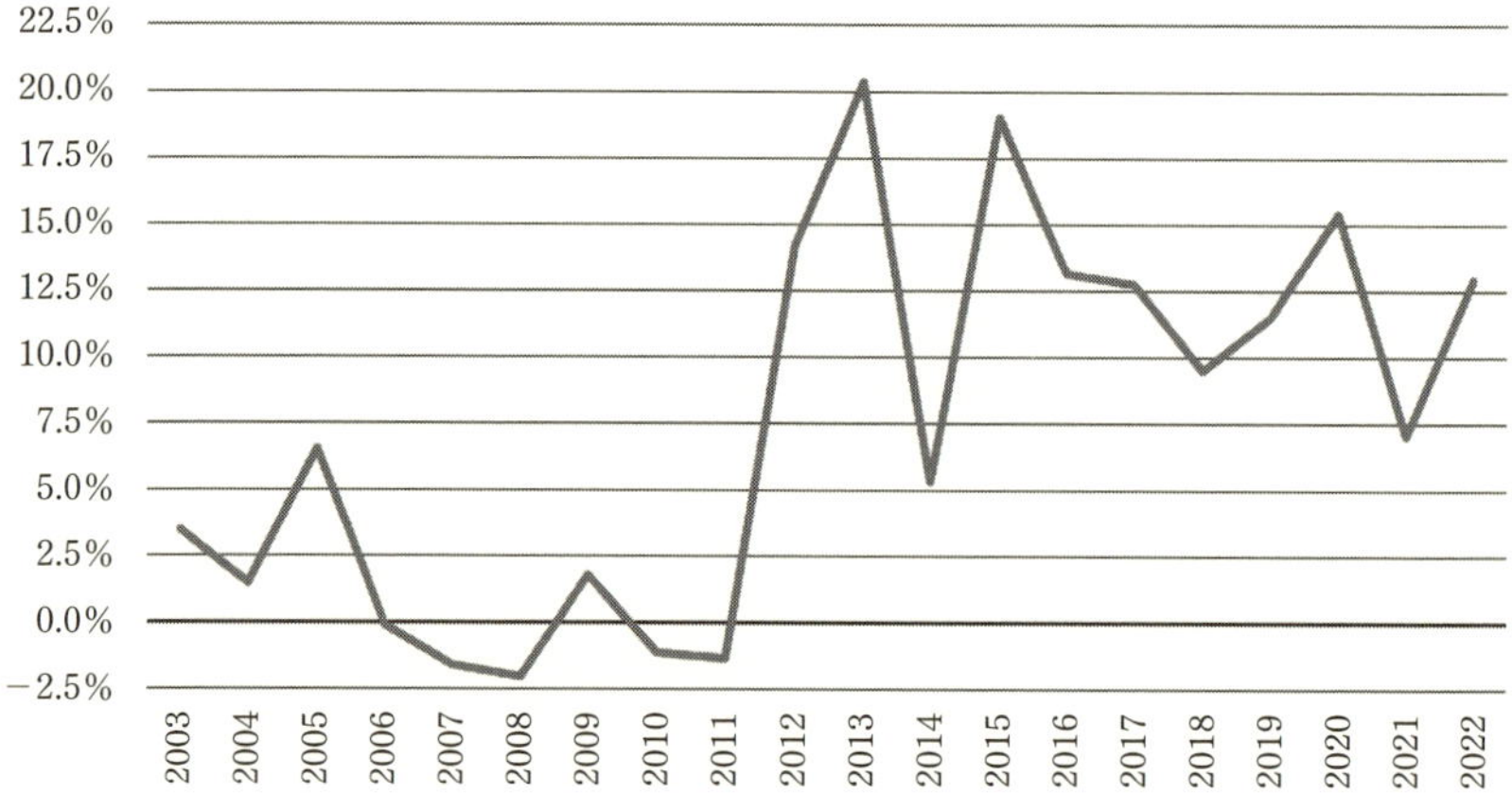

＊法人企業統計より筆者作成。資本金１億円未満の電気業の値

図 1–3　中小の電気事業者の売上高経常利益率の推移

入の利子を返した上で、事業者の手元に残る利益である。年によって変動はあるものの、固定価格買取制度が導入された二〇一二年以降、劇的に改善し、近年は一〇%を超えるような利益率となっている。二〇二〇年度の全産業平均値は五%であり、一〇%を超えているのは不動産と化学だけである。このように、再生可能エネルギーによる発電事業は、固定価格買取制度を背景に高い利益率を示していることがわかる。平均的に考えると、**図１-２**の売電収入額の一割程度は事業者の利益になっているといえる。

3　地域経済効果の実際
——半農半エネ事業の地域付加価値創造額

次に、本節では、１節で紹介した地域付加価値創造分析の手法を用い、現実の発電事業の地域経済効果を試算した結果を紹介する。具体的には、東日本大震災後、再生可能エネルギー発電設備の導入促進と福島原発事故被災地の復興を目的に、国の補助事業として実施された「半農半エネ事業」の対象事業を取り上げる。この補助事業では、発電設備の初期投資の一部に補助金を使いながら、発電した電気は固定価格買取制度で買取を受けることができる特例が適用された。その代わり、売電収入の一部を「地域貢献事業費」として被災地に提供する（寄附の場合は補助金受給額の三分の二、事業実施の場合は二分の一を目安とする）ことが補助要件とされた。地域貢献事業費としては、自治体の基金への寄附が多いが、コミュニティバスの運行費用や被災地で農業を再開するための費用に充てる事業もあった。対象事業はすべて太陽光発電事業であった。

今回の試算では、地域経済の分析単位を福島県とし、福島県内に所在する主体に帰属する付加価値を地域付加価値として集計した。[8] その結果、半農半エネ事業によって、事業着手から売電開始後二〇年までの間に、一事業あたり数億から十数億円規模、一八事業合計で七八億円あまり（平均四億三七〇〇万円あまり）の地域付加価値が福島県内にもたらされることが示された。これは交付された補助金額のおよそ二・七倍に達する。地域貢献事業費についても、総額一九億円あまりとなり、交付された補助金額の三分の二に相当する。

これを事業別に見ると、事業ごとの地域経済効果の違いが明らかになる。**表1－1**と**図1－4**に各事業の試算結果を示す。地域付加価値率（総付加価値額に占める地域付加価値の割合）は、最高九二％から最低一一％まで大きく差がついた。売上に対する地域付加価値の比率で見ても、地域付加価値率とは順位の入れ替わりはあるものの、最高六七％から最低九％までの差が生じた。この大きな違いを生む主な原因は、事業への出資者が域内（福島県内）の主体（域内事業）であるか、域外の主体（域外事業）であるかである。表の右端列に出資区分を示したとおり、地域付加価値率上位の事業は、すべて域内事業である。表の下端に示したとおり、域内事業の地域付加価値率の平均が七九％であるのに対し、域外事業の平均は三〇％にすぎない。また、初期投資やそれに要する借入金の域内調達率についても、域内事業のほうが高い値となっている。

表 1–1　半農半エネ事業の地域経済効果の試算結果

事業	試算結果											事業の特徴		
	総付加価値額に占める割合									対売上比		域内調達率		出資区分
	地域内						地域外							
	事業主体付加価値	他企業付加価値	税	土地賃借料	地域貢献事業費	小計	事業主体純利益	他企業付加価値	税	地域付加価値	地域貢献事業費	初期投資	借入金	
A	32	5	3	2	49	**92**	0	0	8	56	30	100	43	域内
B	27	5	6	7	41	**86**	0	9	5	44	21	44	40	域内
C	45	4	5	3	24	**82**	0	3	15	54	16	83	46	域内
D	28	14	9	7	23	**81**	8	1	11	57	17	100	100	域内
E	17	12	4	0	48	**80**	0	3	17	47	28	100	100	域内
F	32	16	6	0	25	**79**	0	4	17	36	11	100	100	域内
G	41	8	6	8	14	**78**	0	8	15	43	8	34	100	域内
H	56	1	5	0	15	**77**	0	5	18	67	13	11	−	域内
I	59	2	4	3	10	**77**	0	7	16	57	7	4	100	域内
J	60	3	6	4	4	**77**	0	7	16	59	3	6	100	域内
K	39	6	8	3	14	**70**	0	14	15	47	9	2	99	域内
L	26	1	14	0	23	**65**	0	12	23	45	16	16	−	域内
M	0	7	4	19	11	**41**	20	28	11	18	5	0	0	域外
N	0	9	4	9	17	**39**	16	33	11	16	7	0	0	域外
O	0	6	7	5	15	**33**	38	15	15	17	8	0	0	域外
P	0	7	8	3	13	**31**	32	24	14	15	6	4	0	域外
Q	1	7	5	5	8	**26**	48	12	15	20	6	0	100	域外
R	0	0	6	3	3	**11**	64	3	21	9	2	0	−	域外
平均 域内	39	6	6	3	24	79	1	6	15	51	15	50	83	
平均 域外	0	6	6	7	11	30	36	19	14	16	6	1	20	
平均 全体	26	6	6	5	20	62	12	11	15	39	12	34	62	

（注）数値はいずれも%。借入金の「−」は借入金なし。出資区分の「域内」は福島県内の主体が過半数を出資した事業。地域付加価値が総付加価値に占める割合の大きい順に事業を整序して掲出。

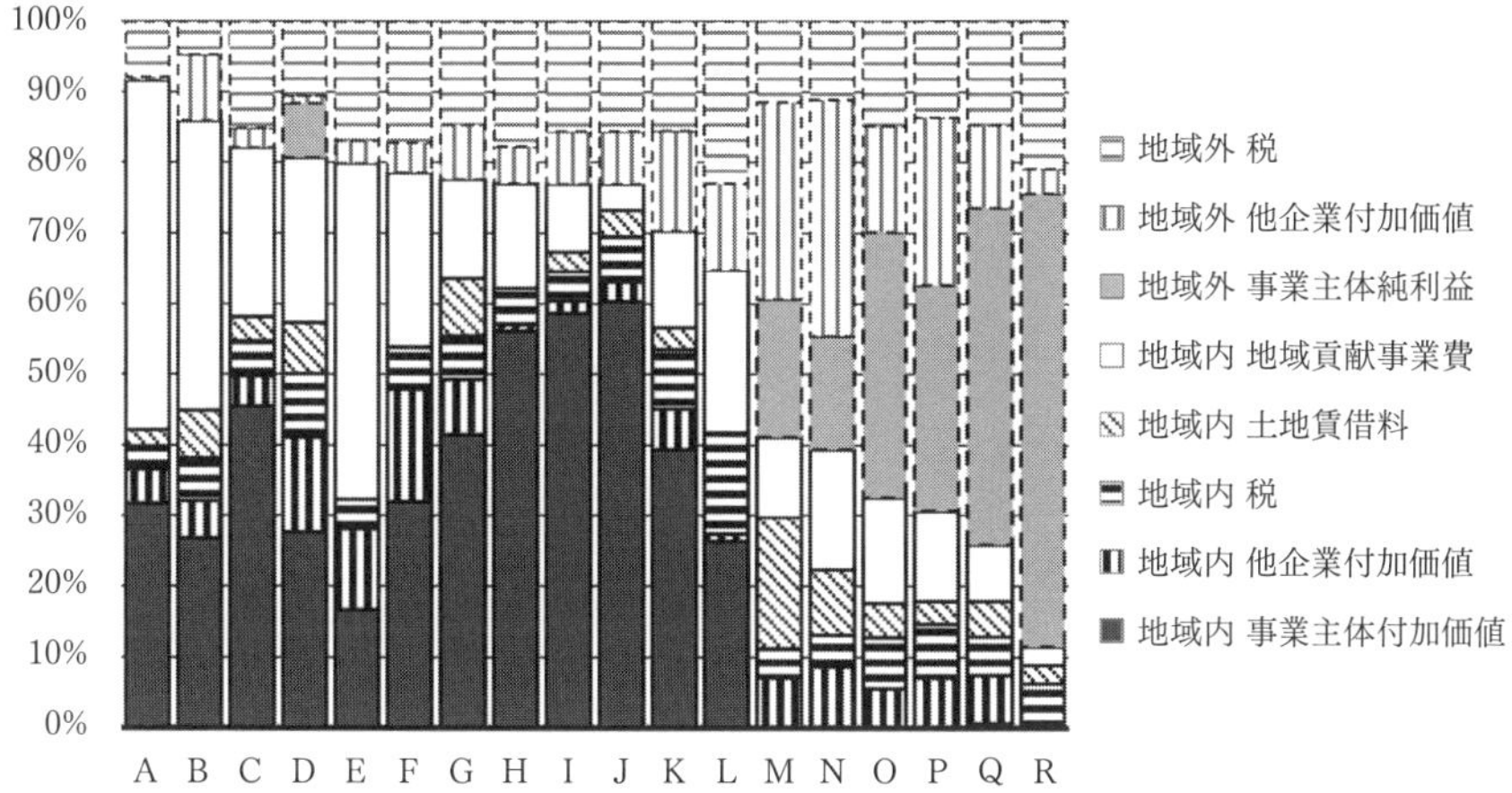

＊筆者作成。総付加価値に占める各項目の割合

図 1–4　半農半エネ事業の地域経済効果の試算結果

このように、全体としては域内事業のほうが域外事業よりも地域付加価値率が高いという結果になった。一方で、地域付加価値がどのように分配されているかは、事業によって大きく異なる。域内事業のなかでも、地域貢献事業費の割合が総付加価値の五〇％近くを占めている事業（AやE）がある一方で、事業主体付加価値（事業主体純利益と事業主体従業員可処分所得の合計）の割合が六〇％に達し、地域貢献事業費の割合は四％しかない事業（J）もある。域外事業についても、事業主体純利益の割合よりも地域貢献事業費の割合のほうが大きい事業（N）もあれば、事業主体純利益の割合が六四％で地域貢献事業費の割合が三％という事業（R）もある。これらはいずれも、事業の利益分配に関する事業主体の意思決定の違いを反映している。自分の利益を削って地域貢献を優先している事業もあれば、逆もあるということである。今回の試算結果は、事業主体が、地域貢献事業も含めた全体としてどのような枠組みで事業を行うかによって、同じ太陽光発電事業でも地域経済効果が大きく異なることを端的に示している。

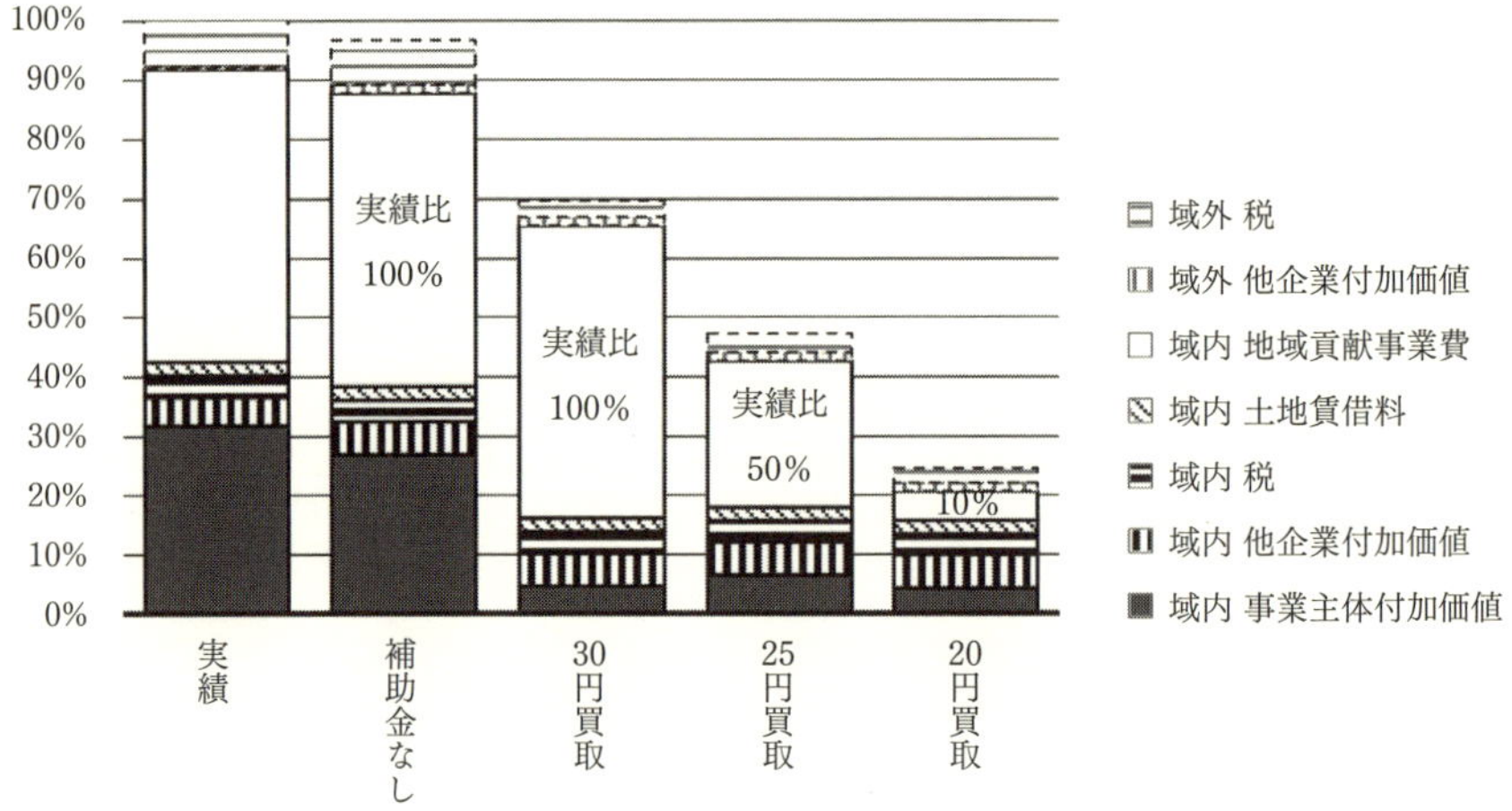

＊筆者作成。実績値の総付加価値額に対する各条件の総付加価値額の割合

図 1–5　前提条件を変化させた場合の事業 A の地域経済効果

以上のとおり、半農半エネ事業は全体として大きな地域経済効果を生むことが確認された。一方で、この事業は固定価格買取制度による支援に加え、補助金が上乗せされるという特例的な優遇を受けていた。また、買取価格も四〇～三二円という相対的に高い価格設定の時期に認定を受けていた。このため、こうした有利な条件が整わなければこれらの事業のような高い地域経済効果を得ることは難しいかもしれない。

そこで、事業Aを事例として、補助金を受けなかった場合（補助金受給額相当分を追加で金融機関から借入れる想定）や、それに加えて買取価格が低かった場合について、それぞれ地域付加価値の試算を行った。結果は**図１－５**に示したとおりで、事業Aについては補助金なしでも、実績値（補助金あり）とほぼ同等の地域経済効果が得られることが確認できた。買取価格が低下した場合については、事業主体の利益を最低限確保したうえで、地域貢献事業費への配分をなるべく多くする前提で試算を行った。その結果、買取価格が三〇円だったとしても、実績と同額の地域貢献事業費を確保できることが示された。さらに、買取価格が二〇円まで下がっても、実績の一割程度の地域貢献事業費が確保できる試算となった。これは、売上（売電収入）の五％に相当する。しかも、今回の試算は、買取価格が下がっても事業に必要な費用が変化しない前提となっている。実際には買取価格は費用の低下に対応して引き下げられている。このように、買取価格などの条件がより厳しかったとしても、十分な地域貢献が可能であるといえる。

4　地域経済効果を高めるために

以上のように、理論と実状の双方から確認したとおり、域内出資率・域内調達率を上げることが、地域経済効果を高める基本である。域内出資については、地域のなかに投資ができる主体が多数いるほうが、主体の数が限られる場合よりも高い地域経済効果が得られる。さらに、それぞれの事業主体がより地域貢献を意識して事業を行うことができれば、地域経済効果もより高まる。その意味では、地域貢献を十分に実施するのであれば、必ずしも域内事業である必要はない［山下・寺林 2022］。ただし、地域貢献まで含めて同等の事業内容の場合、事業者の利益が地域に落ちる分だけ、域内事業のほうがより高い地域経済効果を生む。

実際、固定価格買取制度に支えられ、再生可能エネルギーによる発電事業は高い利益を上げており、地域貢献のための原資は確保できるはずである。前節の試算に基づけば、売電収入の五％程度を地域貢献に充てることも不可能ではない。しかし、事業者の自主性に任せ、利益の分配を事業者の意思決定に委ねているだけでは、結果として手にする利益が事業者に偏っている現状の是正は期待できない。

再生可能エネルギーは地域の資源であり、その地域の資源が生み出す価値は、地域社会のなかで広く共有されるべきである。その意味では、地域資源を活用して得られる利益の分配方法について、地域社会の幅広い利害関係者を巻き込んで、社会的に意思決定することが求められる。これを筆者は「利益分配の社会化」と呼んでいる［山下 2021b］。

たとえば、長野県飯田市の「地域環境権条例」[9]は、地域の主体による再生可能エネルギーの事業化とその利益を用いた地域の課題解決を後押しすることで、利益分配の社会化を図っているといえる。宮城県の「再生可能エネルギー地域共生促進税」[10]や青森県で検討中の新税のように、再生可能エネルギーへの課税を通じて地域との調和を促す制度も、（特に宮城県の税は）ゾーニングの実効性を高めることを主眼とするものではあるが、税の使い道次第では事業者から地域への利益移転を通じて利益分配の社会化につながる可能性もある。こうした取り組みを広げることが、脱炭素化に向けて再生可能エネルギーの導入拡大を進めるためだけでなく、再生可能エネルギーが生み出す経済的価値を地域の再生・持続に活かすためにも不可欠である。

【注】

◉1　より厳密な説明は、山下［2021a］を参照。

◉2　以下の数値例を追いかけるのが苦痛な読者は、ひとまず**図1－1**をご覧いただき、全体のイメージをつかんでいただくとよい。

◉3　この試算の初出は山下［2021b］であり、同論文では太陽光・風力以外の電源種別についても試算を行った。しかし、バイオマス発電については燃料の調達如何によって設備利用率が大きく変動し、全国一律の設備利用率を仮定するのは現実との乖離が大きくなるため、今回は除外した。水力・地熱については、今回の試算対象自治体における寄与がごくわずかだったため、除外した。試算方法の詳細は以下のとおり。まず、固定価格買取制度の事業計画認定情報公表用ウェブサイト（https://www.fit-portal.go.jp/PublicInfo）から、認定事業の個別情報（発電設備の種類・出力・事業者名・事業者の住所・発電設備所在地・認定年月日・稼働済みか否かなど。ただし太陽光発電は二〇キロワット以上）が得られる。ここから、二〇二〇年三月末時点の対象自治体内所在の事業の情報を把握した。また、入札によって買取価格が決まる事業については、指定入札機関 一般社団法人 低炭素投資促進機構（https://nyusatsu.teitanso.or.jp/）の各回の入札結果を参照した。加えて、経済産業省調達価格等算定委員会（https://www.meti.go.jp/shingikai/santeii/）の各年度の「調達価格等に関する意見」から、電源別の買取価格、設備利用率（太陽光については設置年別の平均値、風力発電は調達価格の想定値）の情報を入手した。以上のデータを元に、「発電出力×設備利用率×24×365」で年間発電量を、「年間発電量×買取価格」で年間売電収入を、個別事業ごとに推計した。なお、認定を受けたものの、まだ発電を開始していない未稼働事業も推計に含んでいる。本来、設備利用率は事業ごとに異なるため、今回の試算は実情を正確に反映したものではないことに留意が必要である。また、すべての市区町村について試算を行うことは困難であったため、市町村別認定容量（一〇キロワット未満太陽光を除く）の上位団体など、売電収入額が多くなることが予想される団体に対象を絞って試算を行った。

◉4 なお、「域内」の事業者のなかには、域外の主体が出資して発電所立地自治体に事業会社を設立したものも含まれる。このため、今回の試算においては、発電出力二メガワット以上の「域内」事業者について、その事業の出資者（株主）の情報を個別に確認し、発電所立地自治体に所在する出資者が含まれている事業のみを「域内」とした。

◉5 福島市ホームページ「福島市は「ノーモア メガソーラー宣言」をしました」（二〇二四年九月一日取得、https://www.city.fukushima.fukushima.jp/kankyo-o/no-more-mega-solar.html）参照。

◉6 宇久島の事業については、たとえば朝日新聞デジタル「連載　異形のメガソーラー」（全三回）（二〇二四年九月一日取得、https://www.asahi.com/rensai/list.html?id=1852&iref=pc_rensai_article_breadcrumb_1852）などを参照。

◉7 ここでの電気業には、本章の対象である再生可能エネルギーによる発電事業者だけでなく、地域新電力のような小売事業者も含まれている点には留意が必要である。

◉8 詳細は、山下・小川・佐々木［2022］を参照。同レポートでは、公表の許諾を得られた三事業について、地域経済効果の詳細を紹介している。

◉9 長野県飯田市ホームページ「再エネによる持続可能な地域づくり（地域環境権条例関連）」（二〇二四年九月一日取得、https://www.city.iida.lg.jp/site/ecomodel/list3-6.html）参照。

◉10 宮城県ホームページ「再生可能エネルギー地域共生促進税について」（二〇二四年九月一日取得、https://www.pref.miyagi.jp/soshiki/saisei/kyousei_tax.html）参照。

コラム❶

〝でんき〟を選んで未来を変えよう！パワーシフト・キャンペーン

吉田明子
（パワーシフト・キャンペーン）

二〇一六年の四月からスタートした「電力小売り全面自由化」により、一般家庭や小規模事業所などで使う電気も、さまざまな新電力（小売の電力会社）から選んで買うことができるようになった。そのなかで、再生可能エネルギーを重視する新電力も多数出てきている。電気の物理的な流れは変わらないが、電気をどこから調達し、利益がどう使われるのかが違ってくる。たとえば、以下のようなタイプがある。

生活協同組合系の新電力

生活協同組合（生協）は、消費者が組合員となり、食品や日用品などを共同購入するしくみである。生協では産地や原材料にこだわった商品の選択が重視されている。生協は脱原発やエネルギーシフトの取り組みも以前から行い、それぞれに新電力を立ち上げている。それらは、組合員の出資で建設した再エネや、食品の産地における再エネ、市民共同発電所などからの調達が重視されている場合が多い。再エネやＦＩＴ電気（再生可能エネルギー固定価格買取制度によって支援された再エネの電気）の割合が高く、電源構成や電源の開示が積極的に行われているのも特徴である。

自治体・地域新電力

自治体が出資などで関与する「自治体・地域新電力」も各地に生まれ、二〇二四年九月現在約一〇〇ヵ所あり、引き続き増加中である。地域の再エネ電源等を活かしているか、今後増やしていく計画を持っているかなどが、これからの事業継続や発展の鍵である。電気料金の一部を高齢者見守りや子育て支援など地域のサポートや活性化に生かす取り組みなどにも注目である。

民間の再エネ重視新電力

地元のガス会社や太陽光発電の会社などが立ち上げた民間の会社で、自治体が関与していなくても地域にフォーカスした新電力も多数ある。ほかにも、地域や市民主体の再エネを重視する電力会社や、電気代で得られた利益の一部をＮＧＯや福祉、地域活動などに寄付する新電力などもあり、ユニークな取り組みが多数ある。

二〇一五年から環境ＮＧＯなどが行う「パワーシフト・キャンペーン」では、以下のような方針で新電力を紹介し、消費者や事業者に選択を呼びかけている。

1. 「持続可能な再エネ社会への転換」という理念がある
2. 電源構成などの情報開示をしている
3. 再エネを中心として電源調達する
4. 調達する再エネは持続可能性のあるものである
5. 地域や市民によるエネルギーを重視している
6. 原子力発電や石炭火力発電は使わない
7. 大手電力会社の子会社などではない

パワーシフト・キャンペーンに関する詳細は、https://power-shift.org/ を参照されたい。

第2章 よい再生可能エネルギーに向けたローカル・ガバナンス

地域社会とのシナジーと社会的価値を生むために

西城戸 誠

1 なぜ、地域社会とのシナジーを生む再生可能エネルギー事業が必要なのか

カーボンニュートラルに向けて再生可能エネルギー（以下、再エネ）の導入が進行しているが、その一方で大規模な再エネ開発に伴う地域の軋轢が社会問題となっている。それゆえ、環境省の地域脱炭素化促進事業では「地域に裨益し地域と共生する」点が重視され、洋上風力発電の入札においても地域共生策が審査項目に盛り込まれている。つまり、現在の再エネ事業開発において、立地点の地域社会との良好な関係性を構築することが政策的に重視されている。もっとも、再エネ事業に限らず開発事業者が当該地域社会や住民に対して、地域貢献として金銭や設備などを寄付することはよく見られる。だがこうした地域貢献策は、金銭的なメリットをバーター

とした地域懐柔策であるとか、一部の利害関係者だけがメリットを享受するものだと捉えられがちである。また、事業者側の地域貢献策の継続性がなく一過性のものである場合[1]や、再エネ開発による固定資産税がもたらされるものの、それが地域住民からすると十分に還元されないとみられる場合もある。つまり、経済的利益だけではなく、地域課題の解決や結果として地域社会の豊かさを育むような再エネ事業開発が求められているといえる。

一般的にある問題の解決が別の問題を生み、それぞれの事例で試行錯誤をするしか解決できない問題を「やっかいな問題」(Wicked Problem) という [Rittel & Webber 1973]。筆者らは再エネ導入によるエネルギー転換に伴う「やっかいな問題」の解決のための要件として、「固有性の尊重」、「多様な社会的文脈やステークホルダーの利害関心と接合するための試行錯誤と、その結果から生み出される再文脈化」や「広い意味でのストックの蓄積」(経済的利益、生態系サービス、社会関係資本) という点を指摘した [丸山・西城戸 2022: 365-367]。つまり、エネルギー転換という大義名分をそのまま受け入れるのではなく、あくまでも個別の事例を尊重し、「再エネを導入するしない」といった二項対立的な状況を回避し、より望ましい選択肢を作り上げるための試行錯誤や、そのなかで派生的に生じる効果を考えていくこと、さらに再エネ事業によるフローとしての経済的利益だけではなく、自然資本や社会関係資本など社会全体の豊かさを生み出す源泉とその蓄積が「やっかいな問題」の解決策であるという主張である。

本章では、上述した「やっかいな問題」の解決のための三つの要件という視点を引き継ぎつつ、再エネの開発とそれによる利益を地域内に還元させる「地産地消」の事例として長崎県五島市における洋上風力発電事業を取り上げる。また、「都市–地方連携」のなかで再エネ事業と地域づくりを進める秋田県にかほ市で首都圏の生活クラブ生協協同組合が建設した風力発電を事例にして[2]、再エネ事業の開発においてどのようにしたら経済的な便益だけではなく、社会的価値を生み出すことができるのか、地域社会・地域住民とシナジー（相乗効果）を生むような再エネ事業の要件を考えていきたい。

2 「地産地消」の再エネ事業——長崎県五島市の事例

2・1 洋上風力発電と「漁業共生」モデルの構築

二〇一〇年に環境省による浮体式洋上風力発電の実験事業を五島市が受け入れたことから、五島市における洋上風力発電開発がスタートする。水深一〇〇メートルの椛島《かばしま》沖が実証実験の場として適しているとされたが、事業開始のためには、椛島の住民、漁業者、共同漁業権を持つ漁協の同意が必要であった。複数回に及ぶ説明会を五島市が実施し、漁業補償の話し合いも行われ、合意に至った。もっとも実験中にトラブルがなかったわけではなく、当時の漁協組合長が漁業者と風力発電事業者の間に入り、双方が納得する結果が得られるまで話し合いが行われ、対立は解消されたという[3]。

一方で「海洋構造物が魚礁化する可能性がある」と経験的に考えていた（株）渋谷潜水工業の代表である渋谷正信氏は、長崎県における海洋エネルギー関連のプロジェクト（潮流発電・実証フィールド、浮体式洋上風力発電の実証実験）で漁業協調・共生モデルづくりの担当アドバイザーになった［渋谷 2021: 118］。そして、五島市の浮体式洋上風力発電の実験事業の開始前後で海洋調査を行ったところ、洋上風力発電が建設された三ヶ月後、六ヶ月後に様相が一変したと述べている。

堤体の表面には海藻のアオサや小型緑藻類がびっしりと着生し、メバルの幼魚やイシダイの若魚などの磯魚が蝟集していたのです。また周辺には小型の回遊魚が泳ぐようになってきました。

さらに一年後には、風車の水中堤体部にソフトコーラルが着生し、小魚も増え、魚の種類も数もどんどん増えたのです。潜るたびに海中の生物が多種多様になっていることに驚きました。

［渋谷 2024: 25–26］

洋上風力発電の支柱が魚礁になり、魚の生態にプラスの影響があるという情報は、漁業者の意識を一変させた。椛島の実証実験が終わる頃には反対する漁業者は洋上風力に賛成するようになり、実験機を崎山沖に移動させないでほしいという声さえもあった。

さて、実証実験終了後、浮体式洋上風力発電を崎山沖の一般海域に移動することになったが、五島市の三つの漁協の同意が必要であった。五島市は、漁業者に対して操業時期、魚種、漁法などの調査などを行い、できる限り漁業者に影響の少ない、漁をあまり行っていない海域を設定するというゾーニングを行った。その結果を踏まえて、五島市と事業者が、三つの漁協の組合長や参事に漁業振興策（条件面）の検討と協議を行い、各地区の漁業関係者に説明をしていった。

漁業者には、浮体式洋上風力発電が魚礁になることへの効果に期待する声がある一方、延縄漁を中心にしていた漁業者は反対の声もあった。◉4 だが、発電事業者が売電利益の一部を五島市に寄付し、市が漁協に漁業振興策（漁船保険料補助など）を行うことになり、最終的には三つの漁協が浮体式洋上風力発電の移動に合意・同意した。二〇一六年四月に浮体式洋上風力発電が日本で初めて実用運転されるようになった。五島市がこの風力発電所の所有者となり、民間の発電事業者（風力発電を建設した戸田建設の子会社である五島フローティングウィンドパワー

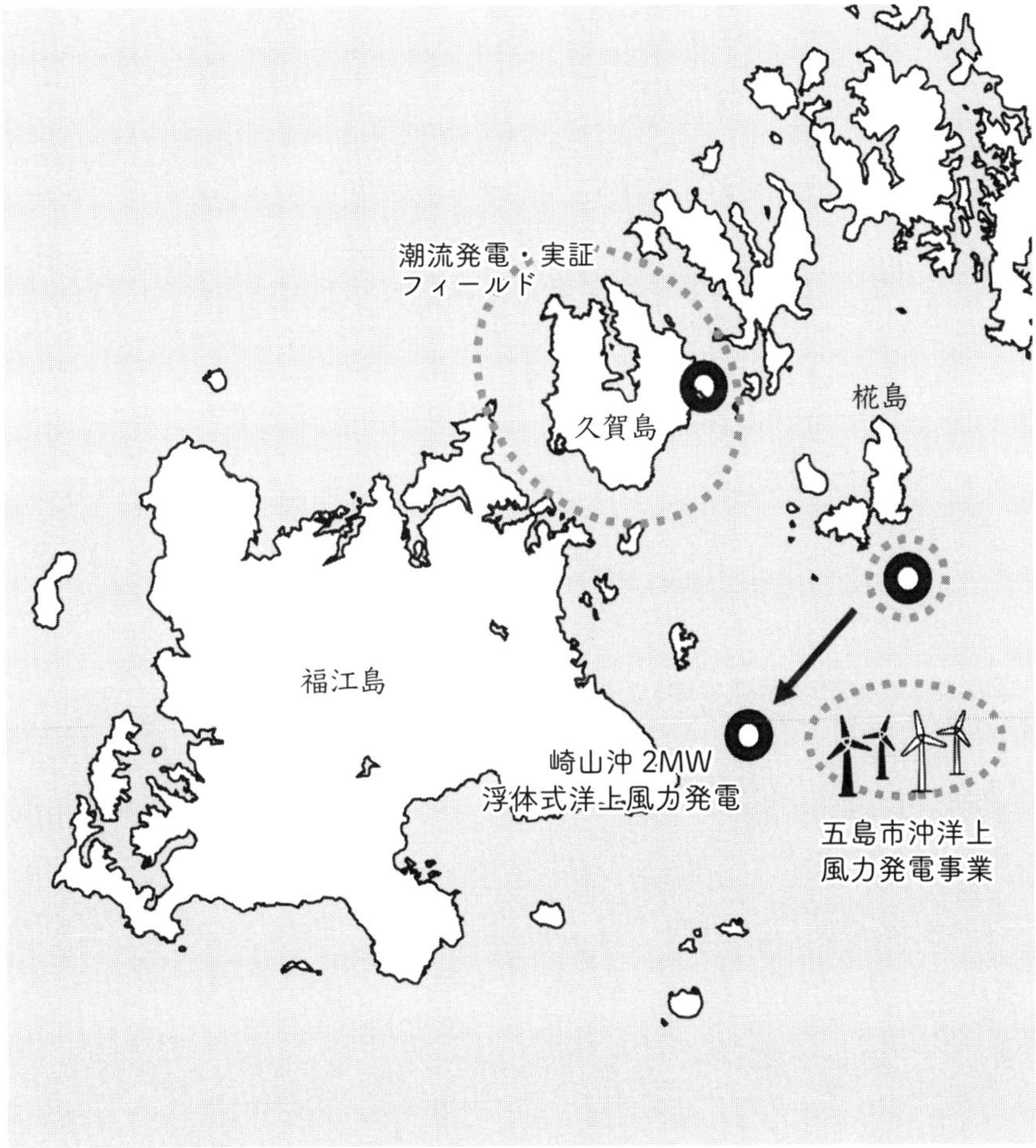

図 2-1　長崎県五島市における再生可能エネルギー

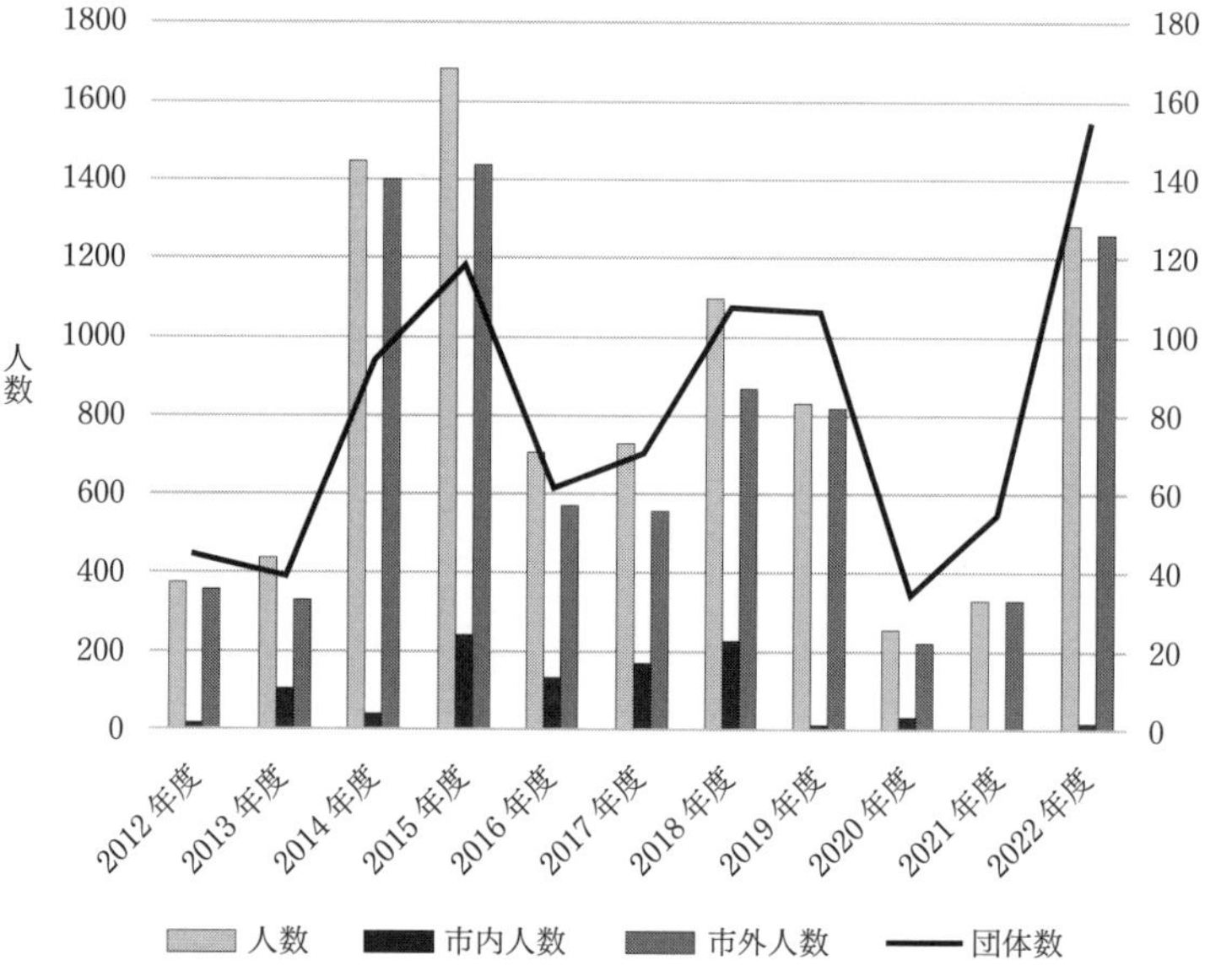

出典：五島市資料（2023年11月）

図2-2　五島市の洋上風力発電視察者数の変遷（2012–2022年度）

合同会社）が運営をしている。

他方で、渋谷氏らと漁業関係者は継続的に漁獲調査を実施し、洋上風力発電の下に増えた魚の捕獲方法の検討や、ヒジキの再生プロジェクトも開始され、磯焼けの回復作業が行われた［渋谷 2024: 30–35］。二〇一五年に（株）渋谷潜水工業が（一社）海洋エネルギー漁業共生センターを設立、二〇一六年からは五島市より海洋再生可能エネルギー関連産業雇用創出事業を受託、長崎県からは浮体式洋上風力発電施設を活用した漁業協調モデル検討調査業務を委託され、継続的に洋上風力発電の漁業共生に向けた実務を行っている。

以上のように五島市役所を媒介として、洋上風力発電による漁場への影響に関するデータや洋上風力発電と漁業共生が可能になるエビデンスを提示しながら説明会が開催された。これらのプロセスによって発電事業者と漁業関係者の合意がなされたといえる。特に漁業共生策は、漁業関係者のモチベーションを高め、磯焼けによる藻場再生といったネイチャー・ポジティブの実践に帰結し、五島の漁業の将来を考える機運を生んだ。さらに「海洋エネルギーと漁業との協調・共生のモデル」を求めて、五島以外の洋上風力発電候補地からの視察が相次ぐことになった（**図2－2**）。二〇一四―二〇一五年度の視察者数が多い理由は、椛島の実証機が設置されたためである。コロナ禍で視察数は激減したものの、その後は五島市外からの視察者が増加していることもわかる。五島の再エネ事業に対する視察は宿泊費などの経済効果を地域にもたらした。そして、この視察が契機となって、五島の「海洋エネルギーと漁業との協調・共生のモデル」と同じように、千葉県銚子市の洋上風力発電事業開発も進行中である。[5] このように五島は洋上風力の「漁業共生」の優良事例となっていることも見いだせる。

2・2　五島市民電力による「地域貢献」

上述したように環境省の浮体式洋上風力発電の実証実験の受け入れを契機に、再エネのしまづくり（まちづくり）を目指している五島市は、二〇一四年一月に地元企業や漁協、商工団体などの各種団体や大学・研究機関を構成員とした「五島市再生可能エネルギー推進協議会」を設置した。二〇一四年八月には「五島市再生可能エネルギー基本構想」を策定し、二〇三〇年までの再エネの導入量の具体的な数値目標を設定した上で、海洋再生可能エネルギーの先進地として、浮体式洋上風力発電などの実用化、漁業と地域協調メニューの検討、再生可能エネルギーの研究開発・人材育成・産業集積形成をめざし、地域主体の企業との連携・育成を進めることとなった。二〇一六年四月から電力の小売業が完全に自由化されたことを受けて、五島市内外三一団体で組織する五島市再生可能エネルギー推進協議会が、農林水産省の「農山漁村再生可能エネルギー地産地消支援事業」を活用し、農林漁業の活性化と地域振興につながる地域電力会社ビジネスモデルを検討し、五島に拠点を置く四八の企業、団体、個人が出資して二〇一八年五月に五島市民電力株式会社が設立された。小売電気事業の登録を二〇一九年三月に完了し、二〇二三年九月末現在、五三の企業・団体・個人が出資をしている。五島市は二〇一九年に五島市民電力と「地域新電力事業を通じた持続可能な社会づくりに関する協定書」を締結し、五島市民電力と約三〇〇〇キロワット（高圧）の電力受給契約を行っている。[6]

上記の経緯もあり、五島市民電力はさまざまな地域貢献策を行っている（**表2-1**）。たとえば、五島市では農家の高齢化によって耕作放棄地が拡大しているが、耕作放棄地の草刈りを行い、地元名産の椿の収穫・剪定などの作業を行っている。また、離島である五島市の子どもや親たちが、学校の部活動（スポーツや文化活動）で島外に遠征するための費用に苦慮していたことに対して、遠征費用のサポート（一人一〇〇〇円／回）を行っている。五島市民電力の代表取締役のH氏は、五島出身で五島市立の小学校の教員として働いた経験があった。それゆえ、「遠征しないと部活が強くなれない。でも、遠征費用がかかる……」といった、五島市民であったら必ず感じていた悩みを少しでも解消しようという「島民らしい思惑」が五島市民電力の地域貢献策に反映されていると考えられる。また、H氏が教員であったことを知る五島市民も多く、五島市民電力による地域活動は地域社会に理解されているという。[7] 特に遠征費用のサポートについては、五島市の担当者も他地域からの視察者に対して優良な地域共生策として勧めている。[8]

さらに、H氏は、五島では離婚して地元に帰るシングルマザーが多く、高齢者が小さい子どもを見ている状況があるとし、次は子ども食堂をやりたいと考えていると話す。[9] 五島市民電力ホームページの社長挨拶では、「小売電気事業者である五島市民電力の役割は、五島の恵まれた自然を最大限に活かし、五島の経済・環境・社会に

表 2–1　五島市民電力の社会貢献事業

プロジェクト	内容
返礼品プロジェクト	島外需要家との電力供給契約の返礼品として，五島市の特産品を活用し，生産拡大，PR につなげる
椿再生プロジェクト	高齢化により管理が行き届いていない椿の木を管理し，農家の収入拡大，椿油の生産拡大を図る
太陽光発電屋根貸しプロジェクト（第三者所有モデル）	公共施設や民間施設に第三者が太陽光パネルを設置し，電気代削減，再生可能エネルギーの普及拡大を図る
スマートハウス実証プロジェクト（電気自動車普及プロジェクト）	太陽光発電屋根貸しプロジェクトと連携し，電気自動車を蓄電池として活用したスマートハウス実証研究を行い，電気自動車の普及と，災害に強いまちづくりを目指す
エコバッグ普及プロジェクト	2020 年レジ袋の有料化に向けて，五島市民電力がエコバッグを企画，製作し，取次店の販促品として配付し，レジ袋の削減を促す
町内会活動支援プロジェクト	太陽光発電屋根貸しプロジェクトと連携，第三者が公民館に太陽光パネルを設置，電気代の削減を図ることで，町内会活動を支援する
学校教育活動支援プロジェクト	市内小中学校における環境教育や部活動，ボランティア活動などを，電気販売で得た利益を活用して支援する
荒廃農地再生プロジェクト	富江町繁敷地区における耕作放棄地の整備（令和 2，3 年）

新たな価値を創造することと、確信しています」[10]と書かれているが、五島市民電力が創造する「社会的な価値」は五島市民が従来から悩んでいた課題に対して挑むものであるといえるだろう。

他方で、二〇二三年一二月に洋上風力発電の事業者（五島フローティングウィンドファーム合同会社）が寄付をし「洋上風車夢基金」が設立されることが決まった。二〇二四年度から二〇年間、五島市の子どもたちへの人材育成・投資として海外研修の補助と環境保全としての電気自動車導入の補助を行うことになった。[11]再エネ事業の収益の基金化は他地域でも存在するが、地域住民が広く共感する有用な基金の利用とそのための産官学民によるガバナンスが五島市では形成されているといえるだろう。

3 「都市‐地方連携」による再エネ事業——秋田県にかほ市の事例

3・1 生活クラブ生協による再生可能エネルギー事業への参入の経緯

次に首都圏の生活クラブ生協協同組合が、秋田県にかほ市に建設した生活クラブ風車「夢風」の事例を見ていきたい。生活クラブ生協は一九六五年に東京で誕生した生活協同組合である。二〇二四年現在、日本全国に三三の生活クラブ生協があり、組合員数は約四二万人である。生活クラブ生協は、「消費材」[12]と呼ばれる食や生活用品の共同購入活動にとどまらず、地域福祉や助け合いの活動、地方議会に議員を輩出する代理人運動や各地域で生活に関わるさまざまな市民活動を展開してきた。特にエネルギーに関する活動としては、一九八六年四月に発生したチェルノブイリ原発事故をきっかけに反原発運動を展開した。北海道の生活クラブ生協では一九八〇年代後半から泊原発や幌延町の核廃棄物処理施設の計画をめぐって反対運動を展開し、その後、対案提示型の運動として市民が出資する風力発電所の建設を目指した。生活クラブ北海道の職員らがＮＰＯ法人北海道グリーンファンド、北海道市民風力株式会社（現在、市民風力発電株式会社）を設立し、二〇〇一年九月に北海道浜頓別町に市民風力発電所第一号の「はまかぜ」ちゃんを建設した［西城戸 2008］。その後、北海道グリーンファンドと市民風力発電株式会社は、市民出資による風力発電所（市民風車）を東日本中心に一二基建設するほか、大手に属さない独立系の風力発電事業の系列を構築し、地域の資源によって地球温暖化防止と地域活性化につながる風力発電事業を展開している［Nishikido 2024］。

一方、首都圏では四つの生活クラブ生協（東京・神奈川・埼玉・千葉）が出資をし、市民風力発電株式会社のサポートによって、二〇一二年五月に秋田県にかほ市に生活クラブ風車「夢風」が建設された。[13] にかほ市は生活クラブ生協の消費材の生産地ではなく、風力発電の建設によって初めてかかわりをもつ地域であったこともあり、風車建設に関わった生活クラブ生協の関係者は、風車の立地点住民や自治体職員と何度も話し合いを行った。そして風力発電所建設への地元の理解を求めるだけなく、エネルギーの大消費地である首都圏の生活クラブの組合員と、再生可能エネルギー資源の豊かな地域（にかほ市）の住民が交流することで、新たな地域間連携を構築していった。最初はにかほ市の特産物の販売を首都圏で行い、逆に生活クラブ生協の組合員が風車の見学をする程度であったが、その後、にかほ市の事業者は生活クラブの組合員と共同で消費材を開発することになった。生活クラブ生協の消費材は添加物使用に独自の厳しい基準があり、消費材の開発過程ではどの事業者も紆余曲折を経ている。生活クラブ風車を縁とした「夢風ブランド」（日本酒、鱈のしょっつる、鱈を使ったラーメン、イチジクの甘露煮、鰰《ハタハタ》のオイル漬けなど）も数多くの話し合いによって数年かけて完成した。さらに、風力発電の立地点の住民が加工用トマトや大豆、米を生産し、それが生活クラブ生協の消費材（トマトケチャップ、豆乳、きりたんぽ）の原料として使われたこともあった。

また、にかほ市には風力発電に対する固定資産税と、二〇一八年六月に制定された「にかほ市自然エネルギーによるまちづくり基金」によって、現在まで毎年約五〇〇〇万円の歳入がある。[14] さらにこのような経済的な効果だけではなく、生活クラブ生協の風力発電に対する地域の「まなざし」の変化も見逃せない。立地点住民は「にかほ市にたくさんの風車があるが、生活クラブの風車だけは「回っている、回っていない」って気になる」という。それは同時期に企業の社会的貢献（CSR）活動の一環として建設された、隣接しているもう一つの風車とは対照的である。そして生活クラブ生協の組合員や職員は、毎年代わる代わる「自分たちの生活クラブ風車」を見るためににかほ市を訪れ、風車の立地点住民らもそうした組合員との交流を楽しみにしている。以上のように地域住民が生活クラブ風車「夢風」をポジティブに受容している点は、風力発電の建設に対する反対運動が多いにかほ市周辺の地域からすれば希有な現象といえる。それが可能になったのは、生活クラブ生協が風力発電の開発時から地域住民と丁寧な合意形成を行い、その後も地域との交流を継続しているためであろう。

3・2　生活クラブ生協の再生可能エネルギー事業の意義と課題

秋田県にかほ市における「生活クラブ風車」と地域住民や生産者との関わりや実践から示唆されることは、たとえ当該地域「外」の事業であっても、地域社会に裨益する再エネ事業はありえるということである。「地域のことは、地域に精通した主体が行うべきだ」という主張は一理あるが、風力発電のように高度な技術や一定以上の資本力がないと事業運営できず、地方の事業体では対応しづらいことを考えると、立地点外の事業主体が、どのように地域社会に資する実践をなすべきかを問う必要があるだろう。本章の生活クラブ生協の事例が、地域外の再生可能エネルギー事業を代表するわけではないが、以下、地域外の事業体による地域貢献や地域共生策の課題を整理したい。

第一に秋田県にかほ市の住民に対して、風力発電の導入によるメリットとデメリットを調査した古屋将太によれば、生活クラブ風車「夢風」を念頭に「風力発電を通じて他地域との交流が生まれる」という項目を設定したところ、最も期待が小さい結果となったという。そして、古屋が地域のワークショップの参加者に対して「夢風」の事例を紹介したところ「こうした優良事例は知らなかったので情報発信をしてほしい」という住民の意見があり、自治体が情報発信することが今後の課題であると指摘している［古屋 2022: 278–279］。現状では、生活クラブ生協の組合員・職員と、風車立地点の住民、「夢風ブランド」に関わった地元事業者とのかかわりに限定されているため、にかほ市の住民に開かれた実践を考える必要がある。なぜならば「夢風」の設立からその後の交流に関するイベントに、にかほ市役所が関わっており、特定の業者、特定の地域住民に偏重しているという批判を回避するためには、広く住民に開かれた公益性を担保する必要があるからだ。

他方で、「市民風車」など市民出資型の再エネ事業の出資者が再エネの立地点を訪問し、現地と交流することを試みられてきたが、出資者の数が限定されているため、継続的な実施は困難であった。それに対して生活クラブ生協の組合員や職員が毎年、代わる代わる、にかほ市の風車を訪問することは、持続的な都市－農村交流ができているという意味で画期的だといえる。だが、こうした交流も都市側である生活クラブ生協の組合員・職員のための交流にしてはならない。なぜならば、都市－農村交流は各地でさまざまな形で実施されているが、交流を通じて農村に経済的な利益がもたらされたとしても、農村側には「交流疲れ現象」も見られるためである。「交流疲れ現象」とは、「交流当初は取り組みに熱心に参加するが、二～三年後には、「都市の者に頭を下げてサービスをして、地域に何が残ったのだろう」という疑問とともに、参加者の疲れが増すことをいう」［小田切 2009：45］。そして農村を「消費」した都市部の住民が満足するだけの関係になってしまう。[15] もっとも再エネの立地点住民が、都市部住民との交流に満足していればそれでもよいという考え方もあるだろうが、交流以上、つまり現状の関係以上の新たなイノベーションは生まれず、いずれ形骸化した関係になるだろう。[16]

第二に再エネの事業体が、売電量に応じた金額や一定の金額を自治体に寄付し、それがまちづくり基金に充当される事例については、まちづくり基金の運用をどのように行うのかが鍵となる。にかほ市の場合は、花いっぱい運動として市内の道路に花を植えることや、教育環境整備として中学校の机や椅子の購入を行った。[17] だが、上述した長崎県五島市の基金と比較したときに、このにかほ市の使い道をどのように評価すればよいのだろうか。花いっぱいにすると環境整備としては聞こえがよいが、その維持にもコストがかかる。机や椅子の購入も未来世代の子どものための投資ではあるが、通常の行政経費でまかなえるものである。筆者は、以前、にかほ市の担当者に「まちづくり基金は、通常の行政の予算では支出が難しく、かつ将来世代への投資という観点から行ったほうがよい。たとえば、再エネにちなんだ海外研修の費用の一部を負担するというのはどうだろうか」と提案したことがある。一方で、2・2で述べたように同様の発想を長崎県五島市の市職員が発案し、それに市長も同意し、二〇二四年度からその実践を試みようとしている。この違いは五島市が、縮小社会化のなかで、再エネを通じたまちづくり（しまづくり）として将来世代の人材育成の重要性を明確に視野に入れていることに由来しているからかもしれない。[18]

日本のまちづくりの事例において、首長やキーパーソンの「学ぶ力」——自分たちにとって必要な知識を、適切な人物を探して取りに行く姿勢——が重要であるという指摘がある［中澤 2017：55］が、明確な将来ビジョンと公益性を兼ね備えた運用とは何かを学ぶ力が求められている。つまり、現在、洋上風力発電においても発電事業者が主導した地域貢献策がいろいろ模索されているけれども、発電事業者が提示したメニューをそのまま自治体が受け入れるのではなく、地域に資する貢献策を自治体みずからが提案することをしないと、発電事業者が容易に安価で利益がある貢献策しか行わなくなるおそれがある。つまり、当該地域に必要なコンテンツを、発電事業者に対して逆に提案することや、現存する基金への寄付を促すといった試みが必要となるだろう。たとえば、二〇一四年に生活クラブ生協連合会と生活クラブ生協北海道が出資をして、北海道石狩市の風車「厚福丸」が設立され、風力発電の売電利益は、石狩市が二〇一六年に設立した「環境保全及び自然保護に関する施策の推進」のための「環境まちづくり基金」に積み立てられている。そしてこの基金は、石狩市が実施する事業として、世界におよそ二〇〇羽以下しか生息していない亜種アカモズの生育環境の基礎調査、石狩市の花であるハマナスの自生地の調査や管理手法の検討などといった植樹や市有林の整備と植物の保護、公共施設照明LED化事業、木質バイオマス流通モデル調査研究事業などの脱炭素に向けた取り組みになっている。[19]

他方で、生活クラブ連合会が二〇一九年に生活クラブ生協の米や野菜などの主要産地である山形県遊佐町に「庄内・遊佐太陽光発電所」（出力一八メガワット）を建設し、この事業収益を用いて「庄内自然エネルギー発電基金」が創設された。庄内地域にもっぱら居住するか、近い将来に居住を予定する二名以上のグループか、庄内地域に事業ないし活動の基盤を置く団体（法人を含む）に対して、「持続可能なまちづくり」[20]に関わる事業への助成を行っている。このように地域住民が自由な発想で行うまちづくり活動を側面支援する試みも、地域社会全体に再エネ事業の利益を還元する仕組みとして有用であろう。

第三に上記の二つの論点とも重なるが、発電事業者などの地域外の主体と、再エネの立地点住民とのさまざまな「格差」を、発電事業者側が考慮する必要がある。特に発電事業者がみずから、もしくは関連会社を使って、立地点地域の経済活動を支援する場合、発電事業者と立地点地域の事業者との規模感の格差があり、その格差を埋める試行錯誤、規模が大きい発電事業者側の「寄り添い型の支援」が重要となる。たとえば、にかほ市の事業者と生活クラブ生協の消費材開発の事例では、企業規模や理念の差を埋められず一回だけの販売になったこともある。その反面、にかほ市の事業者が生活クラブ生協に影響をうけ、添加物の使用をやめたり、消費者を意識した自社製品のアピールを考えるようになったこともある。つまり、発電事業者と立地点地域の業者や住民を「飲み込む」ような連携は、立地点の従属的な開発であり、好ましくない。生活クラブ生協が理念とする生産者と消費者の「対等互恵」な関係性を、あらゆる再エネの開発の現場でも援用しなくてはならないし、これまでの生活クラブ生協の諸実践でもつねに再帰的に考える必要があるだろう。[21]

4　再エネ事業による共有価値の創造のためのローカル・ガバナンス

本章では、長崎県五島市の洋上風力発電を中心とした再エネによる「しまづくり」の事例と、首都圏の生活クラブ生協が秋田県にかほ市に建設した風力発電を縁とした生活クラブ生協と立地点住民の動向を事例にして、再エネ事業が生み出す経済的価値だけではなく、社会的価値の創出について分析してきた。最後に、地域社会、住民とシナジーを生む再エネ事業の要件を考察するにあたって、米国の経営学者であるマイケル・ポーターとマーク・クレーマーによるCSV経営の議論を参照していきたい。

ポーターとクレーマーは、経済的価値（企業利益の獲得）と社会的価値（社会課題の解決）を両立させる「共有価値の創造」を目指すCSV（Creating Shared Value）経営を提唱した。彼らは製品と市場を見直すこと、企業の一連の活動を見直すこと（Value chain の生産性の再定義）、企業が拠点を置く地域を支援する産業クラスターをつくることをCSV経営の実践のための方法として提示する［Porter and Kramer 2011］。本章の事例では、五島市が再生可能エネルギーによる「しまづくり」の一環として、二〇一七年四月に施行された有人国境離島法による雇用機会拡充事業を活用し、雇用の増加に直接寄与する創業、事業拡大を行う事業者を支援しており、二〇一七―二〇二二年度で一四の再エネ事業者（いずれも島内）で雇用創出数は三八人（島内二三人、島外一五人）となっている。また、製造業が歴史的に弱い秋田県では、風力発電、洋上風力発電の産業クラスターの形成を目指している。

一方で、CSV経営に関わる「社会的価値」が正当性をもつのかという点について、ソーシャル・イノベーションをもたらす社会起業家のイデオロギー性が問題とされた。具体的には、事業構築により社会問題を生み出す構造的な不平等が再生産されたり、新たな社会問題の発生が不可視化される懸念が示された。これらの点に対しては、ソーシャル・ビジネスの構築、維持、拡大に際して、社会起業家がいかに社会に対する説明責任を果たしていくのか、具体的な行為から分析、考察していくことが試みられている［高橋 2023：54］。つまり、社会企業家は新たな価値やビジョンを説得や学習を通じて共有し、普及させていくだけではなく、ステークホルダーの利害を読み解き、ステークホルダーをソーシャル・ビジネスに自発的に参加させる状況を構築していく役割［高橋 2023：55］や、経営者（社会企業家）がCSVを提示し、経営者がステークホルダーに対して行う交渉と説明責任のプロセス中で、社会的価値の正当性が担保されるという［高橋 2023：58］。

ただし、経営者を中心的なアクターと考える経営学に対して、社会学は地域社会の多様なアクターやアクター

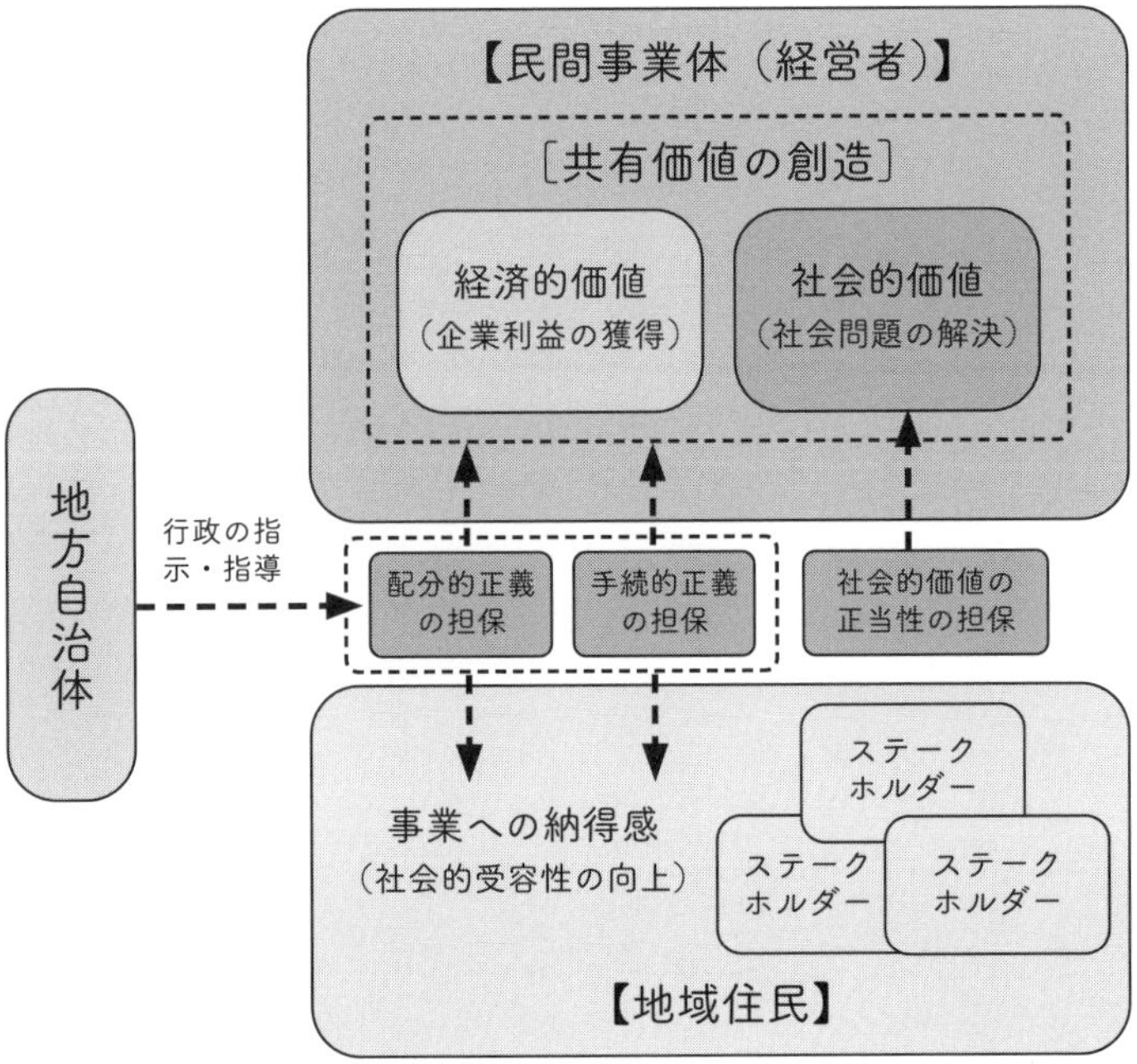

図 2–3　共有価値の創造モデル（修正）

間のネットワーク、さらにアクター間のガバナンスを分析視野に入れる。たとえば、経営体（経営者）が地域社会にもたらす経済的価値、社会的価値については、配分的正義や手続的正義が担保される必要があり、そのためには行政などのガバメントの力が作用するだろう（**図2－3**）。

また、再エネ事業が地域のエネルギーという公共財を扱い、地域の社会的課題に応えるような社会的価値の創出するためには、地域内外のさまざまなアクターがかかわる「共創の場」の存在が必要であると考えられる（**図2－4**）。環境社会学者の舩橋晴俊は、「公論形成の場」にとって必要なことは、利害関係者に対する開放性を前提に、異質な視点・情報を集め、突き合わせた上でより普遍性のある問題意識と解決策を見いだすことであると指摘している［舩橋 1998：

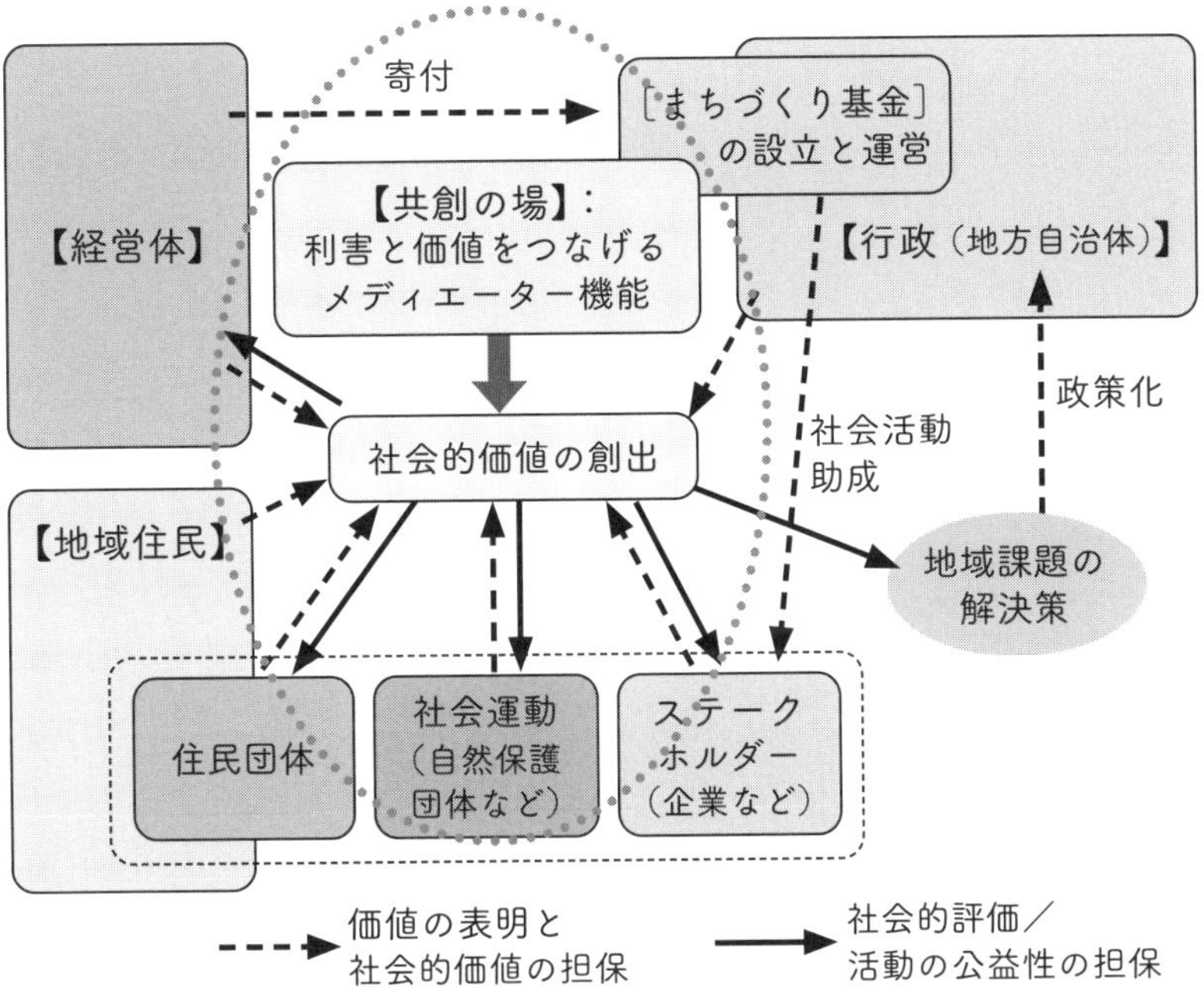

図 2–4　地域社会とのシナジーを生む再生可能エネルギー事業とアクター間のガバナンス

211]。この公論形成の場は、上記の「共創の場」と同軌する。本章の事例でいえば、再エネ事業者による寄付金を使った「まちづくり基金」の運用は、当該自治体や、その基金を使う可能性がある地元住民や団体が納得するような形が望ましく、「共創の場」で具体的な方策を考えることが必要であろう。

他方で、多様かつ複雑な利害関係者の利益を調整しつつ、当該社会にとってプラスの価値をもたらすような再エネ事業を実現させるためには、メディエーター機能が「共創の場」に必要である。メディエーターとは「あらかじめ価値・利害の対立を予測することに注意を払った上で、いかにして進行中のプロセスのなかで潜在的な摩擦のシグナルを察知し、そこからの洞察に基づいて有効と思われる媒介を柔軟かつ戦略的に講じることができるか考える」［古屋 2022: 265］ことを専門的に行う人材である。多様な利害関係者が参加し、ボトムアップで合意形成をすることは、トップダウンでの意思決定よりも複雑でありコストもかかる。メディエーターは、利害関係者とは異なる形で開発プロセスに関わり、それぞれの利害関係者の意思決定をよりよいものにするための媒介を行うとされる［古屋 2022: 265–266］。そして、実際にメディエーターを再エネ事業開発に導入する際には、メディエーターの財政的中立性を担保する必要［古屋 2022: 282］があり、行政がどのようなメディエーターを雇用するかが鍵となるだろう。

やっかいな問題に挑む試行錯誤を繰り返すなかで生まれていく社会関係資本（地域の多様な人々による信頼をともなったつながり）や、五島市のような藻場再生といった自然資本の創造は、次の再エネ事業の導入の際にストックの厚みを増やし、別の形のストックが生み出されることになるだろう。地域社会とのシナジーを生む再エネ事業とは、再エネ事業から生み出される社会関係資本、自然資本などのストックを蓄積する実践である。そのプロセスはリニアーなものではなく、当然、試行錯誤を伴う。だが、メディエーター機能を備えた「共創の場」における試行錯誤が、地域社会とシナジーを生む再エネ事業を構築するためには重要であり、カーボンニュートラルに向けた自治体政策には、こうした「共創の場」をつくるローカル・ガバナンスが求められている。[22]

【注】

[1] たとえば、本章で紹介する秋田県にかほ市における生活クラブ風車と同時に建設された風車は、大手居酒屋チェーン店などを展開する企業によるＣＳＲ（企業の社会的貢献）の一環として建設され、地域貢献としてにかほ市の酒造メーカーの酒を経営する居酒屋で取り扱ったことがあるが、一時的な提供に過ぎなかった。

◉2　なお、本章の事例の記述については、長崎県五島市は西城戸［2021］、秋田県にかほ市は、西城戸［2022, 2023］の内容を用いつつ、内容を加筆、修正している。

◉3　当時の漁協組合長からの聞き取り（二〇一九年一二月六日）による。

◉4　当時の漁協組合長からの聞き取り（二〇一九年一二月六日）による。

◉5　二〇一九年四月には洋上風力発電を促進する「海洋再生エネルギー発電施設の整備に係る海域の利用の促進に関する法律」が施行され、政府が指定した海域を発電事業者が三〇年間占有できることになった。第一回目の公募（第一ラウンド）は二〇二〇年一一月に実施された、千葉県銚子市沖の洋上風力発電事業は三菱商事（株）が落札したが、入札前から銚子漁業組合は五島市に訪問し、五島市の洋上風力と漁業の共生モデルに感銘を受けたという（銚子漁協組合に対する二〇二三年一二月三日の聞き取り）。（株）渋谷潜水工業の渋谷正信氏も銚子沖の海洋調査を実施するほか、銚子市漁協組合は五島モデルを銚子に援用するための勉強会を重ねていた［渋谷 2024: 40–60］。

◉6　なお、五島市は九州電力とも同様の電力受給契約を行っている。

◉7　H氏は父親の建設業の仕事を引き継ぎ、その会社は風力発電のメンテナンス業を行う（株）E-wind を立ち上げ、五島市における再生可能エネルギー事業をリードする立場になっている。

◉8　五島市担当者からの聞き取り（二〇二三年一一月一日）による。

◉9　H氏に対する聞き取り（二〇二三年一一月一日）による。

◉10　二〇二四年五月三一日取得（https://510power.com/company）。

◉11　二〇二四年度は五島市内の中学生八名がシンガポールで五泊七日の語学研修を行った。漁業振興に対しては「五島市浮体式洋上風力発電漁業振興基金」が設立され、二〇二四年度から二〇年間、漁船保険料補助やその他漁業振興に資する事業への補助が認められた（五島市担当者からの情報提供。二〇二四年九月一四日）。

◉12　生産者や小売業の利潤追求のための一般に流通している商品ではなく、消費者が既存の生産や流通の問題点を踏まえ、みずからのライフスタイルを反省しながら「考える消費者」として提携生産者とともに開発する商品のこと。消費材の利用を広げていくことで既存社会の課題を解決すると考えられている［西城戸 2021: 44］。

◉13　ただし、生活クラブ風車の建設の企画段階では、組合員から「風車をにかほ市につくりその電気を生活クラブ生協が使うという構図は、地方に原発をつくり、その電気を首都圏で使うのと同じではないか」という批判もあった。

◉14　生活クラブ風車「夢風」の運営主体であるグリーンファンド秋田によって年間売電量一キロワット時あたり〇・五円がにかほ市自然エネルギーによるまちづくり基金に拠出されている。風況や風車のメンテナンス期間によっても発電量は左右されるが、約二〇〇万円前後の拠出がなされている。なお、固定資産税は減価償却によって減少するため、生活クラブ風車「夢風」によるにかほ市への歳入額は、徐々に減少する。

◉15　都市農村交流やグリーン・ツーリズムを事例として、「消費される農業・農村」の実態を分析した論考に徳野（2008）がある。

◉16　もっとも、小田切は「交流活動は、意識的に仕組めば、地元の人々が地域の価値を、都市住民の目を通じて見つめ直す効果を持っている。それを、都市住民が「鏡」となり、農山村の「宝」を写し出す」という「都市農村交流の鏡効果」を指摘している［小田切 2009 : 45］。

◉17　花いっぱい運動の花苗や肥料は、にかほ市内の農家より購入して地域経済の循環を意図したり、基金を使った生徒用の机・椅子の購入がわかるように教室内にポスターを貼ったりといった対応はしている（夢風ニュース No119（二〇二二年五月発行）二〇二四年七月一〇日取得、https://chiba.seikatsuclub.coop/excludes/chiba/img/activity/eco/yumekaze/yumekaze_news_vol119.pdf）。

◉18　なお、二〇二一年度からにかほ市は地産地消食育事業として地元の特産品（由利牛）を使った学校給食の提供を行い、食材費補助にこの基金を使ったようである（夢風ニュース No116. 二〇二一年二月発行）（二〇二四年七月一一日取得、https://chiba.seikatsuclub.coop/excludes/chiba/img/activity/eco/yumekaze/yumekaze_news_vol116.pdf）。高価な地場産品への関心を高める教育機会の提供という側面は評価できるが、地産地消食育として単発的な取り組みにならないような実践が必要であろう。

◉19　石狩市環境課ホームページより（二〇二四年五月三一日取得、https://www.city.ishikari.hokkaido.jp/soshiki/kankyo/60670.html）。

◉20 ⑴再生可能エネルギーにより地域の持続可能性を高める取り組み、⑵農畜林水産物ほか食料生産の振興を図る新たな取り組み、⑶住民生活における福祉、保健、医療、教育の増進を図る取り組み、⑷地域の良好な自然環境や固有種動植物の保全に関する取り組み、⑸郷土の歴史、民間伝承や文化・芸能等の保存継承に関する取り組み、⑹「生涯活躍のまち」構想など、地域の定住人口と交流人口の増加に関する取り組み、⑺その他、当協議会が特に必要と認めたもの、が対象となる。(酒田市ホームページ、(二〇二四年七月一一日取得、https://www.city.sakata.lg.jp/shisei/shisaku keikaku/chiikisouseibu/shounaisizenenergy/energykikinn_jyosei.html)。

◉21 そもそも生活クラブ生協のような協同組合は、組合員のための組織であり、組合員が満足する活動が組織内で正当化されやすく、特にみずからの活動を「正義」であると主張する組織は、他者や別の正義を否定しがちである。消費者－生産者、都市－地方といった非対称的な関係のなかで、相対的な強者による正義の押しつけによる交流は、表層的な関係か一致する利害だけの関係に留まり、新たなイノベーションは生まれないだろう。

◉22 なお、一般海域における洋上風力発電の公募の評価項目に、「立地地域と協力しながら多様な主体の利益を実現する事業者が選ばれやすい仕組み」［丸山 2023：251］を入れ込むような制度改正を行う方法もある。これは国が主導した再エネ事業に適用できる方策である。

コラム❷

「生活クラブのエネルギー政策」と再生可能エネルギーを用具とした地域づくりの推進

半澤彰浩
㈱生活クラブエナジー／生活クラブ神奈川

生活クラブ東京、神奈川、埼玉、千葉の首都圏四つの生活協同組合（以下、単協）によって建設された生活クラブ風車「夢風」が、二〇一二年三月に稼働して一二年目を迎える。この首都圏四単協の取り組みがモデルとなり、二〇一三年秋に生活クラブグループ（連合会）で策定された「生活クラブ総合エネルギー政策」では、「脱原発・エネルギー自治・温室効果ガスの削減」が基本的政策として位置づけられている。これにより、「減らす」「つくる」「使う」を生活クラブの運動と事業の柱とし、省エネ運動、再生可能エネルギー電源の開発、再エネ電力の選択が方針化された。その一環として、二〇一四年に電力小売会社である㈱生活クラブエナジーが設立された。二〇二四年現在、「生活クラブでんき」は契約者数一万八〇〇〇人、高圧接続契約者一〇〇社、自前・連携している再エネ発電所七一ヵ所、卒FIT発電所二〇〇ヵ所、「生活クラブでんき」の二〇二三年度再エネ比率九二・三%、地域に発電所の利益を還元する基金（自治体との連携）設置二ヵ所へと、事業は広がった。「夢風」の建設地である秋田県にかほ市では、「地域間連携による持続可能な自然エネルギー社会づくりに向けた共同宣言」（二〇一三年八月）により、立地地域の自治会をはじめとした人的交流と関係性の深化、食品の生産者との取り組みの拡充、まちづくりへの造成拡大などが見られるとともに、にかほ市風力ゾーニング事業の開始と条例化、にかほ市自然エネルギーによるまちづくり基金条例の制定と基金の拠出、二〇三〇年脱炭素にむけた計画づくりが行われている。二〇二五年には二基目の生活クラブ風車が稼働し、生活クラブとにかほ市による「森づくり」もスタートしようとしている。

また、生活クラブの農畜産物の提携産地を基本に、再エネの開発と地域循環型の地域づくりを推進する取り組みも広がりを見せている。山形県の庄内地域では、「遊佐太陽光発電所」（一八メガワット）の建設を通して、「庄内自然エネルギー発電基金」へ毎年一〇〇〇万円の寄附が行われている。また、酒田市では基金条例が制定され、遊佐町および酒田市の市民活動に対する助成が行われている。たとえば、新たな移住定住拠点の建設費への助成、持続可能な農業推進のための「モア草刈り機」や「アイガモロボ」などへの助成や、高タンパク飼料用米の栽培補助などがこれまでに実施され、再エネによる経済的効果が地域内で循環している。こうした動きは、長野県や奈良県の産地でも検討が進められている。

さらに、再生可能エネルギーを用具とした地域と都市による新たな連携と「食とエネルギー」による地域づくりの取り組みも広がってきている。神奈川県では「さがみこファーム」と生

生活クラブ風車・夢風全景

活クラブによる「食とエネルギーのテーマパーク構想」をもとに、地域共生型のソーラーシェアリングによる実践が進みつつある。また、秋田県にかほ市では「にかほ市地域脱炭素推進協議会」、遊佐町では「遊佐地産地消エネルギー協議会」が生活クラブの参画のもとスタートしている。

一方、都市部では「生活用具としての再エネ」をテーマに、身近な場での再エネを広げる取り組みや子どもへのエネルギー教育が生活クラブでは進められようとしている。たとえば、住宅や公共施設の断熱によるエネルギーパス（家の燃費）を検討することや、太陽光パネルの設置コストと資金の回収、CO_2排出量の削減などに関するシミュレーション、さらには、太陽光パネルと蓄電地の設置による自家消費モデルの研究などが検討されている。そうしたことが「持続可能性」と「エネルギー安全保障」を自分たちで築くことになると考える。

生活クラブ風車・夢風の前で風車見学をした地元の子供たち

エネルギー危機からの脱却の道は、循環型、脱炭素・脱原発の経済社会の構築、手の届く範囲の暮らし、身近な生活をテーマとしたアソシエーション、そして、市民事業の「陣地」を多くつくりそれをネットワーク化していくことである。私たちがどう生きるかが未来をつくる子どもたちから問われている。

第3章

生物多様性に貢献する自然共生型太陽光・風力

「環境vs環境」のトレードオフを越える

山下 紀明

1 太陽光・風力発電と生物多様性

1・1 太陽光・風力の拡大と地域トラブル

脱炭素の要請と低価格化を理由に、再生可能エネルギーのなかでも太陽光発電と風力発電（以下、まとめて「太陽光・風力」）は拡大を続けている。二〇二一年時点で全世界の太陽光・風力を合わせた発電電力量は二八九四テラワット時となり、原子力発電の発電電力量二八〇〇テラワット時を初めて上回ったと推計されている［BP p.l.c. 2022］。さらに、ＩＥＡ（国際エネルギー機関）のネットゼロシナリオにおいては、二〇五〇年には太陽光・風力は世界の発電電力量の七〇％以上を供給すると見込まれている［IEA 2023］。

国内では二〇一一年三月一一日の東日本大震災・東京電力福島第一原子力発電所事故を契機として再生可能エネルギー特別措置法（再エネ特措法）に関する議論が加速し、二〇一二年に同法が施行されると太陽光発電が急増した。再エネ特措法は全国的な再生可能エネルギー（以下、固有名詞を除いて「再エネ」）の普及に重要な役割を果たしたが、持続可能性や地域にとって望ましい再エネといった点からは課題ももたらした。

太陽光・風力に関する地域トラブルの増加はそうした課題の一つである。以下では、事業計画段階から運営段階において事業者と住民や各種団体、行政の間で合意が成り立たず、住民からの反対運動や行政からの指導を受けた事業を地域トラブルと呼ぶ。

太陽光発電については、全国紙および地方紙を対象とした二〇二一年一二月末までの筆者の調査により、全国で一六三件の地域トラブルが報道されていることが確認できた［山下 2022］。太陽光発電の地域トラブルの理由は複合的なものであり、件数が多い順に自然災害発生への懸念（九七件）、景観への懸念（六九件）、生活環境への影響の懸念（五二件）、自然保護への懸念（五二件）、その他の項目（四〇件）となる。

風力発電については錦澤・長澤による調査があり、二〇二二年一二月までに一四八件の地域トラブルが見られた［錦澤・長澤 2023］。その主な論点は、自然保護（六六件）、騒音（六五件）、野鳥（五五件）、景観（五三件）、災害（四一件）、水質（一一件）、その他（一四件）であった。

太陽光・風力に関しては、これらの報告の後も地域トラブルは継続的に報道されている。◉1

1・2　太陽光・風力と生物多様性

気候変動と生物多様性については、国際的な注目度が高まっている。環境に関する国際交渉を振り返れば、一九九二年のブラジル・リオデジャネイロでの国連持続可能な開発会議（地球サミット）において気候変動枠組条約と生物多様性条約への署名が開始された。近年では、気候変動については二〇一五年のパリ協定採択がカーボンニュートラルの気運を大きく高め、生物多様性については二〇二二年の昆明・モントリオール生物多様性枠組が生物多様性の損失を止め、回復軌道に乗せるというネイチャー・ポジティブ（自然再興）の考え方を示している。ＵＮＦＣＣＣ（国連気候変動枠組条約事務局）が地球の三つの危機（Triple Planetary Crisis）として、気候変動、生物多様性の喪失、汚染を挙げているように［UNFCC 2022］、国際的に対応していくべき課題と認識されるようになっている。気候変動が進行すれば、さらなる生物多様性の喪失につながるため、気候変動の緩和策である太陽光・風力の導入は生物多様性の保全にとっても重要である。

しかしながら、太陽光・風力と生物多様性の関係は単純ではなく、リスクと機会の両面が見られる。前項で述べたように、太陽光・風力の導入にあたっては土地開発を伴うため、生物多様性への負の影響が懸念される案件も見られる。また現在の環境アセスメント制度では自然環境への負の影響を低減することを環境配慮としている。他方で、適切な立地選定やサイト内の植生の考慮などにより、生物多様性の向上に貢献することも可能である。これらの両面を持つことから、国内外を問わず、多くのステークホルダーが太陽光・風力と生物多様性の適切なあり方について報告や検討を行っている。

ＩＵＣＮ（国際自然保護連合）は太陽光・風力による生物多様性への影響を緩和するためのガイドラインを公表している［Bennun, L. et al. 2021］。ＩＰＢＥＳ（生物多様性及び生態系サービスに関する政府間科学－政策プラットフォーム）とＩＰＣＣ（気候変動に関する政府間パネル）による生物多様性と気候変動に関する合同ワークショップ報告書［Pörtner, H.O. et al. 2021］や、再エネを推進する国際ネットワークであるＲＥＮ21による再エネと持続可能性についての報告書［REN21 2023］のなかでは、再エネの拡大がもたらす生物多様性への負の影響を可能な限り低減する方策と、良い影響を与えるための方策について示している。

国内では、環境省が二〇二三年に公表した生物多様性国家戦略 2023–2030 には行動目標1－4「気候変動による生物多様性への負の影響を最小化する」や、行動目標2－4「再生可能エネルギー導入における配慮を推進する」といった項目があり、生物多様性への配慮や地域との合意形成について示されている［環境省 2023］。同戦略の主要な取り組みの一つである30 by 30（陸域と海域の三〇％を保全する目標）の行程を示す30 by 30ロードマップでは、「再エネと共有地管理のシナジー」や「適切な再エネ配置による景観確保」といった文言が見られる［環境省 2022a］。国内での太陽光・風力の地域トラブルの主な理由には自然保護や野鳥への影響の懸念が含まれており、国内の主要な自然保護団体は再エネ事業と自然保護の両立の必要性と課題について意見書や研究結果を公表している（たとえば、日本自然保護協会［2023］、日本野鳥の会「自然エネルギーとの共生」、WWF Japan［2022］）。

1・3　ポジティブな両立に向けて

気候変動と生物多様性は国際的に対応すべき二つの課題であるにも関わらず、国内の太陽光・風力の現場では「環境（気候変動緩和策）vs 環境（生物多様性）」と表現されるような対立がしばしば起こっている。そのため、太陽光・風力の拡大と生物多様性の保全はトレードオフの関係にあると認識されがちだが、太陽光・風力を導入しながら生物多様性の保全に寄与することは可能である。そうした事業モデルを自然共生型再エネ事業と定義し、その実践を増やしていくことは、地球規模でも地域規模でも重要である。本章では、生物多様性の保全に積極的に貢献する太陽光・風力の海外事例や国内事例を紹介し、続いて今後の普及に向けた制度やビジネスモデル、その他の社会的仕組みのあり方、これから取り組むべき方策についても述べる。

2 生物多様性に貢献する太陽光・風力の海外事例

2・1 海外事例から学ぶ

海外と国内では自然保護や土地利用／開発に関する制度が根本的に異なり、太陽光・風力の事業環境も異なるため、海外の事例を日本でそのまま再現できるわけではない。しかしながら、海外事例からの示唆をもとに、国内で短期的に実現可能なこと、中長期的な制度転換も視野に入れて実現すべきことを検討していくことは有益である。たとえば、海外の太陽光・風力事業における生物多様性保全の専門家やＮＧＯとの連携という事業スキームに学び、国内事業での連携事例をいくつか試行することと、それらを促進するための制度的インセンティブのあり方を検討することが考えられる。

以下、２・２項から２・４項までは二〇二二年一一月に筆者らが自然保護団体の専門家とともに欧州を訪問した際の現地視察やインタビューから得た知見について述べる。

2・2 自然保護団体と連携し、在来の動植物を増やす太陽光発電

スイスとの国境に近いドイツ南部の町ジンゲン（Singen）の近くに、生物多様性に貢献する多くの手法を採用する四・五メガワットの太陽光発電所ソーラーパーク・モースホフ（Mooshof）がある。地域の市民が立ち上げたエネルギー会社 SolarComplex 社が二〇一一年に開発し、一部は地域のエネルギー協同組合（Bürger-Energie

図3–1　ソーラーパーク・モースホフの緑化

Bodensee）やシュタットベルケ（エネルギー都市公社）も参画している。ソーラーパーク・モースホフでは、計画段階から自然保護団体BUNDと連携して生物多様性に関わる多くの方策を採用し、モニタリングも行っている。この場所はかつてトウモロコシ畑であったが、今では多様な植物や昆虫、小動物が生息できる場所に変わっている。

太陽光パネル下部には、在来種の多様性を考慮した草原を再現している。訪問時は初冬ではあったが、いくつか花も見られた（**図3－1**）。またサイトを囲むフェンスの下部を三〇センチメートルほど空けてノウサギのような小動物が出入りできるようにしており、実際に小動物の通り道も見られた。フェンス外側には鳥や虫が集まるよう実がなる低木を植える（**図3－2**）、敷地内にハチの巣箱を設置する、工事の際の地面の凹凸をあえて残して水たまりにカエルなどが集まるようにする（**図3－3**）などの工夫も見ることができた。

これらの生物多様性のための対策には、ドイツの制度

図 3–2　フェンス周辺の低木

図 3–3　あえて水たまりを残す

に定められた対策と、SolarComplex社が独自に行っている対策とがある。ドイツでは自然保護や土地利用に関する法制度が整備されており、太陽光・風力に限らず、開発にあたっては多くの環境保全対策が必要となる。たとえば、サイト内の緑化や植樹はごく一般的に行われており、行政からも実施が求められる。同社社長のベネ・ミュラー氏はBUNDとの協働を通じて追加的な対策を行う理由として、地域付加価値の創出や地域の受容性に重点を置いていること、地域主体による持続可能な事業を目指していることを挙げた。

同社からBUNDのモニタリング報告書の提供を受け、その内容を確認したところ、太陽光パネル設置から二年後にはツバメシジミなどのチョウ類、希少なイトトンボやバッタなどの昆虫類の増加が見られた。また六年後のモニタリング報告書によると、植生についてもIUCNのレッドリストに記載されるような種が見られるようになっており、サイト内でも、土壌の乾燥度合いや、パネル下部か通路部分かなどによって植生が異なっていることが示されている。

ソーラーパーク・モースホフの取り組みは、地域エネルギー企業と生物多様性の専門家が協働して生物多様性に貢献する再エネ事業を実現する事例と言える。

2・3　地域に応じた大規模な自然保護策を行う太陽光発電所

ドイツの首都ベルリンから二五キロメートルほど北東のブランデンブルク州ヴェルノイヒェン（Werneuchen）にEnBW（エネルギー・バーデンヴュルテンベルク）社のヴィーゾウ・ヴィルマースドルフ（Weesow-Willmersdorf）太陽光発電所がある。ここでは約二〇〇ヘクタールの広大な土地に一八七メガワット（DC）の太陽光パネルが並んでいる［EnBW, Weesow-Willmersdorf solar park］。EnBW社は二〇一八年にこのプロジェクトの開発

図 3-4　フェンスの小動物用通り道

権を取得し、二〇二〇年末から発電・送電を行っている。ソーラーパーク・モースホフと比べると発電容量は約四〇倍の巨大な発電所であり、生物多様性のための取り組みも大規模なものが見られる。

モースホフと同様に、このサイト内でも地域の植生が再現されている。広大な面積であるが、春から秋にかけては近隣の羊飼いが千頭ものヒツジを連れて訪れるため、草刈りの手間が大幅に軽減されており、Win-Win の関係を築いている。フェンス下部には小動物用の通り道を設けているが、一〇メートルおきに二〇センチメートル四方の隙間を開けている（図3－4）。この地域には野生のオオカミやイノシシが現れるため、小動物のみが通れるように地域に合わせた調整がなされている。実際に、ノウサギのものと思われる毛がフェンスに絡まっていた。

大規模な取り組みとして、野生生物の生息や移動空間を確保するために、太陽光パネルの区画間に一〇〇メートルの回廊（コリドー）が設けられていた（図3－5）。またこの土地は比較的乾燥しているため、石を積み重ねた

図 3–5　パネル区画間のコリドー

図 3–6　トカゲ用ビオトープ

トカゲ用のビオトープが所々に設置されていた(図3－6)。

こうした生物多様性保全の取り組みは、行政からの指導と地域住民との話し合いをもとに決められていったとEnBW社のエコロジー担当者は述べた。また、この場所はかつて農地であり、農業による環境負荷や植生の乏しさを考慮すると、現在の太陽光発電所のほうが生物多様性に貢献しているとも述べた。モースホフのような自然保護団体との共同は行われていなかったが、大手エネルギー企業が地域に応じた生物多様性保全の取り組みを大規模に行った新しい事例である。

2・4　鳥類を増やし、地域の受容性を高める風力発電所

スコットランド第二の都市グラスゴーから南に車で三〇分ほど移動すると、背の低い草木が広がるムーアランドの先に風車群が見えてくる。このホワイトリー(Whitelee)風力発電所では、八三平方キロメートルの広大な敷地に二メガワット級の風車二一五基(合計五三九メガワット)が間隔を空けて並んでいる。事業者であるScottishPower Renewablesは、二〇〇〇年から計画を開始し、二〇〇九年には一四〇基の風力発電を設置し、その後の拡張を経て現在の規模に至っている[ScottishPower Renewables, About Whitelee Windfarm]。

この地域は、中心部にヴィクトリア朝時代に作られた貯水池があり、農業や造林も行われていた土地であった(図3－7)。同社は、生態系保全・回復のためにRSPB Scotland(王立鳥類保護協会・スコットランド)、自然保護団体NatureScotと連携して、風力発電事業を計画・運営してきた。風力発電機は希少種への影響を避けるよう立地が選定され、実際に希少種のバードストライクはこれまでに記録されていない。ただし、コウモリが何匹か衝突した記録がある。渡り鳥が多い地域ではないが、小型のハヤブサやクロライチョウなど九〇種類以上の鳥類が

図 3–7　貯水池と風車群

生息している。訪問時には、貯水池の近くで猛禽類のノスリが風を受けて空中に留まるホバリングを行う姿が見られた。また風力発電所の敷地内だけではなく、周辺の広大な地域を含めて本来の植生を回復するなど生物多様性の増進に貢献するさまざまな取り組みを行っている。

同発電所は地域に環境教育やレクリエーションの機会を提供している点も特徴的である。敷地内にはビジターセンターが設置されており、トレイルコースやマウンテンバイクの練習コースも整備されている。現地では、犬を連れて散歩をする家族やアウトドアウェアを身に着けたグループとも何度もすれ違った（**図3－8**）。風力発電所の敷地内を多くの人が笑顔で歩いていく様子に感銘を受けた。

ScottishPower Renewables の環境担当、エコロジー担当、ステークホルダー担当との意見交換を行い、こうした大規模な生物多様性保全の取り組みを行う理由を尋ねたところ、それぞれから興味深い回答が得られた。環境担当者は、スコットランドの自然保護や土地利用の制度はそ

図 3–8　サイト内を散歩する家族

れほど厳しいものではなく、自社の事業ポリシーに沿って行っていると述べた。エコロジー担当者は、それが正しいことだからと回答した。ステークホルダー担当者は、事業者にとって長期的な評判は重要であり、当地でのリパワリングのときにも合意を得やすくなる上、良い取り組みをすれば他の地域での事業計画の際にも他社よりも地域の賛同を得やすくなる、と述べた。

ホワイトリー風力発電所はエネルギー企業と生物多様性の専門家が協働して生物多様性に貢献しつつ、地域にも多くのメリットをもたらして地域の受容性を高める風力発電事業の事例である。

2・5　花粉媒介者や生息地を考慮した太陽光発電

重要な花粉媒介者（Pollinator）であり、食糧生産にも大きく関わるハチ類は生息地の喪失を含むさまざまな要因のため米国や欧州で減少が報告されている［IPBES 2016］。大規模な地上設置型太陽光では下部に砂利などを敷き、除草剤を撒くこともあるため、地域本来の植生が失われてハチの生息地が減少する可能性がある。他方で、サイト内を適切な植生とすることで、ハチの生息地を増やすこともできる。米国国立再生可能エネルギー研究所（NREL）の記事では、地域の適切な植生を保つことは、整地をした上で砂利や芝生を整備することに比べてコストが低く、メンテナンスの手間もかからないとしている［NREL 2019］。

こうした背景から、米国では花粉媒介者を考慮した太陽光発電（Pollinator-Friendly Solar）や生息地を考慮した太陽光発電（Habitat Friendly Solar Program）を促進する取り組みがあり、多くの州が法令やガイドラインを策定して支援を行っている［Clean Energy States Alliance 2020］。

ミネソタ州は二〇一三年に全米で最初に生息地を考慮した太陽光プログラムを策定した。事業者は計画時にアセスメント書類に記入してみずからの取り組みを評価し、その点数が高ければ生息地を考慮した太陽光発電所であることを宣言できる仕組みとなっている。二〇二四年三月時点で五九の太陽光発電サイト、推定面積三二〇〇エーカー（約一三平方キロメートル）が登録されている［Minnesota Board of Water and Soil Resources 2024］。こうした太陽光発電所では、ハチを含む四〇種以上の在来昆虫種を確認するとともに、両生類、爬虫類、哺乳類、鳥類にも利益をもたらしていることが報告されている［Minnesota Board of Water and Soil Resources 2024］。

3　国内での取り組み

3・1　ハビタットを隣接する大規模太陽光発電所

日本国内にも生物多様性を考慮したハビタットを整備した大規模太陽光発電所の事例がある。

図 3–9　奥にサイト全景

岡山県瀬戸内市にある瀬戸内 Kirei 太陽光発電所は、瀬戸内市が所有する塩田跡地を活用して民間企業が国内最大級のメガソーラーと自然保護エリアを整備した事例である。約五〇〇ヘクタールの塩田跡地のうち二六〇ヘクタールで、DC二三五メガワット（AC一八六メガワット）の太陽光発電所が二〇一八年から発電を行っている［瀬戸内 Kirei 未来創り合同会社「発電事業」］（図3–9）。

塩田は一九七一年に従来の製塩を終了しており、後にはヨシなどが生い茂り、希少な猛禽類を含む多様な動植物が生息・生育する塩性湿地帯となっていた。一帯は海水を引き込むために海面より三メートルほど低くなっていることから、つねにポンプで排水を行う必要があり、自治体にとっても財政面での大きな負担があった。二〇一二年に自治体が塩田跡地の活用について太陽光発電事業者からプロポーザルを募集し、生物多様性保全にも配慮した太陽光発電の提案が採択された。

太陽光発電のサイト内では砂利やコンクリートの敷設を行わず、草地に近い状況となっており、春から秋にか

図 3–10　サイト内の様子

図 3–11　錦海ハビタット

けて草刈りを行っている（図3－10）。サイト脇の一六ヘクタール分は自然保護エリア「錦海ハビタット」として確保されている（図3－11）。自然保護エリアは以下の三つを原則とするエコロジカル・ランドスケープ手法を用いて設計されている。①地域環境の潜在能力を見極める。②人が手をつけてよいところといけないところを正しく認識する。③人が二分の一を造り、残りの二分の一を自然に創ってもらう［小川 2018］。

二〇二四年四月に現地を訪れて事業者にヒアリングを行ったところ、以下のような取り組みがなされている。二〇一三年から猛禽類のモニタリング調査をしており、現在も年数回のモニタリングを行っている。二〇二二年には猛禽類の営巣、巣立ちが見られ、二〇二三年も営巣が見られた。現在も太陽光発電所の一部地域は、猛禽類の営巣や育成、保護のため時期により一部エリアの立入制限などを行うなどの配慮をしながらメンテナンス業務が行われている。錦海ハビタットでは、湿地植物ヨシの育成に適切な水位を維持し、塩性湿地環境が保全されている。

この生物多様性保全事例は、以下の三つの要件がそろったことから実現したものと考えられる。①塩田跡地が環境省により日本の重要湿地［環境省 2016］に選定され、希少動植物の生息地となっていたことなどから保全する重要性が明らかな場所であり、配慮を求める声があったこと。②自治体が所有する土地であり、プロポーザル段階からの配慮や自治体との自然保護協定がある程度機能したこと。③再エネ特措法初期の調達価格が適用された大規模な事業であり、資金的にも可能であったこと。現在の事業環境において単純に模倣できる事業ではないが、自然保護エリアの規模や考え方を含めて学ぶものが多い事例である。

3・2　その他の国内事例

国内でもパネル下部の緑化を行う事例やヒツジやヤギによる除草を行う事例は散見される。営農型太陽光発電では、二〜三メートルの高さになるパネル架台が、作物害虫の捕食者であるクモの巣の足場となるという研究報告もある［向峯遼ほか 2024］。

また太陽光発電を里山と市街地との境目に設置し、管理がなされることで獣害を防止するような取り組みも考えられる。これを人間と自然の相互作用のバランスを取り戻すことに貢献する方策と見なして、自然共生型太陽光の一つと定義することもできるだろう。

しかしながら、現状では生物多様性への負の影響を減らすための制度や取り組みが多く、生物多様性の保全に積極的に貢献する自然共生型と呼べる事例は限られている。

4　両立のための社会的仕組み

4・1　制度

生物多様性国家戦略 2023–2030 では、生物多様性の損失要因を整理した「四つの危機」のうち、開発など人間活動による危機を第一の危機、里地里山のアンダーユースのような自然に対する働きかけの縮小による危機を第二の危機としている。[◉2] 自然共生型太陽光・風力は事業モデルに応じて第一の危機や第二の危機への対応策の一つとなりうる。生物多様性の保全を実現する具体的な方策として、①代替的措置により対象生物や生態系の保全に寄与すること、②土木工事の工夫により自然遷移に介入すること、③設備導入により適切な攪乱と更新の機会を生み出すことが挙げられる。①については、2節のドイツやスコットランドの事例、②については3・1項の錦海ハビタットの事例が、③については3・2項の里山と市街地の境界での設備導入の例示が相当する。こうした太陽光・風力と生物多様性の両立のための制度は、さまざまな政策手法を組み合わせて考えていく必要がある。

環境省が進めている30 by 30目標やOECM（Other Effective Area-based Conservation Measures：保護地域以外で生物多様性保全に資する地域）の対象として、自然共生型太陽光・風力を検討していくことは可能だろう。また環境省は、地域における合意形成が図られ、環境に適正に配慮し、地域に貢献する、地域共生型再エネの導入の推進を掲げている［環境省 2022b］ことから、自然共生型太陽光・風力を地域共生型再エネの類型に組み込んでいくことも考えられる。

生物多様性に貢献する再エネ事業という考え方は、環境影響評価制度や再エネゾーニングとも関わる。従来の環境影響評価制度では個別事業について生物多様性などの負の影響を低減する手続きを定めていた。自然共生型再エネ事業であれば、良い影響を与えることができ、自然保護地域の周辺の緩衝地域や里地里山の一部にも適地が見いだせる可能性もある。長期的には、再エネ目標値と整合したポジティブエリア（促進する区域）とネガティブエリア（制限する区域）を定めた再エネゾーニングが必要であり、自然共生型太陽光・風力はポジティブエリアを増やすことにつながるだろう。

生物多様性保全には追加的な費用がかかることから、経済的インセンティブを付与することも重要である。すでに環境省が推進する脱炭素先行地域では生物多様性への貢献も認定要件の一つとなっている。改正地球温暖化対策推進法に基づく再エネ促進区域の検討にも、生物多様性への貢献を追加することができるだろう。自然共生型再エネの定義を明確にできれば、固定価格買取制度のカテゴリを新たに設定することも選択肢の一つとなる。

短期的には日本の土地利用／開発制度は容易には変更できないが、長期的にはドイツのようにポイント制や代償地を含む強力な自然保護制度を制定していくことも考えうる。

生物多様性に貢献する再エネ事業は、土地利用や再エネゾーニングという観点からは、土地の高度利用の一形態と言える。さまざまな導入方法がある太陽光発電では、建築物の屋根・壁面を最優先で利用することは大前提として、次にソーラーカーポートや営農型太陽光、自然共生型太陽光のような土地の高度利用を行うものを、「多機能型太陽光」と位置づけて支援していくことも一案である。

また地方自治体は、ゾーニングや再エネ促進区域、脱炭素先行地域などでも生物多様性と再エネの両立を検討する最前線となるため、その役割は大きい。地方自治体による条例は、現在は規制条例が非常に多いが、生物多様性に貢献する太陽光・風力に対しては独自の支援を行うことが考えられる。飯田市再生可能エネルギーの導入による持続可能な地域作りに関する条例（地域環境県条例）や湖南市地域自然エネルギー基本条例のように、地域にとって望ましい再エネのあり方を定め、自然共生型再エネをその一つと位置づけて政策的支援を行うことが期待される。

4・2　事業スキーム

制度の整備と並び、事業スキームの考え方も転換が必要である。ホワイトリー風力発電の事例から、発電事業者が短期的な経済的利益だけでなく、評判リスクや社会的受容性を考慮して生物多様性に貢献する開発を行う意義を見いだすことができる。

世界的に脱炭素と生物多様性保全の要請が高まっており、電力調達企業（需要家）にとっても、単なる再エネではなく生物多様性に貢献する再エネを選択する意義が出てきている。発電事業者と電力調達契約を結ぶ小売電気事業者や開発資金を提供する金融機関にとっても、同様である。これらの企業がどのような基準を定めて再エネ電力事業に関わるのかがきわめて重要になる。

現在、再エネ電力事業においてＰＰＡ（電力購入契約）が広まりつつあることから、開発事業者、金融機関、小売電気事業者、電力調達企業が協調して再エネ電力事業の企画段階から関わり、生物多様性保全の取り組みを組み込むなかで、電力調達企業がプレミアム分を支払うことや金融機関が金利を優遇することは有効な事業スキームとなるだろう。

またこれまではほとんど見られなかった事業者と自然保護団体との連携も新たなスキームとして提案したい。気候変動による生物多様性への負の影響を懸念している自然保護団体は多く、欧州の事例のように生物多様性に貢献する太陽光・風力事業であれば企画やモニタリングなどでの連携の可能性は十分あるだろう。その際には、リスクコミュニケーションや順応的管理を一層重視することにもつながるだろう。これらは一見プロジェクトのコスト増加につながるように見える。しかしながら、プロジェクトが進んだ段階で課題や反対運動が顕在化し、遅延や中止などにつながるリスクを考慮すれば、事業者と自然保護団体が初期段階から協力することは経済的にも妥当性を持ちうる。

4・3　その他の社会的仕組み

①ガイドライン・認証

太陽光・風力と生物多様性保全を両立させるためのその他の社会的仕組みとして、ガイドラインや認証が考えられる。

再エネ事業全般のガイドラインは資源エネルギー庁による事業計画策定ガイドラインがあり、太陽光発電については環境省による中小規模事業向け環境配慮ガイドラインや太陽光発電協会による地域共生・共創のための太陽光発電所チェックリストなどがある。これらは、生物多様性や自然保護を含む配慮事項を記載する、またはできるだけ影響の低減を目指すものが多い。より積極的に生物多様性に貢献する太陽光・風力のガイドラインを示せば、各企業や自治体、住民に参照されるだろう。

認証についてもガイドラインと同様に生物多様性と再エネの双方を扱う認証は国内では例がないが、第8章で述べる公正風力《フェアウィンド》エナジーのような認証制度を策定し、積極的に評価することはできる。

生物多様性と再エネを積極的に両立させるためのガイドラインや認証を今後作成することには一定の意義があるが、より重要なことは、こうしたガイドラインや認証に則った事業を、小売電気事業者や金融機関、電力調達企業が適正に評価して拡げていくことである。つまりは、真面目に取り組む事業者が経済的にもしっかりと評価される社会的仕組みを構築することが重要である。

②中間支援

これまで事例が少なかった再エネと生物多様性保全の両立を今後拡げていくためには、知見やデータベースの蓄積、専門人材・企業のマッチング、人材育成やコーディネートなどの中間支援が必要である（中間支援組織については第4章を参照）。太陽光・風力の事業者は必ずしも生物多様性の専門家ではないため、中間支援や専門家との協働を促進することが求められる。上述のガイドラインや認証を中間支援組織が担っていくことも想定される。必ずしも再エネと生物多様性に特化する組織を作る必要はなく、地域にとって望ましい再エネを促進する中間支援の機能の一つとして、それらの両立を促すメニューを提供すればよいだろう。

5　これから取り組むべき方策

5・1　実践を一つでも多く

日本で自然共生型太陽光・風力を普及させていくために、まず行うべきことは、再エネ開発事業者・自然保護団体・新電力および電力調達側が協力する事例をいくつも積み重ねていくことであろう。たとえば、自然保護団体が従来からフィールドとしてきた地域において、生物多様性とゼロカーボンの両立を目指す自治体とも連携しつつ、各主体が協力して地域の植生を再現した中規模の太陽光発電事業を試してみることが考えられる。または、すでに太陽光発電が設置されているサイトでの植生の転換やモニタリングも試してみる価値があるだろう。そうした事例を増やしていくなかで、再エネ種別や事業規模、地域の自然条件に応じた課題や可能性を共有し、知見を蓄積していくことが重要である。

5・2　デファクトスタンダードにする

相当数の事例が集まり、自然共生型再エネ事業の有効性が明らかになれば、それを支える社会的仕組みを整え、生物多様性を重視する地域などでは事実上の標準仕様（デファクト・スタンダード）としていくことが望ましい。再エネ開発事業者や自然保護団体が自主的に取り組むだけでは広がりは限定的となってしまうからである。前節で挙げたような、地方自治体や環境省の支援制度、金融機関や電力調達側の基準、ガイドラインや認証の仕組みなどを整えていく。その結果、再エネ開発事業者にインセンティブを与える一方で、社会的に生物多様性への貢献が当然視される状況を作り出すことでさらなる普及が期待できる。

もちろん、エネルギー政策と生物多様性戦略との整合、本来的な再エネゾーニングへの反映など長期的に検討すべき論点は多く、政策転換や統合の機会を探り続けていく必要がある。

5・3 再エネの適正な促進に向けて

本章では生物多様性に貢献する太陽光・風力を中心に、事例や今後の方策を検討してきた。これは、「環境(気候変動緩和策)vs 環境(生物多様性)」というトレードオフの構図を捉え直していくための一つの起点になり、地域にとっても国際的にも大きな意義がある。また他の章で示されている地域主導型や地域協働型の事業と組み合せれば、より多くの地域への経済効果や地域課題の同時解決などをもたらすこともできるだろう。気候変動と生物多様性という二つの大きな危機に対応しつつ、地域にとっても手触り感のあるメリットをもたらす自然共生型の太陽光・風力は、地域に受容される再エネ事業として重要な役割を果たしうる。

【謝辞】
本稿の執筆にあたっては、環境エネルギー政策研究所のインターン、ボランティアの多大な協力をいただいた。

【注】

◉1 たとえば、太陽光発電については『中国新聞デジタル』二〇二三年七月六日、「水質や野鳥への懸念の声　遊水池に設置巡り笠岡市が意見交換会　岡山県」（二〇二四年五月一日取得、https://www.chugoku-np.co.jp/articles/-/328486）、風力発電については『河北新報』二〇二三年一二月二六日、「山形・鶴岡の風力発電計画中止　クマタカ衝突死で逆風　野鳥との共生、線引き課題に」（二〇二四年五月一日取得、https://kahoku.news/articles/20231225khn000053.html）。

◉2 第三の危機は人間により持ち込まれたものによる危機、第四の危機は地球環境の変化による危機である。

コラム❸

地域と共生する発電所づくり

岩垂麻理絵
（㈱グリーンパワーインベストメント）

グリーンパワーインベストメントは、風力発電事業を手がける事業会社である。豊かな自然資源に恵まれた日本で、再エネが地域の産業として根づき、地域の社会や環境づくりに寄与することを創業当時からの理念としている。開発から操業期間までは約三〇～四〇年と長期にわたる事業であり、地域に与える影響は大きい。そのため、当社では、地域に社員が常駐し、地域の一員として地元住民や自治体等の関係者と顔の見えるお付き合いを重ね、お互いの理解を深めながら、開発・建設・運営管理に一貫して取り組んでいる。

当社は、再エネの普及拡大と地域づくりを同時に実現するため、発電事業と地域振興事業を事業取り組みの両輪と位置づけている。売電収益の一部を地域に還元する仕組みとともに、事業を推進するための専門部署として対外連携推進・運営室を設置し、同室と現場社員および地域関係者が一体となり取り組む体制を各発電所で構築することを基本としている。地域振興の考え方として、地域の課題やポテンシャルを強みに変え、発電所ができたことをきっかけに域内に人や経済が還流する仕組みを作ることを目指している。

当社が運営するウィンドファームつがるの位置する青森県つがる市は、一次産業が盛んな地域で、当社発電所も農地に立地している。その特性から農業振興を主とした連携を自治体や地元農家等と進めている。当該地域は水稲が作付面積の約八割を占める穀倉地帯だが、稲刈後の野焼きが社会課題となっていた。そこで、未利用資源の活用による野焼き解消と循環型事業の形成を目指し、自治体、農家、協力企業などの関係者による勉強会を二〇二二年に発足。二〇二三年四月には、つがる市、もみ殻を活用した資材開発にご協力いただいた前田工織株式会社、当社の三者による連携協定を締結した。つがる市のもみ殻を使用し

「ウィンドファームつがる」風力発電所

風車を見学し環境学習する地元の小学生たち

石狩湾新港洋上風力発電所

て商品化された法面緑化シートは、当社発電事業の施工エリアでの活用も進めている。収集・活用の仕組みを持続的なものとするため、現在は、収集保管所設置に向けた自治体計画の作成支援を行っている。このほか、二〇二四年一月に商業運転を開始した石狩湾新港洋上風力発電所では、地元漁業協同組合と連携し漁業振興に取り組むとともに、「再エネ小売によるZED（ゼロエミッション・データセンター）実現」、「余剰電力を活用した国産グリーン水素の地元サプライチェーン構築」などの発電事業者ならではの取り組みも織り込み、地域の経済振興や災害への強靭性強化など、より地域の実利にかなう取り組みも開始している。

規模の大小はあるが、各地で同様の理念の下で地域との連携を進めており、各地で積み重ねた信頼関係や知見・ノウハウが他事業地への展開にも生かされている。地域あっての再エネ事業であり、地域の理解や発展とともに発電事業を進めることが持続性のある事業形成や日本の再エネ普及につながると考える。こうした考えが浸透していくよう、当社は再エネ事業を通じた地域づくりに今後も取り組んでいきたい。

第2部
〈よい再エネ〉を拡げる社会の仕組み

第4章 再生可能エネルギー中間支援組織

古屋 将太

本章は、再生可能エネルギー（以下、再エネ）の普及促進において、プロジェクトと地域のステークホルダーとの間の政治・社会的回路をつなぎ、ステークホルダー間の知識・情報ギャップを埋め、コミュニケーションを媒介することで良好な社会的受容性を導く中間支援組織のあり方を検討する。

1 なぜ中間支援組織が必要なのか

1・1 再生可能エネルギーの政治・社会的回路をつなぐ

再エネは、従来の火力・原子力発電のような大規模集中型設備とは対照的に小規模分散型であるため、導入機会の件数が桁違いに多くなる。その進行は国や地域によって大きく異なるが、一九八〇年代から先行して風力発電や地域熱供給の実践を進めてきたデンマークの歴史をたどることでカギとなる要因を理解することができる。デンマークの地図を参照すれば、大規模集中型から小規模分散型への転換は一目瞭然と言える（図4－1）。

導入機会が増えることは、それだけ地域社会と再エネ設備との接点が増えるということであり、そこでは必然的に社会的摩擦が起こることとなる。しかし、すでに年間の電力需要の八〇％以上を再エネで供給しているデンマークでは[◉1]、再エネをめぐる地域紛争がまったくないわけではないが、歴史的に見て、基本的には地域における丁寧な社会的合意形成のもと、比較的円滑に導入が進んできた。その背景には、地域住民による協同組合形式での再エネ設備の所有が大きく影響している。

協同組合による導入が再エネの良好な社会的受容性を導く要因としては、それが経済・経営的にはプロジェクトの所有にかかわるビジネスモデルである一方で、その意思決定が地域社会のガバナンスに直結する政治・社会的側面を内包している点を指摘できる。協同組合では、資本出資した組合員に一人一票の投票権が付与され、総会での決議に投票することができる。そのため、プロジェクトに参加する住民は経済的なリターンへの関心はもちろんのこと、地域のどこに立地させ、どのような機種がどういった手続きで導入されるのか、必然的にプロジェクトが地域社会に与える影響にまで関心をもつようになる。たとえば景観への影響に関して、コペンハーゲンで導入されたミドルグルンデン洋上風力発電プロジェクトでは、公聴会で当初案が地域の景観に調和していないとの意見を受け、レイアウトを再考した修正案がつくられ、住民や幅広いステークホルダーとの合意形成を経て導入が実現している［Middelgrunden Offshore Wind Farm 2003］。

このような要因から、協同組合による再エネ導入には良好な社会的受容性を導く側面があったのだが、再エネ

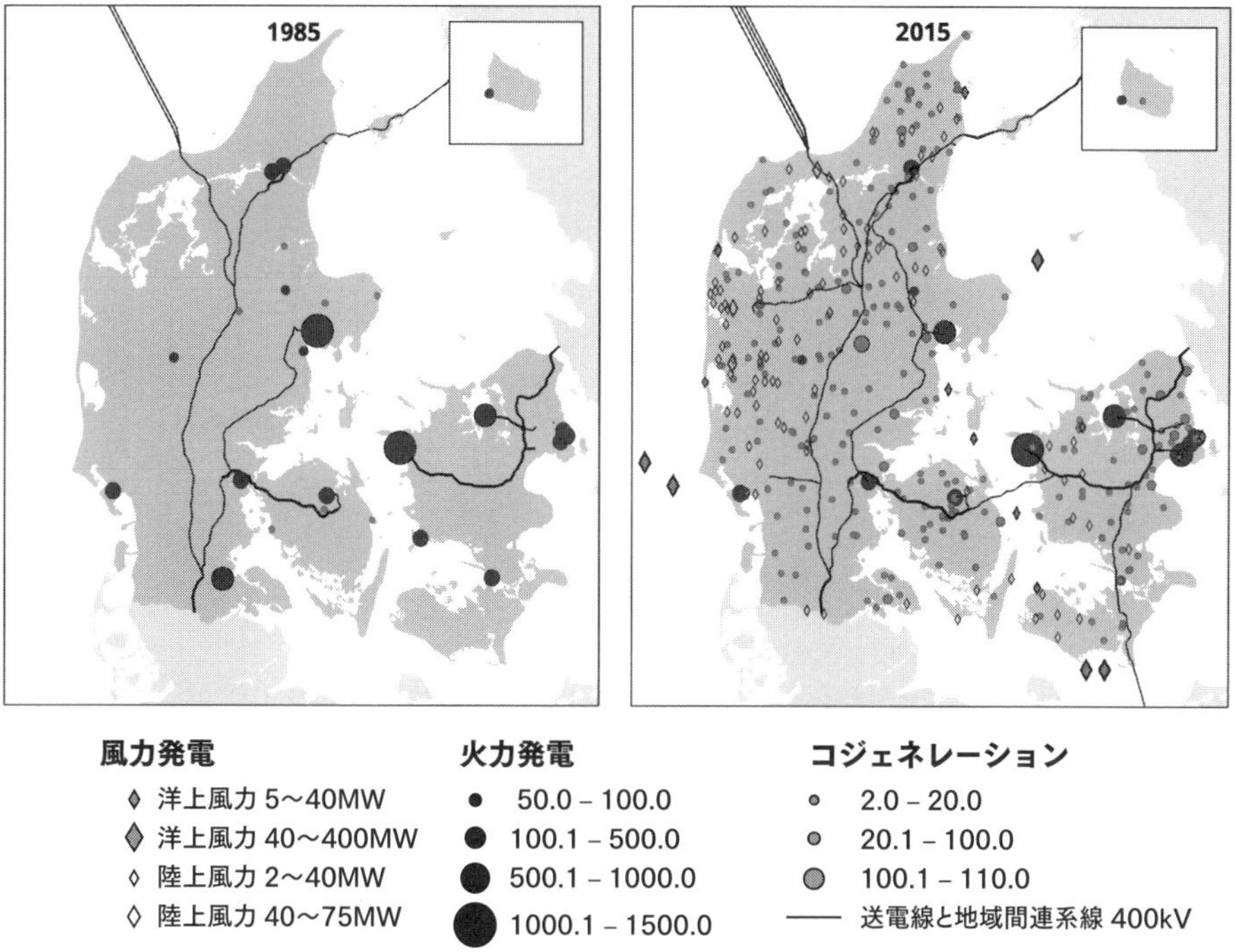

図 4–1　デンマークのエネルギー転換

技術の進化と経済的規模の拡大が進み、政策枠組みも変化するなかで、二〇一〇年代以降は地域住民を中心とした小規模な取り組みよりも、企業による投資としての側面が強い大規模プロジェクト（特に洋上風力発電）が新規導入の多数を占めるようになる。◉[2] こうした流れのもと、地域住民が直接的にプロジェクトの計画や意思決定にかかわる政治・社会的回路は乏しくなり、結果として、再エネ導入に対する地域からの反対は相対的に増えていくことになる。

　こうした傾向に対してデンマークでは、従来の協同組合形式における所有の側面を政策的に再誘導する試みとして、「風力発電所シェア購入オプション制度（Option to Purchase wind farm Shares Scheme：ＯＰＳＳ）」が採用された。この制度のもとでは、風力発電事業者がプロジェクトの最低二〇％のシェア購入を導入予定地域の住民に申し出ることが義務づけられ、購入した住民はシェアの割合に応じた収益分配を得ることができる。この制度は、風力発電に対する良好な社会的受容性を導く本格的な政策として国際的にも注目されていた。しかし、ヨハンセンらの調査から、反対住民にはそもそも株式を購入する可能性がないということ、また、反対住民やプロジェクトに賛同しない住民が危惧するネガティブな影響は株式から得られる経済的利益で十分に補償できるわけではないことなどが明らかになっている［Johansen and Emborg 2018］。デンマークエネルギー庁は、このような知見を踏まえ、政策レビューを実施した後、二〇一九年にこの制度を終了し、新たなスキームへと移行している［高橋 2023］。二〇二三年一一月現在では、ボーナススキーム、不動産価値低下補償スキーム、不動産売却オプション、グリーンファンドという四つの新たなスキームが実施されており、地元とのコミュニケーションは旧スキームより改善したという意見もある［高橋 2023］。

以上を踏まえれば、再エネに対する良好な社会的受容性を導く上では、地域住民によるプロジェクトの所有が依然として重要である一方、それだけでは不十分であり、プロジェクトの計画内容と意思決定に地域住民がかかわるための政治・社会的回路を構築し、ステークホルダー間のコミュニケーションを充実させていくことが不可欠であると考えられる。再エネプロジェクトが小規模で技術・制度的にも簡素であった過去には、こうした合意形成は地域内の人々が計画と影響の当事者となることが可能であったが、経済的にも大規模化が進み、技術・制度的にも高度化、複雑化が進んだ現在では、再エネ事業者と地域住民をはじめとするさまざまなステークホルダーの間で積極的にコミュニケーションを媒介する主体が必要となる。中間支援組織は、まさにこの点で役割を果たすことが求められる。

1・2　ステークホルダー同士には知識・情報ギャップがある

高度化・複雑化が進む再エネプロジェクトの計画・開発には、ますます多岐にわたる分野で専門性が求められる。たとえば、日本国内で実際に太陽光発電のプロジェクトを計画するとした場合、設置場所（野立て／屋根上／営農型／垂直型／フェンス型／壁面型）、ビジネスモデル（固定価格買取制度ＦＩＴ or ＦＩＰ／オンサイトＰＰＡ／オフサイトＰＰＡ）、電力の買取先（需要家／送配電事業者／新電力）などの項目と選択肢があり、それぞれの特徴や適合性などを検討する必要がある。さらに、資金調達や各種許認可等の法令など、事業者はプロジェクトの計画をつくるだけでも相当な数の専門用語を理解し、使いこなすことが求められる。

そして、個別のプロジェクトレベルから市区町村や都道府県といった自治体レベルへと視点を移すと、それぞれの自治体がもつ温暖化対策計画での温室効果ガス排出削減目標や再エネ導入目標があり、ゼロカーボンシティ宣言の有無、自治体によっては再エネに特化した独自の戦略やゾーニングマップを策定している場合もある。自治体職員は行政システムの運営に関する専門知識を駆使して、民間の個々の取り組みがこれらと整合性をもって進むように調整をおこなうことが求められる。しかし、急速に高度化・複雑化が進む再エネプロジェクトに求められる専門知識を自治体職員がつねに再エネ事業者と同等の水準で習得することはきわめて困難であり、そこには知識や情報のギャップが存在することとなる。

また、地域社会はさまざまな人々や団体、組織、制度によって構成されており、それぞれの認識はそれぞれの関心のもとで形成されている。たとえば、ある地域で固有の希少植物が自生していて、その保全活動に取り組む団体がいたとして、その団体はその地域の生態系や植生に関する専門的な知識や情報をもっているだろう。しかし、多くの場合、その団体は再エネおよびそれに関連する行政システムについて、再エネ事業者や自治体職員と同等の水準で専門知識・情報をもちあわせていない。逆に、再エネ事業者や自治体職員は、その団体と同等の水準で地域の生態系や植生に関する専門的な知識や情報をもちあわせていないだろう。このように、再エネ事業者、自治体職員、自然保護団体という三つのステークホルダーを例にとるだけでも知識・情報ギャップが存在する。

再エネプロジェクトが進行するなかでは、こうした知識・情報を根拠として無数の意思決定がおこなわれる。ステークホルダー間で知識・情報のギャップが大きい場合、あるステークホルダーにとっては当然配慮されるべきだと考えている事項が他のステークホルダーに見過ごされて意思決定がなされてしまい、不信が生じ、場合によっては紛争に至る可能性もある。

再エネに対する良好な社会的受容性を導く上では、こうした知識・情報のギャップを積極的に埋め、さまざまなステークホルダーを横断して共通の理解・認識をつくることがきわめて重要となる。そして、ステークホルダーの認識はそれぞれの利害関心のもとで形成されるため、ステークホルダー自身が立場を超えて共通の理解・認識をつくることはつねに困難をともなう。中間支援組織は、多様なステークホルダーの利害が輻湊する場において、直接のステークホルダーではない「よそ者」[鬼頭 1998; 松村 1999] であるがゆえに、知識・情報のギャップを見出し、共通の理解・認識をつくる役割を果たすことができる可能性がある。

また、先述の通り、地域社会は多様であると同時に、つねに過去のさまざまな歴史的文脈の延長で営まれているため、適切な合意形成プロセスのつくり方はその地域ごとに異なる。たとえば、何らかの理由で対話の場づくりやその方法に関して実践の積み重ねがある地域では、地域内のキーパーソンが主体的にステークホルダーに参加を呼びかけ、相互に学びながら合意形成のプロセスをつくることが比較的容易にできる可能性がある。しかし、過去の紛争やなんらかの困難な経験が理由となって、そのような場づくりが難しい地域もある。このような場合は、地域の歴史的文脈も踏まえつつ、中間支援組織がステークホルダー同士の関係づくりから媒介することが必要になる。

2 中間支援組織にはどういった機能と人材が必要なのか

中間支援組織は具体的にどのようなことに取り組み、それにはどのようなスキルや専門性をもった人材が必要になるのだろうか。

第一に、中間支援組織は再エネプロジェクトの計画・開発に関する専門知識・情報の提供をおこなうことが必要になる。先述の通り、ステークホルダー同士の知識・情報ギャップは必然的に生じるため、主に再エネ事業者以外のステークホルダーに対して、再エネ導入によって地域にもたらされる便益や一般的に想定されるリスクとその対応策など、具体的な実績データや科学的知見等をもちいて情報を提供することが求められる。

再エネ事業者に対しては、「コミュニティパワーの三原則」［飯田 2014］にもとづく地域所有型再エネのビジネス・ファイナンスモデルとその事例など、より良好な社会的受容性につながる再エネプロジェクト計画・開発の情報を提供する。

また、再エネ事業者に対する情報提供として最も重要となるのが、立地選定における潜在的リスクの助言である。再エネ事業者にとっては、エネルギー生産量を最大化しつつ、土地・空間取得コストを最小化することが立地選定の主な関心となるものの、地域のステークホルダーは景観や自然生態系、歴史的記憶をはじめとして、土地や空間に対してさまざまな関心をもっている。これらを考慮することなく、経済性の観点のみで立地選定がおこなわれる場合、利害関心の対立が生じ、紛争へと至る可能性が高まる。後述の二点とも密接に関連するが、中間支援組織がゾーニングマップの作成を通じて地域のステークホルダーの地理的関心を可視化し、再エネ事業者に潜在的リスクの存在を事前に知らせることで、立地選定における対立を回避できる可能性が高まる。

第二に、中間支援組織はステークホルダー同士のコミュニケーションを媒介することが必要となる。このプロセスは、(1)ステークホルダーを特定し、(2)各ステークホルダーの利害関心を把握し、(3)ステークホルダー同士の相互理解を媒介するという三つの段階で設計し、実際に現場でコミュニケーションを媒介する。そして、そのようなプロセス設計と媒介をおこなう上では社会調査およびコミュニケーションの専門的知見と経験が求められる。こうした地域の文脈の把握からステークホルダー対話のプロセス構築を担う人材としての「メディエーター」については、古屋［2022］で詳述しているため、本稿とあわせて参照されたい。

第三に、中間支援組織は広域・基礎自治体の再エネ普及戦略の構築支援をおこなうことが必要となる。地域のさまざまなステークホルダーを巻き込んで再エネ普及に関する対話を展開する上で出発点になるのは、その地域にどれだけのエネルギー需要があり、現在大半が化石燃料で賄われているエネルギー需要をどの再エネでどの程度置き換えていくことができるのか、という問いである。中間支援組織は、「地域エネルギー需給データベース」（東北大学中田俊彦研究室）といったツールを利用し、「エネルギー自給率」や「エネルギー経済収支」などの指標を参照しながら、自治体行政が再エネ普及の方向性を定めるための基礎情報をわかりやすく提供する必要がある。加えて、先述のゾーニングマップ作成も含め、自治体行政が再エネ導入にかかわる土地・空間利用のあり方を定めるための基礎情報を整理することも重要となる。

基礎情報を整理した上で、中間支援組織が支援すべき点として重要となるのが、いかにして地域の再エネガバナンスに導入促進と規制的抑制のバランスを組み込むかを検討することである。エネルギーの中長期的な脱炭素化という目標を達成する上では、あらゆる地域で加速度的に再エネの導入を進めていくことが必須となる。一方で、近年「メガソーラー」に対するネガティブなナラティブと認知［Doedt and Maruyama 2023］が急速に拡大していることも一因として、自治体の再エネ政策が全般的に規制的抑制へと傾いている（本書「はじめに」を参照）。このようにアクセルとブレーキの双方を舵取りすることが求められる状況において、中間支援組織は、諸々の媒介を通じて形成した共通の理解・認識や可視化したステークホルダーの利害関心などを基盤として、自治体行政が地域にとって望ましいバランスを具体的な政策や制度に落とし込むことを支援する必要がある。これに関しては、個別の地域の文脈に即した方法を試行錯誤するなかで見出していくほかないため、一般的な解決策はないが、少なくとも内容とプロセスの両面でさまざまなステークホルダーから信頼されるものでなければ実効性をもたないだろう。

ここまで、中間支援組織が果たすべき役割と必要とされる機能と人材について概観してきた。次に、ドイツで先行して実践を進めてきた二つの中間支援組織の事例を見ていこう。

3　自然保護とエネルギー転換のための専門センター

自然保護とエネルギー転換のための専門センター（Kompetenzzentrum Naturschutz und Energiewende：ＫＮＥ）は、再エネと自然保護の調和した普及のあり方を支援する中間支援組織である。二〇一二年に環境団体が自然に配慮したエネルギー転換の方向性を連邦政府に提案し、二〇一三年に連立政権の合意書で設立が決定され、二〇一六年に独立した非営利組織としてベルリンに設立されている。[3]　三〇人弱のスタッフが高い専門性を発揮して従事するKNEの活動は、大きく四つの領域で展開されている。

第一に、KNEはエネルギー転換と自然保護に関するあらゆる問題について、科学、法律、専門実務、政策の最新の知見にもとづいて専門知識・情報の提供・助言をおこなっている。

第二に、KNEはエネルギー転換における紛争予防・解決の相談窓口として、プロセス設計に関する情報を提供し、要請に応じて現場で媒介をおこなう「メディエーター」のリスト登録とトレーニングプログラムの提供をおこなっている。

メディエーターに関して、ドイツでは再エネに限らず、インフラや都市の開発において紛争が発生した際に問題を整理し、調停することが専門的職業として確立されており、KNEではこれに準じるかたちで紛争調停およびコミュニケーション仲介に関して二〇〇時間、環境エネルギー分野に関して八〇時間のトレーニングを受けた人材をメディエーターとして登録している。メディエーターは、地域からの要請を受け、フルタイムの有給待遇[4]でその地域に一定期間駐在し、専門性をもってステークホルダーとコミュニケーションをおこなう。

コミュニケーションの具体的な手法としては、主要なステークホルダーと個別ミーティングをおこない、それぞれのステークホルダーの利害関心を把握した上で、ステークホルダーが集う対話セッションを開催し、相互の理解を促進するとともに、対立する利害を可視化する。最終的には対話を通じて構築された共通了解事項をまとめた「ステークホルダー協定書」を作成し、これに主要なステークホルダーが共同で署名・プレスリリースすることで、地域での一定の社会的合意をめざす。地域によって問題の構造や文脈は異なるため、必ずしもすべてがこの方法論で取り組まれているわけではなく、景観が課題となっている場合は、住民がデジタルツールを活用して参加する景観評価をおこなうこともあり、地域の文脈に即した媒介がおこなわれている。[5]

第三に、KNEは広域での対話促進をおこなっている。紛争予防・解決の媒介が具体的な地域の現場を対象としておこなわれる一方、より一般的なトピックや州・連邦レベルでの対応が求められるテーマ等については、さまざまなステークホルダーや専門家を交えた対話の場が設けられている。これに関しても、異なる立場のステークホルダー同士が効果的に建設的な解決策を模索できるように、少人数での非公開会合、招待者のみで行う意見交換のためのラウンドテーブル、広く興味をもつ人たちを対象としたオープンフォーラム、ファシリテーターを交えたワークショップなど、対話の場づくりに関する専門性が活かされている。

第四に、近年KNEはメディア活動を重視している。再エネと自然保護にかかわる問題はきわめて複雑であり、特にソーシャルメディア上では対立的な議論が先鋭化することも多く、一般の人々が理解することがますます困難になっている。そういった状況に対し、KNEは、各種レポートや記事を発行するだけでなく、独自のポッドキャストプログラムを通じて情報発信をおこなっている。二〇二〇年一〇月に始まったこのプログラムでは、風力発電と鳥類、湿地再生と太陽光発電、再エネのゾーニングと景観保全など、多岐にわたるテーマについて、専門家や実務者などをゲストに迎え、各回二〇分程度の番組にまとめている。

以上の活動を通じて、KNEは継続的に専門知識・情報を蓄積し、さまざまなステークホルダーとの対話の場を積極的に構築してきたが、その役割はエネルギー転換をめぐる国内外の状況に応じて少しずつ変化している。たとえば、設立当初は地域からの要請に応じてKNEが直接メディエーターの派遣を手配していたが、多数の要請に一元的にKNEが対応することは現実的ではないため、現在は地域のほうでメディエーターを手配するかたちに変更されている。それにともなって、KNEはメディエーターが提供するサービスの質を担保するための研修プログラムを運営するほうに役割を変えている。また、ロシアのウクライナ侵攻後、EUレベルでロシア産天然ガスへの依存度を下げていくことが緊急命題となり、国レベルでもより急速な再エネ導入が求められるようになると、それが地域での再エネゾーニングにおける促進／抑制のバランスにどのように影響するのか、また、再エネ導入が優先される際に参照される「公益性」がどのような意味をもつのか、状況に応じた情報発信をおこなうように変化している。

このようなKNEの取り組みから、再エネと関連領域に関して中間支援組織が高い水準で専門知識・情報を集積すると同時に、それらをメディエーターが現場で活用するための効果的な支援の方法論を体系的に整理することの重要性を読み取ることができる。

4　チューリンゲン・エネルギー・グリーンテック機構

州レベルで中間支援組織の役割を担う事例として、チューリンゲン・エネルギー・グリーンテック機構（Thüringer Energie- und Green Tech-Agentur：ThEGA）があげられる。ThEGAは、チューリンゲン州の再エネ・省エネ促進および気候変動対策を専門的に担当する機関であり、州開発公社LEGの子会社として二〇一〇年に設立され、自治体、企業、市民を対象に、風力・太陽光・省エネ・熱供給・モビリティなどに関する情報と助言を提供している。エネルギーおよび建築技術のエンジニア、環境技術者、建築士、都市計画家、エネルギーコンサルタント、コミュニケーションの専門家など、三〇人以上のスタッフが従事している。

ThEGAの主な活動は、専門知識・情報の提供・助言という点でKNEと重なるが、個別の基礎自治体や事業者と現場レベルで具体的なプロジェクトを扱うため、開発支援の側面が強い。風力発電プロジェクトの相談が持ち込まれた際には、事業計画の立案や許認可の詳細について専門的に支援するだけでなく、地域金融機関などの事業パートナーの探索にも同行するなど、丁寧なハンズオン支援をおこなっている。

一方で、州全体のあらゆる相談すべてを限られたスタッフで対応することは困難であるため、ＴｈＥＧＡはさまざまな検討シミュレーションツールをＷｅｂサイト上に公開し、相談する前の時点でユーザーがみずから簡易に検討できるようにしている。たとえば、太陽光発電の導入をシミュレーションするツールである「Solarrechner」を使ってエアフルト市内のある事業所の屋根に導入を検討したところ、数分で蓄電池も含めた最適な設備容量、

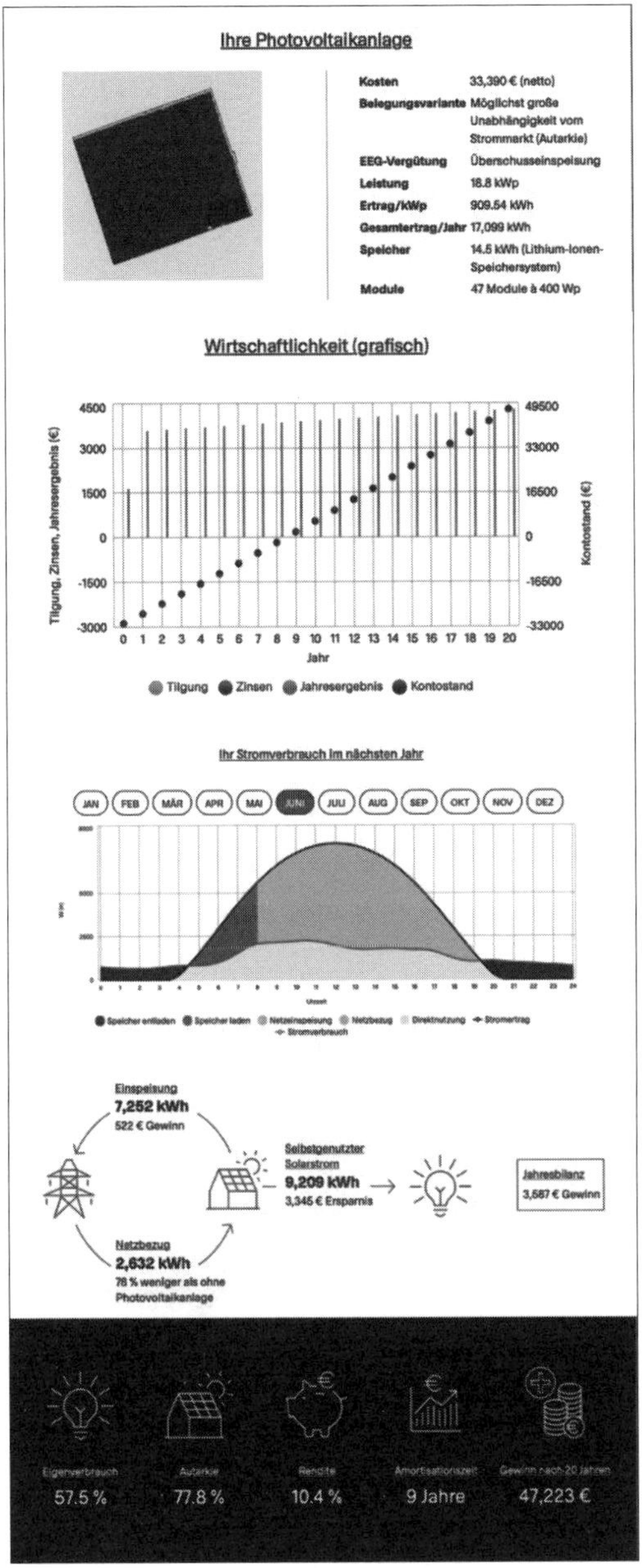

図 4–2　エアフルト市内事業所での太陽光発電検討シミュレーションの結果◉6

図 4–3　Kom.EMS による自治体のエネルギー管理

投資金額と詳細な経済性、CO_2削減効果、州の補助金プログラム情報まで一括で表示された（**図 4－2**）。

こうしたオンラインツールは一般市民や企業だけでなく、自治体を対象に構築されているものもある。公共施設のエネルギー管理システム「Kom.EMS」[7]は、域内の自治体に無償で提供されており、既存施設の簡単なチェックリストからはじめて、段階的にエネルギー改修の投資への判断などへと進み、総合的な自治体のエネルギー管理システムを一元的に構築することができる。

自治体が所有・運営する公共施設では、暖房設定の誤り、サーモスタットの不具合、エネルギー契約の条件などを原因として、必要以上にエネルギーを消費していることが多く、建物の技術や消費データを定期的にチェックすることで、必ずしも新技術や改築に投資することなく、エネルギーコストの一〇～二〇％を節約することができると見られている。Kom.EMSは、自治体がステークホルダーと協働でエネルギー管理を進める体制を整え、継続的に省エネを実現するためのツールとして機能する。一方で、多くの自治体は、エネルギー管理に関する知識や資源が不足しているため、ThEGAは自治体のエネルギー管理者向けのトレーニングコースを提供している。

このような再エネ・省エネ支援に加え、ThEGAは地域の再エネの社会的受容性を高めるための試みとして、地域のステークホルダーの参加を評価し、一定水準を満たしたプロジェクトを「フェアウィンド」として認証するラベリング制度もおこなっている（第8章参照）。

5　日本における再エネ中間支援組織の検討

本章では、規模の拡大と技術・制度的な高度化、複雑化が進むエネルギー転換において、あらためて地域のステークホルダー間の政治・社会的回路をつなぐことが必要であることを確認した。そして、必然的に生じるステークホルダー間の知識・情報ギャップを積極的に埋め、共通の理解・認識をつくる中間支援組織が重要な役割を果たす可能性があることを見てきた。中間支援組織は、再エネプロジェクトの計画・開発に関する専門知識・情報の提供、ステークホルダー同士のコミュニケーション媒介、広域・基礎自治体の再エネ普及戦略の構築支援など、幅広く専門性をもって実践的に取り組むことが求められる。

これらを踏まえ、先行して実践を進めてきたドイツのKNEとThEGAの事例を参照し、中間支援組織が高い水準で再エネの専門知識・情報を集積すると同時に、それらを現場で活用するための効果的な支援の方法論を体系的に整理することが重要であることがわかった。

以上を踏まえた上で、日本において再エネにおける中間支援組織を検討するにあたっての中心的論点を考えてみたい。

第一に、中間支援組織は専門知識と現場での経験に裏付けられた高度な専門人材によって存在意義が規定されるため、いかにしてそのような人材を確保するかが最も重要な論点となる。この点については、ドイツと同様にメディエーターのような人材を専門的職業人材として位置づけ、医師や弁護士、建築士、公認会計士などと同等の水準の報酬を支給することも含めて検討する必要がある。

検討にあたっては、どのように財源を確保するかはもちろんのこと、人材の専門性をどのように評価するのかが重要な論点となる。再エネの技術や事業性分析などの知識は形式知としてすでに定式化されているため、ある程度客観的に評価することが可能である一方、現場でのステークホルダーとのコミュニケーションは暗黙知が占める領域が広く、その熟達度を客観的に評価することは難しい。しかし、国内外の既存の成功/失敗事例を集積させ、典型的なコミュニケーションのパターンを析出することで最小限の形式知化は可能であると考えられる。このような手法は、企業のカスタマーサービス研修プログラム等で広く活用されており、再エネのステークホルダーコミュニケーション能力の評価にも応用可能だろう。ただし、地域を現場として活動を展開する場合、パターン化されない地域固有の文脈に直面することが常であるため、不確実な状況への対処能力も含めたコミュニケーション能力をどのように評価するかは検討が必要である。

第二に、日本の再エネガバナンスのなかで、中間支援組織をどのように位置づけるかを検討する必要がある。中間支援組織の活動は公益に資する側面が大きいため、公的組織もしくは非営利組織として立ち上げることが選択肢としては有力となる。一方で、新たな組織を立ち上げることにはリスクも伴うため、既存の組織に中間支援組織の機能を付加するという選択肢も含めて検討すべきだろう。

さらに、日本においては、国／都道府県／市区町村のどこに中間支援組織を置き、どのような機能を担うように設計するか、慎重に考える必要がある。KNEとThEGAの事例を踏まえれば、全国／広域／地域の三つのレベルでそれぞれに求められる専門性や活動は重なりをもちつつも異なる部分があることから、少なくとも中央省庁によるトップダウンのアプローチではなく、地域分散型のアーキテクチャーを基盤として、知識と経験の水平的な交換が円滑に進むガバナンスをめざすべきだろう。

再エネの普及において、中間支援組織が何に対してどのように取り組まなければならないかは概ね明らかになっている。今後は、具体的な実践の経験知を体系的に蓄積していくことが必要である。

【注】

◉1　デンマークは、二〇二二年の年間総発電電力量の八一％に相当する二八・四テラワット時（風力一八・九テラワット時、太陽光二・二テラワット時、バイオエネルギー七・二テラワット時）を再エネで発電した［IEA 2023］。

◉2　ゴローニョ＝アルビズらは、デンマーク国内の風力発電および地域熱供給システムの所有権を調査し、二〇〇八年以降に導入された風力発電の多数が大規模投資家による所有であったことを明らかにしている［Gorroño-Albizu et al. 2019］。

◉3　KNEの運営資金は、連邦環境省からミヒャエル・オットー環境財団を経由して供出されている。同財団は、環境省の提案にもとづいてKNEの評議会を設置しており、評議会には自然保護、エネルギー産業、州、自治体、学術研究の代表者が参加している。評議会のメンバーは、プロジェクト計画、研究計画、連携協力など、KNEの戦略について意見を述べることができる。そのため、マルチステークホルダーの関与による公共性を担保した上での独立・非営利組織というガバナンスがつくられている。

◉4　メディエーターへの報酬は、基本的には事業を計画している再エネ事業者が拠出する。自治体などの地域ステークホルダーがメディエーターの派遣を要請する場合、自治体が一定割合を拠出することもある。再エネ事業者からの資金拠出について、住民がメディエーターの中立性を懸念する声がないわけではないが、メディエーターはあくまでも職業的専門性にもとづいて中立性を担保している。報酬の水準は、弁護士などの専門的職業人材と同じ水準で設定されている。

◉5　メディエーターのコミュニケーション媒介においては「すべてのステークホルダーが「自分の発言が尊重されている」と感じることができるように、信頼を醸成することが最も重要である」とされている（二〇二三年三月八日Wiebke Heider 氏および Emanuela Boretzki 氏へのインタビュー）。

◉6　Solarrechner Thüringer（https://www.solarrechner-thueringen.de/）より転写。

◉7　Kom.EMS は、バーデン＝ヴュルテンベルク州、ザクセン州、ザクセン＝アンハルト州、チューリンゲン州のエネルギー機関が共同で開発している。

第5章 コミュニティ・ベネフィットを創出する再エネ事業

スコットランドの中間支援組織の事例から

平 春来里

1 身近な再エネ問題と解決の難しさ

「新しい再生可能エネルギー（以下、再エネ）の発電所の建設によって雇用創出といった地域経済への良い影響があるというが、それはどのような方法で実現したらいいのだろうか」

「再エネは必要だと思うが、立地場所の生態系に影響が出てしまうのではないか」

「この街の景観が好きで暮らしているが、発電所の立地でその景色が変わってしまうのではないか」

いずれの意見も再エネに関心を持つ人なら一度は触れたことがあるかもしれない。このような問題に対応するのは、基本的には再エネ事業を担う事業者である。しかし、これらの問題は事業者だけでは解決できない可能性があるだろう。これを誰が、どのように対応していくべきだろうか。

本章は「公正なエネルギー転換」を進めるために、必要な中間支援を整理することが目的である。現在の再エネ事業では、事業を進める事業者、窓口となる自治体、地権者を含む立地地域の住民が主な関係者である。しかし彼らだけでは解決できない地域振興の課題や開発にともなう環境影響の問題がある。これらに取り組むためには、当事者以外の第三者が関与することが有効な解決策になるかもしれない。

「中間支援」とは何をさすのか。本章では「中間」が何と何の間をさしているのかということからはじめたい。なぜなら、中間支援組織自体の組織のあり方や目標、機能は状況によって大きく変わると考えるからだ。このときに「中間」という領域が必ずしも何か物理的、あるいは地理的な要素を含んでいるとはかぎらない。あえて領域を特定しないことで表現したいことは、「中間支援組織」は柔軟に組織の形や活動領域を変化させることができるということである。このような考え方のもと、再エネ固有の特徴を踏まえながら、地域社会において公正なエネルギー転換を進めるために必要な中間支援を考察したい。

2　中間支援組織とは何か

2・1　サードセクターに対する中間支援組織

一般的に中間支援組織といったときに想定される「中間」とは、市場と政府のいずれにも属さないといった意味での「中間」だろう。ここでの中間支援組織[1]は、そのような市場と政府の「中間」で活動する団体等を支援する組織である。したがって支援の対象となるのは営利活動と無償活動の両方を包括しておこなうようなサードセクターである［向井 2015：1］。サードセクターは、今日では営利事業体であっても社会的問題の解決を目的とするような社会的企業も包括する組織の領域、概念となっている［向井 2015］。

サードセクターの定義は、厳密には国ごとに異なる。ただ共通して言えることとして、市場や政府とも異なるセクターに位置するため、人材や資金といった経営上の困難に少なからず直面する可能性があるということである。その課題の解決の支援を担うのが中間支援組織である。日本ではＮＰＯセンターが典型例としてあげられる。市民活動の基盤や制度を整備するため一九九六年に日本ＮＰＯセンターが設立された［吉田 2009］。日本ＮＰＯセンターはＮＰＯの活動を支えるための「情報発信」「コンサルテーション・コーディネーション」「交流・研修」「調査研究・政策提言」「ネットワーキング」活動を行っている［日本ＮＰＯセンター 2024］。一九九八年のＮＰＯ法施行後は、各自治体でもＮＰＯセンターが設立された。内閣府の定義では、中間支援組織とは「多元的社会における共生と協働という目標に向かって、地域社会とＮＰＯの変化やニーズを把握し、人材、資金、情報などの資源提供者とＮＰＯの仲立ちをしたり、また広義の意味では各種サービスの需要と供給をコーディネートする組織」［内閣府国民生活局 2002］とある。この定義は「ＮＰＯを支援するＮＰＯ」を中間支援組織のひとつのあり方としている。

他方で、中間支援組織は経済や社会のあり方を問い直し、社会課題を顕在化させるような役割を担うこともある。たとえば連帯経済、つまり新自由主義とは対抗関係にあるような「生産と消費、経営と労働、事業体とその外側の地域社会や環境等、対立を孕む多様な価値や目標の間の調整・バランスを重視する経済」［藤井 2016］において、必然的に社会的企業は多様な社会的使命の達成を目指し、多様な利害関係者を巻き込むことになる。しかしこれを達成するためには社会的・制度的環境の整備が必要となる。社会的企業だけでそれを担うことは難しいため、そこで中間支援組織の必要性が現れる。つまり市民社会において、中間支援組織が多様なネットワークのノード（結節点）としての役割を果たし、政府に対するアドボカシー機能を発揮しうる［藤井 2016: 16］ことで、多元的経済や公共空間の創出が可能になる。このように捉え直すと、中間支援組織があるべき社会や経済を創出するために、支援対象の組織以上に、あらゆる価値を内面化していることが必要であることが見えてくる。

このように、中間支援組織はサードセクターの社会的使命の達成のために経営上のあらゆる支援を行う組織であるとともに、社会や経済の基盤を整備するという大きな使命も有している。そのため、支援のための機能だけではなく、組織の性格としてどのような価値観を内面化しているかということが中間支援の構想において重要な視点である。[2]

3　再エネ導入における中間支援の必要性とその機能

3・1　既存研究における整理

このように社会や経済のあり方の変化とともに、社会的課題の担い手が変化し、それを支援する存在として中間支援組織が生まれてきた。その社会的課題の一つには気候変動や資源枯渇問題、地域の持続可能性の問題も含まれる。実際に再エネ事業者を社会的企業と捉えて、そのあり方を検討する研究もある［宮永 2017］。平岡［2016］はこのような事業主体を支援する日本国内外の中間支援組織の事例分析を行った。その結果、地域に基盤を置く再エネ事業を支援する中間支援組織は①調査研究・提言機能、②助言・ノウハウ提供機能、③ネットワーキング・コーディネート機能、④教育機能を備えているべきだと述べている。

再エネ事業は地球全体としての環境問題と地域の環境問題という、空間的にも時間的にもスケールの異なる二つの問題を内包しており、性質の異なる二つの公益性の間でコンフリクトが生じる可能性がある［馬場ほか 2004］。地球全体の環境問題である気候変動への対策としては、再エネの即時、大量導入が望ましい。しかし、その開発行為によってたとえば地域の自然資源が一部損失する場合がある。あるいは地域の自然環境の保護を最優先したことで気候変動対策が進まない可能性もある。このように再エネ事業は、ある合理的な行為が集積することによって共有環境や共有資源の悪化を引き起こすような、社会的ジレンマに似た問題と捉えることができる。しかし、いずれも私的な合理性のみに基づいた行為ではなく、公益性がある行為のため、どちらかを規制すれば問題が解決するという簡単なものではない。そんななか、解決の一方策として施設の建設・立地に関わる意思決定プロセスで、住民の意思の反映や関与［馬場ほか 2004: 68］が必要であると言われている。この問題解決のために「ファシリテーターやメディエーターと呼ばれる、市民参加や合意形成手法を実践する職能集団としての第三者的専門家の存在」［馬場ほか 2004: 68］が必要だとされている。ここで特に注目したいのは、地域の当事者同士の「中間」に必要とされる支援である。エネルギー転換は社会変革を伴うため、地域の意思決定のためには「潜在的な摩擦のシグナルを察知し、そこからの洞察に基づいて有効と思われる媒介を柔軟かつ戦略的に講じること」［古屋 2022: 265］が必要とされる。それを担うメディエーターの具体的な役割としては①地域の潜在的なステークホルダーをある程度特定すること、②ステークホルダー間の相互理解を媒介すること、③地域の政治的・経済的・文化的な前提条件を探り、合意形成のポイントにつなげること、である。このような役割を担うのは必ずしも専門人材である必要性はないかもしれないが、環境問題の解決のために、科学者・専門家であると同時に地域社会に長期的に定住する「レジデント型研究者」［佐藤 2016；佐藤 2024］が重要な役割を担うことや、研究者自身が環境問題の現場でステークホルダーの声を「聞く」ことで、開放的な対話・討論の場――公共圏――を活発化させる複数の役割を担う可能性が示唆されている［菊池 2008；茅野 2009, 2024］。

このようにエネルギー転換の過程で生じる社会の変化に着目すると、ファシリテーターやメディエーターといった役割が中間支援の機能として提起される。以降では、さらに再エネ特有の問題群――地域開発的な性格、そして不確実性の高い科学的知見の取り扱い――などに焦点をあてながら、中間支援に求められる機能を整理していく。

3・2　地域開発問題として――外部－内部を媒介する中間支援

再エネの発電所開発は、事業性が確保できる適地の抽出や確保、建設、部品の生産などを地域の主体だけで担うことは不可能に近く、内発性の過剰な重視は地域主体を頓挫させかねないという指摘がある［西城戸 2015］。したがって地域の内部の主体と外部の主体の協働による再エネ事業を組み立てるとともに、その間を媒介するような「媒介者」の存在が必要であると言われている［西城戸 2015］。ここで着目する中間支援組織は、地域の内部と外部の「中間」に位置している。地域の内部と外部の主体の協働による開発はネオ内発的発展論と概念化され、欧州における地域開発や農村開発の文脈で発展してきた。この概念のもと、中間支援に求める機能としては、地域の主体形成と能力向上（local institutional capacity）、共同の知識生産［Ward 2005］、専門知識の民主化［Lowe et al. 2019］、権力の非対称性への対応［Bosworth et al. 2016］、などがある。

3・3　因果関係が複雑な科学的知見を共有する中間支援

科学的知見の不確実性への対処も当事者間だけでは解決が難しい問題である。専門家と非専門家の「中間」に着目すると、科学的知見の蓄積や認識に差異が生じていることで、問題解決が難しくなっていると考えられる。たとえば風力発電の騒音が睡眠に影響を与える可能性については、自己申告を含む定量的な調査から悪影響があることが示されているが、実験的、縦断的研究では裏付けとなるような結果が得られていない［Karasmanaki 2022］。他方で、風力発電機が直接視界に入ったり、ブレードの回転による影のちらつき、航空警告灯の点滅する光を知覚することによる迷惑は睡眠障害のリスク増加と有意に関連していることを示す研究もある［Freiberg et al. 2019］。風力タービンに対する不快感は、風力発電に関する考え方や、風車建設による景観の変化が与える視覚的影響によるところも大きい［Karasmanaki 2022］。また、風力発電の視覚的に与える影響や騒音レベル、騒音感受性によって日常生活活動が制限される場合、風力タービンに対する知識や態度に応じて、より迷惑と感じるようになったり、症状の認識に影響を与える可能性がある［Teneler and Hassov 2023］。風力発電をめぐるコミュニティ内での対立の経験がストレス要因になる可能性も指摘されている［Walker et al. 2015］。このように科学的知見に不確実性がある場合や、物理的要因だけではなく社会的要因も影響している場合はそれらを事業者や立地地域の住民のみで検証し、解決していくことは難しいだろう。

小括　エネルギー正義の観点から——手続き的正義、分配的正義、認識的正義

ここまで、再エネをめぐるさまざまな主体や領域の「中間」に着目して、いくつかの問題点とそれへの対応の必要性を指摘してきた。一見ばらばらに問題を指摘しているようだが、いずれも、エネルギー正義の概念に基づ

いている。エネルギー正義とは「エネルギーサービスの便益とコストの双方を公平に分配するグローバルなエネルギーシステム、および代表的で公平なエネルギーの意思決定が行われるシステム」である［Sovacool and Dworkin 2015: 436］。これは主に「手続き的正義」「分配的正義」「認識的正義」という三つの中核概念からなる［McCauley et al. 2013］。この概念を用いるとエネルギー転換に伴う下記の点を問い直すことができる。一つ目はエネルギーシステムによってその危険性や外部性が地域社会に不公正に課せられていないか、二つ目はエネルギーのアクセスに偏りがないか、三つ目は手続きに排他性や代表制の欠如がないかである［Sovacool and Dworkin 2015: 438–439］。エネルギー正義の価値観を内包した第三者が現場に介在することにより、便益とコストの分配、手続きの公平性を客観的に省みることができる。このような視点を有していることが再エネの中間支援に共通している点だろう。翻っていえば、中間支援組織はつねにその役割をエネルギー正義の概念に照らし合わせながら活動を評価することが重要である。再エネ事業者やそれに関わるすべてのステークホルダーにとって、事業の遂行と成功だけが到達点ではない。エネルギー転換における「公正な移行」のために、このような正義の概念に基づいた取り組みをすることが求められる。

本節までの検討をもとに再エネ事業の中間支援のあり方を**表5－1**のように整理する。この類型化は中間支援組織が置かれる領域が何の「中間」なのかという点と、中間支援組織にどのような「機能」が求められるかという点から行ったものである。表中の◎は先行研究から各領域に位置する主体が担える可能性があると指摘されている機能であり、○は潜在的にその領域の主体が担えると考えられる機能に付与している。

たとえば市場と政府の中間に位置する中間支援組織は、すでに指摘されている教育機能と重なるような「地域の主体形成と能力向上」、あるいは行政の下請け化に代表されるセクター間の「権力の非対称性」への対処に寄

表 5–1　再エネ事業の中間支援組織が存在する可能性のある領域と担うべき機能に応じた類型化

	市場と政府の「中間」	地域の内部と外部の「中間」	専門家と非専門家の「中間」	地域の当事者同士の「中間」
調査研究・提言機能	◎		○	
助言・ノウハウ提供機能	◎		○	
ネットワーキング・コーディネート機能	◎			○
教育機能	◎		○	
資源調達	◎			
地域の主体形成と能力向上	○	◎		
科学的知見の共有		◎	◎	
共同の知識生産		◎	○	
専門知識の民主化		◎	○	
権力の非対称性	○	◎		
紛争の調停				◎

※本章で論じている市場と政府の「中間」の主体は社会的企業としての再エネ事業者であり，中間支援組織はその支援をしているという位置づけである。ただ「NPO のための NPO」と表現されることもあるように，中間支援組織自体も市場と政府の「中間」の主体である場合もあるため，表中ではこの表記とする。

与する可能性がある。また専門家と非専門家の「中間」に位置する中間支援組織は科学的知見の共有にとどまらず、さらに踏み込んだ助言や教育、共同の知識生産や専門知識の民主化を担う可能性もあるだろう。また地域の当事者同士の「中間」に位置する中間支援組織は、対立関係以外の関係性も含めた、地域内のステークホルダーのネットワーキング・コーディネート機能を担える可能性がある。

　このように、再エネ事業に必要とされる中間支援の「機能」を、特定の「主体」から切り離して整理することで、地域の個別の状況に即して中間支援を構築していくことができる可能性がある。

4　中間支援の実践例

4・1　立地地域の個別のニーズに合わせた利益配分の形を実現する中間支援
──スコットランドの「Unlock our Future Fund」の事例

第4節では、中間支援の実践例を紹介したい。紹介するのはスコットランドの事例である。スコットランド自治政府はコミュニティ主導の再生可能エネルギー導入に積極的な姿勢を示しており、コミュニティや地域が所有する再エネを二〇三〇年までに二ギガワットまで増やす目標を掲げている［寺林・宮内 2022］。コミュニティ支援プログラムとしてCARES（Community and renewable energy scheme）が用意されており、プロジェクトタイプに合わせて経済的支援や主体形成の支援などを実施している。すでに日本でもエネルギー協同組合による再エネ事業への支援や［寺林・宮内 2022］、複数のタイプのコミュニティ・ベネフィットの創出事例が紹介されている［寺林 2021］。コミュニティ・ベネフィットとは「再生可能エネルギー事業者がコミュニティを支援するために提供する、自発的な利益パッケージ（多くの場合、基金という形）であり、コミュニティが再生可能エネルギー事業者と長期的なコミュニティの利益のために協力する機会を提供するもの」［Local energy Scotland 2024a］と定義されている。本節で紹介するのはスコットランド、アバディーン（Aberdeen）でヴァッテンフォール（Vattenfall）社が実施する洋上風力発電事業とその利益から出捐《しゅつえん》される基金、アンロック・アウア・フューチャー・ファンド（Unlock our Future Fund（以下、UOFF））である。

UOFFはヴァッテンフォール社が運営する洋上風力発電事業、欧州洋上風力発電センター（European

Offshore Wind Deployment Center（以下、ＥＯＷＤＣ））の利益から出捐される基金である。ＵＯＦＦの設置の目的は四つある。それぞれ、①持続可能性を核とした、気候変動に対応した世界に貢献すること、②将来に適して、環境的に持続可能なコミュニティの施設や活動に投資すること（特にコミュニティ・スペースと交通分野）、③創造的な解決策への支援、④地域社会に明確な利益をもたらす「遺産」（永続的な影響）を確保する、であり、このうち少なくとも三つを満たす慈善活動が基金の支援対象となる。

ＥＯＷＤＣは二〇一八年七月に発電所が完成し、二〇一九年から基金が設置されている。この発電所は、一基あたりの出力が八・八メガワットの風力発電機、計一一基からなる、洋上風力発電としては比較的小規模な事業である［Vattenfall 2024］。発電所は岸から二・四キロメートルほど離れた位置にある。当事業は計画段階からオックスフォード・ブルックス大学によって社会経済的インパクトのモニタリング調査が実施されている［Glasson, J. et al. 2020］。この調査から、ＥＯＷＤＣの事業で基金の設置にいたるまでの検討プロセスの特徴がみえてくる。

特徴の一つ目は、事業者が発電所の運転開始前から地域活動の支援をしていたことである。ヴァッテンフォール社は二〇一七年ごろから二〇一九年七月までにアバディーンの科学センターやユースのフットボールチームなどに合計八万五〇〇〇ポンド（約一七〇〇万円）[3]の資金援助を行っていた。これは運転開始後に設置されたＵＯＦＦとは異なるものの、事業計画段階からすでに事業と地域内のさまざまな活動と接続していたことがわかる。

特徴の二つ目は、利益配分に関する専門家のガイダンスと基金設置のための協議である。ＥＯＷＤＣ以前から、スコットランドでは洋上風力発電によるコミュニティ・ベネフィットの創出は陸上風力発電と異なるものとして検討が進められてきた。二〇一四年にはスコットランド自治政府が「洋上再生可能エネルギー開発からの地域社会便益のための優れた実践原則（Good Practice Principles for Community Benefits from Offshore Renewable Energy Developments)」［Scottish Government 2014］を策定している。[4] これを参照しながら、エディンバラ大学で社会学を専門とするクレア・ハゲット氏がＥＯＷＤＣの運転後に設置される基金についてさらなるガイダンスを提供した。そのなかには、実践原則に基づき、地元コミュニティは基金の使い道を決定する上で積極的な役割を果たすべきであるという内容が含まれていた［Haggett 2017］。その後、ＥＯＷＤＣプロジェクトの地域コミュニティ連絡担当者は、基金に関する三ヶ月の協議期間を設けた。協議期間内には基金に関するさまざまな選択肢や優先順位に関して地元コミュニティへのオンライン調査も実施された。調査項目の一つに、基金によって恩恵を受ける範囲に関する住民の意向があり、回答の大半を占めたのは「カウンシル・エリアであるアバディーンシャー（Aberdeenshire）、市町村レベルであるアバディーン全体[5]が基金の恩恵を受けること」が好ましいという意見だったが、風力発電所に最も近いエリアであるブラックドッグ（Blackdog）とベルヘルビー（Belhelvie）の回答者からは「海岸やそのエリアが恩恵をうけること」を希望する回答があった［Glasson, J. et al. 2020: 30］。

このような検討を経てＵＯＦＦの設置は二〇一八年半ばに発表された。ヴァッテンフォール社は運転期間として想定される二〇年以上にわたり、毎年一五万ポンド（約三〇〇〇万円）を基金に出捐すること、そして毎年支援額の一〇％にあたる一万五〇〇〇ポンドはブラックドッグに限定して支出されるという内容だった。ブラックドッグには洋上風力発電所で発電した電力を全国広域網に接続するための超高圧変電所が設置されている。[6]

ＵＯＦＦは運用から最初の二年でアバディーンの二三の地域活動を支援してきた［Local Energy Scotland 2024b］。ファンド設立の四年目は一二件（二〇二一年一〇月～二〇二二年九月）［Foundation Scotland 2023a］、五年目は一六件（二〇二二年一〇月～二〇二三年九月）［Foundation Scotland 2023b］が採択されている。応募条件にはアバディーンシャーで慈善的な目的のもとに活動する団体であることが必要となる。個人や、宗教的・政治的な活動を行う

表 5–2　2021 年 10 月～ 2022 年 9 月（ファンド 4 年目）の支援先例

団体名	基金活用の目的	支援額（£）［円換算］
Charlie House	難病を患う子どもたちのための新しい専門支援センターへの断熱材と太陽光発電の導入の一部に充てる	30,000［約 600 万円］（2 年以上）
Aberchirder Village Hall	村役場のエネルギー効率を改善するため，断熱材，ヒートポンプ，太陽光発電，バッテリーの導入に一部資金をあてる	15,000［約 300 万円］
…	…	…
Newtonhill Community Hall Association	エネルギー使用量を削減するため，（ベットリッジ･センター）の自動温度調節機，照明センサー，LED 照明への交換に資金を提供する	1,922［約 38 万円］

表 5–3　2022 年 10 月～ 2023 年 9 月（ファンド 5 年目）の支援先例

団体名	基金活用の目的	支援額（£）［円換算］
Blackdog Residents Association	村からビーチへのアクセスを改善するための橋の建設	30,000（約 600 万円）
Inverurie Environmental Improvement Group	地元の園芸プロジェクトに使用する電気自動車の購入資金の一部に充てる	15,000（約 300 万円）
…	…	…
Meldrum Amenities Improvement Group	地域のディスプレイ用の花を栽培するための種苗業者に資金を提供する	1,576［約 31 万円］

※**表 5–2** と**表 5–3** では支援先の例としてそれぞれ支援額の大きい 2 件と，支援額が最も小さい 1 件のみを記載している

団体、そして学校などは適格条件を満たさない。宗教団体が含まれない理由は、受益者が信者に限られるからである。ただ、宗教にかかわらずコミュニティ全体に開かれた場所として活用されている場合は応募が可能であり、実際に教会の断熱改修をした事例がある。また学校については、その建物の改修やカリキュラム整備の責任は自治体にあるとされている。こちらも例外があり、カリキュラム外の活動やPTAのような活動は支援対象とされている［Foundation Scotland 2021, 2023d］。**表5－2**と**表5－3**に、四年目と五年目の支援先例を示した。支援額は主に二種類設定され、少額の支援枠は二

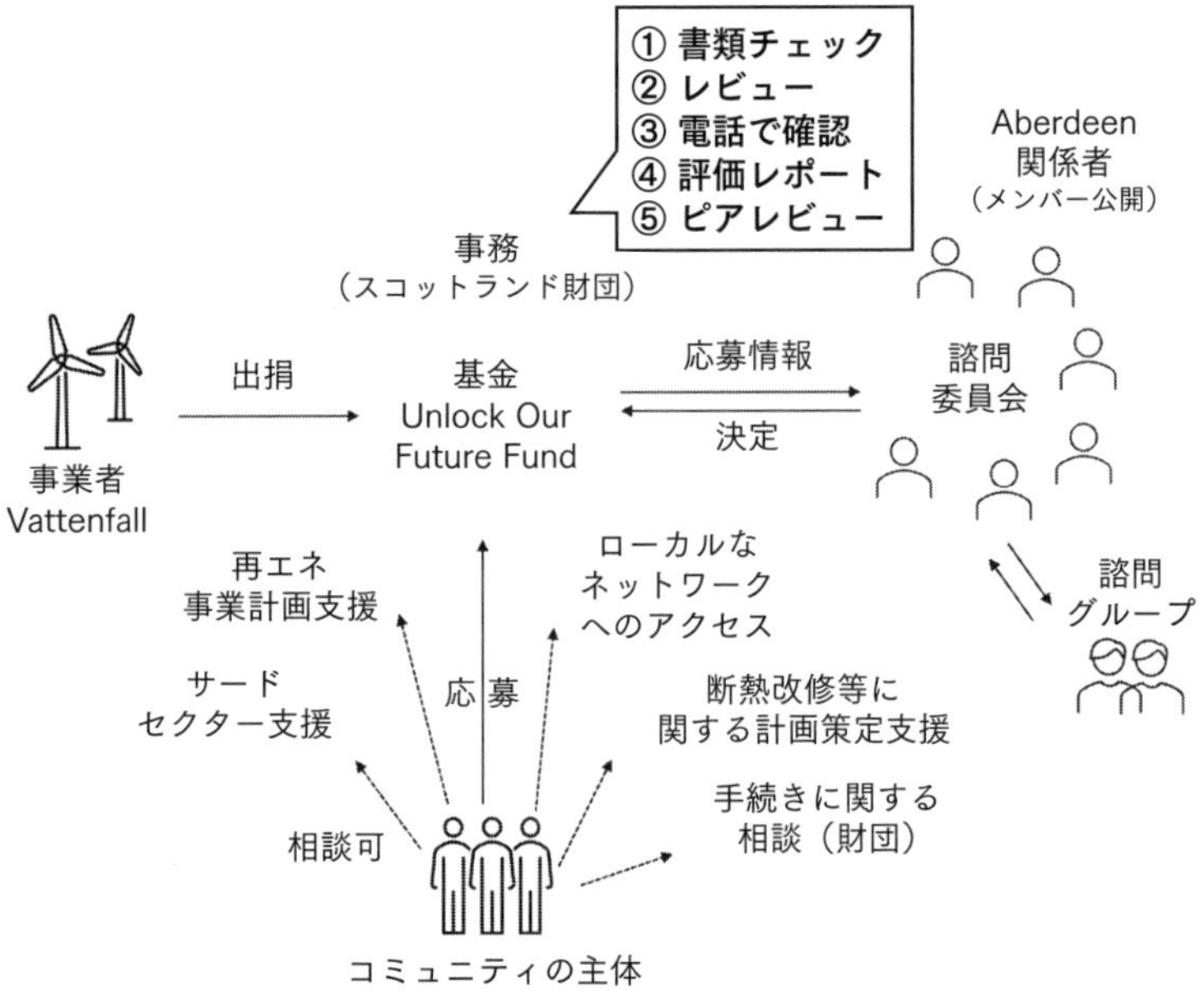

図 5–1　UOFF の支援先決定のスキーム

〇〇〇ポンドまで、より大きい支援枠は二〇〇一ポンドから一万五〇〇〇ポンドである。三年間にわたるプロジェクトには最高三万ポンドまで支援される可能性がある。ファンド運営の事務はスコットランド財団が担うとともに、さまざまな団体の協働によって地域主体による主体的な計画策定を支援する体制が整っている。その全体像を**図5−1**に示す。

応募を検討するコミュニティ主体はさまざまな団体からのサポートを受けることができる。手続きに関しては、スコットランド財団に電話やオンライン会議ツール、対面で相談をすることができる。また前年に採択されなかった団体はスコットランド財団に不採択の理由を聞き、それを踏まえて次回以降も応募することができる。またこの他に、検討中の内容に応じて相談できる団体が複数ある。再エネの発電設備導入を検討している場合はCARESの事務を担っているローカルエナジースコットランド（Local Energy Scotland）に、コミュニティ施設の断熱改修を検討している場合は中小企業を対象にエネルギー使用量・二酸化炭素排出量・光熱費削減に向けた支援を無料で行うビジネスエナジースコットランド（Business Energy Scotland）[7]に建物のエネルギー収支に関する相談をすることができる。いずれの団体もスコットランド自治政府の資金援助で設立された組織である。このほかに、日頃からサードセクターや非営利団体の支援を行うサードセクター・インターフェース（Third Sector Interfaces：ＴＳＩｓ）やアバディーンシャー自主活動組織（Aberdeen Council of Voluntary Organisations：ＡＣＶＯ）に組織運営に関する相談をすることができる。また、アバディーンシャー農村パートナーシップ（Aberdeenshire Rural Partnerships）という、自治体のコミュニティ計画を策定している独立組織にも相談可能であり、地域の既存の組織やネットワークにもアクセスができるような支援体制となっている。こうして応募された計画は、スコットランド財団によって簡易のレビューと追加のヒアリングがなされたのち、地元の関係者六名を含み構成される諮問委員会で審査が行われる。任期が四年である諮問委員会のメンバーは公募で選出され、メンバー構成も公開されている。

以上、スコットランドの洋上風力発電事業の基金の創出、運営の事例をみてきた。この事例から地域に即した中間支援を構想する上で検討すべき点を二つ挙げたい。

一つ目は、複数の団体による支援体制の構築である。地域に基礎を置く団体の主体性を尊重するということは、基金の活用を「主体性頼み」にするのではなく、基金の運営側が申請書作成といった事務的な面から、組織の能力形成といった面まで支援するような体制を整えることが重要だろう。また相談できる組織が自治政府によって設立されたナショナルレベルから、地元の非営利団体を支援するローカルなレベルまで多様性があることも、支援の幅を広げている。

二つ目は、スコットランド財団の役割についてである。本節でも述べたように、スコットランド財団は不採用だった団体にも、再応募を目指す場合は積極的にフィードバックを提供する。その他に、二〇二四年初旬にはUOFFの運用五年間の評価を行っている◉[8]［Foundation Scotland 2023c］。このように、財団は事務を担うだけではなく、地域の主体形成に向けた伴走的な支援を行っている。

UOFFの事例からみえてくるのは、さまざまな専門家や組織が協力し、コミュニティ主体を支える仕組みをつくることで、全体として「中間支援」の機能を果たしているということである。複雑な問題が絡み合う再エネ事業だが、誰が中間支援を担うかという議論に縛られないことで、柔軟な支援体制が構築されている。

5 複数の「中間」をつなぎあわせる

本章の前半では地域社会で公正なエネルギー転換を進める上で必要だと考えられる中間支援の機能を整理した。後半では複数の団体が協力することで実現している中間支援の一例を示した。主体を決定せずに必要な機能に着目したことで、地域の個別事情や、既存の組織の得意分野を活かした中間支援を構想できることを示してきた。

複数の「中間」にこだわったのは、主体をあらかじめ想定しないという理由だけではない。もう一つの理由は「全体」と「個」、あるいはグローバルとローカルの主体の間で生じる緊張関係に対応するためである。たとえば環境問題の文脈で再エネを捉えると、気候変動対策としての再エネ導入と、ローカルな自然環境の保全はときに対立することがある。他方で、両者の異なる論理が整合的につながるという可能性もある。特に洋上風力発電は港湾の整備や関連産業の集積も伴う地域開発である。技術の導入により、新たな生産様式と経済機構が地域にもたらされると、そこには〈上からの〉合理化だけではなく、それに適合していくような〈下からの〉合理化の両方がある［Habermas 1968=2000］。このように、問題の設定の仕方によって「全体」と「個」の関係性が変化するなかで、そこに介入し調整する可能性を有しているのが中間支援組織だろう。あるいは、連帯経済やエネルギー正義の概念等の諸価値を内包している中間支援組織が介在することによって、技術の社会的受容にとどまらない効果が生まれる可能性もある。スコットランドのアバディーンの事例では、石油とガス産業の隆盛とともに衰退した漁村で、利用されていなかった教会の断熱改修にＵＯＦＦが活用された。現在はコミュニティの集会場として活用されている。改修後は地元のアート団体と協力して、コロナ禍前のコミュニティのつながりを取り戻すための文化的な活動が実施されている［Foundation Scotland 2024］。このように、事業の利益分配に中間支援的な役割が存在することで、地域の複数の課題を連鎖的に解決するという状況が生まれている。

〈よい再エネ〉は一義的には定まらない。さまざまな「中間」をつなぎながら、試行錯誤を積み重ねていく気候変動対策が求められている。

【注】

◉1　中間支援組織は福祉国家におけるサードセクターや社会的企業の議論の文脈で多く用いられているが、その呼び方や定義は国ごとに、また主に果たす機能に応じて異なる。たとえば、インフラストラクチャー組織（Infrastructure Organization: IO）、アンブレラ組織、第二階層組織（2nd tier organization）、インターミィディアリー組織（Intermediary organization）組織などの呼び名がある［OPM/Compass Partnership 2004；佐藤・島岡 2020: 13］。本章ではこのような中間支援組織を念頭におきながらも、包括的な議論をしていくために「中間支援組織」という用語を用いたい。

◉2　藤井［2016］によれば民主主義、社会的包摂、持続可能性、人々の生存や生活を可能にする経済のあり方（サブシステンス・エコノミー）が諸価値の例としてあげられている。

◉3　二〇二四年六月二七日時点で一ポンド＝二〇二円のため、一ポンド＝約二〇〇円で計算。以降の日本円換算においても同様。

◉4　二〇一九年に改訂。

◉5　アバディーンシャーの人口は約二六万三九〇〇人（二〇二二年時点）（Aberdeenshire Council 2024）、市町村レベルのアバディーンはアバディーンシャーの行政中心地であり、人口は一九万六六七〇人（二〇二四年時点）［World Population Review 2024］。ブラックドッグはアバディーンの中心地から北に約一〇キロメートル離れた場所に位置する。ベルヘルビーはさらに北の内陸部で、アバディーンの中心地から約一二キロメートル離れた場所に位置する。

◉6　全国的な配電網に接続するためにブラックドッグにはSSE's Dyce sub-stationという超高圧変電所（一三二キロボルトから二七五キロボルトに昇圧する）が建設された［Glasson, J. et al. 2020；Vattenfall 2018］。

◉7　ファンド三年目の二〇二一年までは前身の組織であるゼロウェイストスコットランド（Zero Waste Scotland）が同様の相談を受け付けていた。ビジネスエナジースコットランド（Business Energy Scotland）は二〇二二年四月に設立された。

◉8　この評価のための調査はスコットランド財団によって選定されたコンサルタント会社によって実施され、利害関係者への質問紙調査やインタビューもなされる。その結果にはアクセスはできていないが、計画では二〇二四年四月三〇日までに最終報告書ができあがるとされている。

コラム❹

対立状態を前提とした意思決定は可能か
――選好ではなく抵抗による決定

平春来里

対立状態から合意形成は可能だろうか。多数決にかわる新たな合意形成の手法として用いられているものの一つに「システミック・コンセンサス」がある。前章で紹介されたドイツの「自然保護とエネルギー転換の専門センター」のメディエーターらもこの手法を現場の合意形成に用いている。オーストラリア北部のムンダーフィング市ではシステミック・コンセンサスを政策指針に取り入れ[1]、交通緩和の方法の検討、踏切の閉鎖に付随する決定などに用いている。

この手法はErich VisotschnigとSiegfried Schrottaが発展させた、グループ内での意思決定の方法の一つである。賛成票の代わりに抵抗票を用いて複数の項目を評価する手法であり、多数決では表明されることのない懸念や抵抗へ配慮しながら、利益の最適なバランスを見つけるために実施される［Paulus et al. 2013］。議論の参加者は複数の選択肢への抵抗の程度をそれぞれ0～10の数字で示すことで評価ができる。0を示すこと

表１　再生可能エネルギー発電システムの導入に関する各選択肢への抵抗票の数[3]

	① 山林・ 野立ての 太陽光発電	② 屋根置き・ 太陽光発電	③ 海岸・ 風力発電	④ 山の尾根・ 風力発電	⑤ 農業用水路・ 小水力発電	⑥ 何もしない
住民A	5	1	4	10	3	2
住民B	5	1	3	9	0	9
住民C	1	0	6	3	4	10
住民D	6	5	1	8	1	8
合計	17	7	14	30	8	29

はこの提案に反対しないことを意味し、10を入れることはこの提案は受け入れられないことを表す。このような方法で選ばれるのは紛争の可能性が最も低い選択肢である。これによって合意形成だけではなくその後の行動選択まで射程に入れた意思決定を行うことができる。以下では地域での再エネの導入をめぐる議論を仮想し、システミック・コンセンサスの例を示したい。

ある四人の住民が自分たちの住む地域ではどのような再エネの発電システムを導入するべきか検討している。[2] 選択肢としてあがっているのは、「①山林に建設する野立ての太陽光発電」「②屋根置きの太陽光発電」「③海岸に建設する風力発電」「④山の尾根に建設する風力発電」「⑤農業用水路を活用した小水力発電」「⑥何も導入しない」の六つである。まずは多数決でそれぞれ好ましいと考える選択肢を選ぶ。しかし結果は、過半数以上を集める選択はなく、票が大きくばらけてしまった。特に住民Aが選択肢「④山の尾根に建設する風力発電施設」に強い反対の意思を示し、その理由は立地場所が生態系に大きな影響を及ぼす可能性があるためと述べている。他の三人に関しても多数決では選ばなかった選択肢にはそれぞれ反対する理由があった。しかしその理由は多様で、反対の程度にも差がある。そこで今度は抵抗票0～10

を用いて評価することにした。結果は**表1**のようになった。

それぞれの選択肢について抵抗票の値を合計すると、「②屋根置きの太陽光発電」システムの導入への抵抗が「7」と他の選択肢より小さいことが分かった。他方で、最も抵抗の程度が大きいのは、「④山の尾根に建設する風力発電施設」の「30」、次いで「⑥何もしない」の「29」であった。このことからグループの中でなんらかの行動をとっていく必要があるという共通認識が存在していることがわかる。そのうえで、対立を避けつつ取り組みを始めるためには、「何もしない」よりも抵抗が小さい選択肢から検討を始めるべきだという道筋がみえてくる。

上記の例のように、「何もしない」という受動的な選択肢が加えられることで、現状維持よりも抵抗感の強い提案は議論から外すことが可能となる。これにより見つかる解決策は「受動的解決策」と呼ばれる［Visotschnig and Visotschnig 2000：15］。この解決策をもつことで「もし私たちが共同決定を下さなかったらどうなるのか」と自問する、新たな議論のプロセスが加わる。同時にこの受動的選択が当グループにとっての合理的な選択の限界である。また、投票の結果はグループがその問題にどれくらい意欲的に取り組もうとしているかの意欲を図る尺度ともなる。つまり使われなかった抵抗票が受容の程度として解釈可能である［Paulus et al. 2013：40］。このようにシステミッ

自治体職員向け研修でシステミック・コンセンサスを模擬的に行っている様子 （環境エネルギー政策研究所 山下紀明氏提供）

ク・コンセンサスにより、提案への「抵抗率」だけでなく「受容率」も計測可能となる。

システミック・コンセンサスのプロセスは、何がグループの抵抗を喚起するのかという問いをグループにもたらす。そして相手を理解し、相手のニーズを探り、可能な限り相手に合わせることを要請する。ここでの判

ある町での再生可能エネルギーの活用についておうかがいします（設置形態ごと）

Q1. ある町の脱炭素実現に向けて、（ア）～（キ）の再生可能エネルギーの電気を活用する計画に対して、あなた自身は**「どの程度の抵抗感」**を感じるか、6 段階の中から、ひとつ選んでください。さらに（ク）の「なにもしない」という選択肢についても抵抗感をひとつ選んでください。その上で、右側の優先順位を高いものから順に 1 から 8 まで記入してください。(抵抗感が同じものであっても、仮に優先順位を付けてください)

※ただし、（ア）～（キ）のどの選択肢も発電量はほぼ同じとなり、現在のある町の電力需要の約 5%を再生可能エネルギーに転換することに貢献します。

	抵抗感なし ←→					非常に強い抵抗感	優先順位
(ア) 市内の戸建て住宅・店舗・工場の屋根置き太陽光発電（10kW×1500 件）	0	1	2	3	4	5	
(イ) 市内の街なかの空き地の野立て太陽光発電（50kW×300 件）	0	1	2	3	4	5	
(ウ) 市内の農地のソーラーシェアリング（営農型太陽光）(50kW×300 件)	0	1	2	3	4	5	
(エ) ため池での水上太陽光発電（500kW×30 件）	0	1	2	3	4	5	
(オ) 自然保護地域周辺の生物多様性貢献型太陽光発電（500kW×300 件）	0	1	2	3	4	5	
(カ) 山奥の林地の野立て太陽光発電（1000kW×15 件）	0	1	2	3	4	5	
(キ) 尾根での風力発電（2,000kW×4 件）	0	1	2	3	4	5	
(ク) なにもしない	0	1	2	3	4	5	

実際に研修で用いたアンケート用紙
（環境エネルギー政策研究所　山下紀明氏提供）

参考イメージ

（ア）屋根置きの太陽光発電

（イ）野立て太陽光発電

（ウ）ソーラーシェアリング

（エ）水上太陽光発電

（オ）生物多様性貢献型太陽光発電（右はハチの巣箱）

（カ）林地の野立て太陽光発電

（キ）尾根での風力発電

断は「はい」「いいえ」の二者択一ではなく、評価にグラデーションがあること、個人のニーズをベースとした抵抗感があることを許容している。

これまで多数決原理に関しては社会的選択理論をはじめとして多くの議論が蓄積されてきた［Arrow 1951;

Sen 1987=2016]。しかし、多様な価値観を尊重しようとすると、必然的に選択肢が多くなってしまい、多数決では票が割れてしまう。これは環境保全の現場など、多元的な価値観を許容する場でこそ機能不全となるだろう。多元的な評価の問題を扱ってきたセンは、個人的な判断や決断においては、多様な財が存在することを認めることで「トレード・オフ」が生じるような問題にも対応可能であることを示している［Sen 1987=2016: 101]。システミック・コンセンサスは「決定すること」に重きを置いているのではなく「決定の過程」を重視しているものである。それはつまり「どのような懸念がグループ内にはあるのか」を明らかにすることで「決まらないから何もしない」ではなく、「まずはできることからやる」を見つけることを後押ししている。

【注】

◉1 "Das Munderfinger Bürgerbeteilgungsmodell-wie Betroffene mitentscheiden"（二〇二四年六月七日取得、https://www.munderfing.at/wp-content/uploads/2019/04/Agenda21_Projekt_Abschlussbericht_Das-Munderfinger-Modell.pdf）に実施報告がある。

◉2 Visotschnig, E. & Visotschnig, V.［2000: 10］で例示されているレストランの行き先に関するシステミック・コンセンサスの例を参考に筆者作成。

◉3 **表1**の作成にあたっては環境エネルギー政策研究所の山下紀明氏に示唆をいただいた。

第6章

行政主導による地域共生型の風力発電ゾーニング

市町村の区域設定を支援する熊本県の伴走型事例

本巣 芽美

1　再生可能エネルギー事業における行政の役割の現状

再生可能エネルギー（以下、再エネ）事業を実施する際、現在の日本にはドイツのような中間支援組織は存在しない。そのため、行政が地域住民と開発事業者との間を取り持つ場合や、開発事業者が住民説明会を開催し直接的に住民に情報発信を行うような場合が多い。場合によっては、学識経験者や環境保護団体などが関与することもあるが、地域での情報整理や合意形成を進めていくというよりは、住民の懸念に対する専門知識の提供や風力発電に関する技術的な解説が主である。合意形成については、科学技術の導入や社会的リスクの政策形成などにおいて、以前よりコンセンサス会議［三上 2010］やシナリオ・ワークショップ［増原・馬場 2021］などさまざまな手法が実施されているが、民間企業の個々の再エネ事業において、このような手法が用いられることはほとんどない。風力発電においては、ワークショップにより地域課題の抽出や地域の未来像などが語り合われる例もあるが[◉1]、個々の事業においては住民説明会、講演会、地域懇談会、勉強会などにより、事業に関する情報提供が一方向的に行われるのが一般的である。

このような情報提供の場を根拠に、地域から理解を得られたとして事業に着手する例や、多方、地域での反発が強まり事業を中止する例などが多く存在する。いずれの場合も、地域の行政による許認可手続きが必要であるため、地元行政は再エネ事業に関与せざるをえない状況である。また、行政手続き的な関与に終始せず、まちづくりや地域脱炭素の観点から地元行政が再エネとの関わりを持つ場合もある。昨今では、メガソーラーや風力発電施設による地域トラブルが増加しており、再エネ開発の規制に動き出す自治体もある。

その一方で、熊本県は中心的な立場で地域共生型の陸上風力発電のゾーニング事業を行っている。その際、地域ごとに地域懇談会を行い、地域特有の情報やゾーニング案に対する地域住民の意見を集めることや、市町村が促進区域の設定にスムーズに移行できるための工夫など、市町村をサポートする独自の取り組みが見られる。本章では、熊本県がどのような役割を担い、市町村と連携を図りながら県内の陸上風力発電のゾーニングを進めているかについて紹介し、行政が担う中間支援組織としての役割と今後の課題について考える。

2　ゾーニング事業の背景

熊本県は二〇一九年に「二〇五〇年熊本県内CO_2排出実質ゼロ」を宣言した。それを具現化するために、(1)

省エネルギーの推進、⑵エネルギーシフト、⑶電気のCO_2ゼロ化、⑷その他のCO_2実質ゼロ化（CO_2吸収・固定等）の四つの行動変容に関する戦略を掲げている［熊本県 2021］。熊本県では二〇五〇年までの中期目標として第二次熊本県総合エネルギー計画を策定し、二〇三〇年度までに県内の電力消費量に対する再エネの割合を五〇％にする目標を掲げている［熊本県 2020］。

熊本県が再エネのゾーニングを行う背景の一つに、まず、第二次熊本県総合エネルギー計画における再エネの導入に関する事業者への要請がある。当計画では、大規模な風力発電施設等の再エネ施設の立地による自然環境や景観への影響の軽減と地域への貢献を、事業者が自主的に行うことを求めており、それの実現化に向けてゾーニングを行うこととなった。

また、熊本県がゾーニングを行うもう一つの背景に、改正地球温暖化対策推進法（以下、改正温対法）がある。改正温対法では、都道府県が地方公共団体実行計画において、地域の自然的社会的条件に応じた環境の保全に配慮し、市町村が定める促進区域の設定に関する基準を都道府県が定めることができるとされている。[2] 再エネ事業者は市町村の認定を受ければ、事業の許可などの手続きがワンストップ化され、また、環境影響評価法における配慮書を省略できるといった特例を受けることができる。[3]

ゾーニングを行うことは熊本県にとってもメリットがある。市町村が地球温暖化対策実行計画（区域施策編）を策定し、改正温対法における再エネ施設立地の促進区域を設定すれば、熊本県が望ましいと思うエリアへの再エネを誘導する効果がある。これにより、保護したい環境や景観を再エネ開発から守りながら、地域での脱炭素を進めることができる。

3　熊本県地域共生型陸上風力立地ゾーニングの進め方

3・1　ポジティブゾーニングとネガティブゾーニング

再エネのゾーニングにはポジティブゾーニングとネガティブゾーニングがある。前者は再エネの適地（促進区域）を抽出し、そこでの開発を事業者にうながすゾーニングである。一方、後者は再エネ施設の建設が適切でない区域を設定し、促進区域から除外するゾーニングである。ポジティブゾーニングは曖昧な理由であっても促進区域に推奨しないという判断が可能である一方で、ネガティブゾーニングは私権を制限するため、その根拠の正当性が問われる［丸山 2024］。そのため、ネガティブゾーニングは開発の禁止を裏付ける科学的根拠が求められるためより難易度は高くなるが、昨今の再エネ事業による景観の悪化や森林の伐採などによる地域トラブルから、ネガティブゾーニングに偏重しがちな自治体は多い。たとえば、青森県は陸上風力発電と太陽光発電の立地を禁止するエリアの設定が検討されている[4]。また、福島市は禁止エリアの設定ではないものの、「ノーモア　メガソーラー宣言」を行い、大規模太陽光発電施設の設置をこれ以上望まないことを意思表示している[5]。

以上のようなゾーニングの傾向が見られる一方で、熊本県は改正温対法に基づくポジティブゾーニングに乗り出した。

3・2　ゾーニングのフェーズ

熊本県の陸上風力のゾーニングでは、まず地図情報を利用することでゾーニング図の叩き台が作成された。具体的には、貴重な動植物の生息環境、重要な生態系、景観などの環境保全に関する情報、集落や住居の位置、土砂災害の危険性などの社会的調整に関する情報である。これらを用いて、まずフェーズ1では「導入可能性検討エリア」が検討され、次のフェーズ2では再エネ促進区域の設定に関する熊本県基準が作成された。そして、最後のフェーズ3において、市町村が「促進区域」を設定することとなっている。次に各フェーズの進め方について紹介する。

フェーズ1では、まず、ゾーニングの対象となる地域を「保全エリア」「調整エリア1」「調整エリア2」に分類した。「保全エリア」は法令等により立地が困難、または環境影響の懸念により、環境保全を優先するエリアである。すなわち、風力開発からは除外するエリアである。「調整エリア2」は、「保全エリア」より環境の優先度が下がり、立地にあたって特段の配慮を要する調整が必要なエリアである。「調整エリア1」は、立地にあたって一般的な調整が必要だが、風力発電の導入を促進しうるエリアである。対象地域をこれら三つのエリアに分類した上で、風況、地形、標高、送電線等の事業性に関する情報を重ね合わせ、「保全エリア」を差し引き残ったエリアを「導入可能性検討エリア」として設定した。そして、有識者による協議会と地域の代表者による地域懇談会において、この「導入可能性エリア」の妥当性などが協議された。また、地域懇談会で集約された意見をもとに「導入可能性検討エリア」は「促進区域の議論が可能なエリア」「情報不足により判断不可なエリア」「現状維持すべきエリア」に区分けされた。この区分けそのものは県基準のゾーニング図には反映されないが、熊本県では促進区域の設定に向けた検討の一つとしてこのようなゾーニングも試行した。

フェーズ2では、フェーズ1の内容に基づく県基準が検討され、二〇二三年九月に「地球温暖化対策の推進に関する法律に基づく再エネ促進区域の設定に関する熊本県基準」が策定された。風力においては、促進区域設定

表 6–1　風力発電施設の促進区域設定に関する熊本県基準 ［熊本県 2023］

項目	考え方
促進区域に含めることが適切でないと認められる区域（除外すべき区域（保全エリア））	地域の自然的社会的条件に応じた環境の保全への適正な配慮を確保する観点から促進区域に設定することが適切ではないと判断する区域，社会的配慮の観点から考慮することが望ましい区域
促進区域の設定にあたって特に調整又は考慮を要する区域（特に考慮すべき区域（調整エリア 2））	立地にあたって特段の配慮を要する調整が必要な区域
促進区域の設定にあたって調整又は考慮を要する区域（考慮すべき区域（調整エリア 1））	立地にあたって一般的な調整事項があるが，風力発電の導入を推進しうる区域
促進区域の設定にあたって調整又は考慮を要する事項（考慮すべき事項）	地域の自然的社会的条件に応じた環境の保全への適正な配慮を確保する観点から配慮することが望ましい事項，社会的配慮の観点から考慮することが望ましい事項

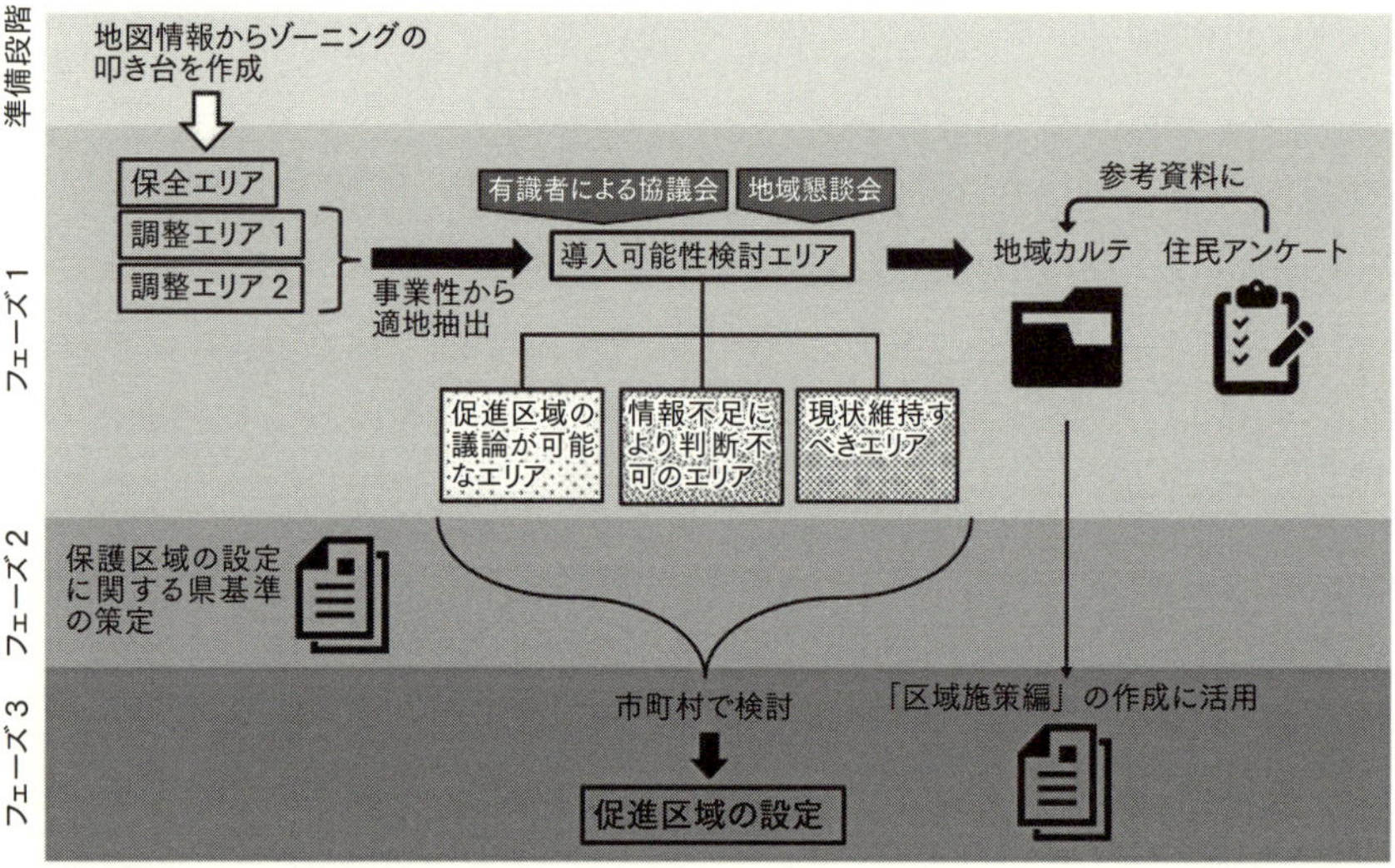

図 6–1　ゾーニング実施の流れ

に係る環境省令第5条の4第2項各号に、社会的配慮の観点を加え、**表6－1**の基準が定められた。

そして、フェーズ3では、市町村が地球温暖化対策実行計画（区域施策編）を策定した上で「促進区域」を指定することとなっている。基本的には「再エネ促進区域の設定に関する熊本県基準」において、「促進区域に含めることが適切でないと認められる区域（保全エリア）」以外であれば、市町村はどこにでも促進区域を設定することができる。また、導入可能性検討エリア以外に、市町村の判断で促進区域を設定することも可能であるが、「導入可能性検討エリア」は保全エリアを除外し、事業性からも評価した上で抽出したエリアであるため、市町村にとっては促進区域を設定するために効率化されたエリアである。

二〇二四年三月現在、熊本県のゾーニングはフェーズ2まで進んでいる。熊本県は市町村をいくつかの地域に分けてゾーニング事業を進めており、球磨地域、天草地域、八代地域の三地域においてゾーニングを完了した。

3・3　有識者による協議会と地域懇談会の役割

前述のフェーズ2まで進めていく上で、熊本県では有識者による協議会と地域の代表者による地域懇談会が設置された。ここではゾーニング図や風力発電事業者による地域貢献のあり方などが検討され、特に、重要な配慮項目の見落としがないかは慎重に確認された。協議会と地域懇談会それぞれの役割について説明する。

協議会はゾーニング手法やゾーニング図の決定、地域脱炭素促進事業の認定基準等を検討することが主な役割である。防災、景観、自然保護、環境影響評価、社会的受容等の分野の専門家が委員として加わり、専門的見地からゾーニングの妥当性などが議論された。地域懇談会は、市町村の行政担当者、地域の森林組合や商工観光業団体等の地域関係者を中心に招集され、協議会で議論された導入可能性検討エリアに対する意見を集約することが主な役割であった。また、地域関係者に風力発電事業について知ってもらい、地域特有の配慮項目や懸念事項などをできるだけ多く抽出すること、また、地域貢献に活かしうる地域知を収集することも、地域懇談会のもう一つの重要な役割であった。

4　熊本県ゾーニング事業の特徴

4・1　地域カルテの役割

再生可能エネルギーのゾーニングはこれまでにも複数の地域で行われてきた。[6] 一般的には自然条件や土地利用条件、エネルギー資源のポテンシャルなどのレイヤーを重ね合わせ、再エネの適地や禁止エリアなどが設定される。熊本県ではこうした従来のゾーニング手法に加えて、地域住民の関心や懸念を集約した地域カルテを作成している点が特徴である。

地域カルテにはゾーニング図だけでは把握することが困難な地域の特性や、留意事項、専門的知見、地域の意見などが記載されている。地域懇談会で抽出された意見も地域カルテに反映される。たとえば、高齢化により遊休農地があること、道路が狭く小型バス程度しか通行できないこと、新緑や紅葉で登山客が多いことなどが記載されている。また、地域のニーズとして、たとえば八代地域においては、五家荘の魅力は容易にアクセスできない秘境であることがあげられており、このことから、風力発電事業で地域貢献策として行われる道路を拡幅し利便性を高めることが、この地域では必ずしも良いとは限らないことがわかる。その他、五家ビールやムササビ猟などのかつての文化を復活させることに対する地元の強い思いも地域カルテに記載されている。こうした内容は、風力発電事業者が地域裨益型の事業を検討する際に有益な情報になるだろう。また、風力発電事業者にとっては、促進区域の外の声を知ることができる点もメリットになる。風力発電事業は基本的に促進区域内での設置が推進されるが、それにより立地に伴う地域トラブルがなくなるわけではない。風力発電は大きな構造物であるため促進区域外からも視認が可能であり、音の伝播も予想される。そのため、促進区域外の近隣への配慮も重要となる。地域カルテによって、より広範囲の地域の声を把握することができるようになるため、事業者にとっては対応すべき項目が増えるとも言えるが、想定していなかった住民の声を見逃すリスクは軽減できる可能性がある。

今後、市町村が促進区域を設定するにあたり、さらに詳細な地域の特徴が抽出されることになる。そのため、県で取り組んだ地域カルテの内容は情報の偏りや情報の不足が生じる可能性もある。しかし、県のゾーニングで一定程度の情報が収集されていることで、配慮が必要な点について市町村はあらかじめ認識することができる。この点は今後促進区域を検討する市町村にとっても有益であろう。

4・2　住民アンケートの役割

熊本県のゾーニング事業は球磨地域と天草地域で先行して行われた。その際、同地域の住民を対象にアンケート調査が実施された。アンケート調査の主な目的は次の三つである。第一に、ゾーニングのための基礎調査である。守りたい自然環境や景観など地域環境に関する地域住民の意見を早期の段階で収集することである。地域懇談会には地域の代表者が参加するが、そこに含まれない多くの住民の声を収集し、地域懇談会の内容を補完するために行われた。第二に、風力発電に関する意識調査である。風力発電に対する期待、不安、賛否などを調べ、地域貢献策への反映や今後必要なコミュニケーションの検討に活かすために実施された。第三に、ゾーニング事業を通して県民に風力発電について知ってもらうことである。

アンケート調査は球磨地域と天草地域に居住する住民のなかから無作為に抽出された一五〇〇人を対象に実施された。熊本県のごく一部の住民ではあるが、風力発電施設の立地がどこで可能かということについて県が検討を始めていることを周知することや、風力発電への関心を高めることには一定程度の効果があるだろう。また、県によるゾーニング後は、促進区域の設定が市町村に引き継がれるため、市町村におけるスムーズな検討につなげられることも期待される。

4・3　レジリエンスの強化と開発による災害リスク

ゾーニングにおいて熊本県が特に配慮している点として、災害への対応もあげられる。再エネは豪雨や地震といった自然災害へのレジリエンスに寄与する側面と、逆に、再エネ施設が災害を誘発する側面があり、災害に関する相対する二つの側面がある。

熊本県に限らず一般的な傾向として自然災害に対するレジリエンスの強化は重視されているが、熊本県はこれまでにも多くの自然災害を経験していることから、防災に対する意識は比較的高い。たとえば、熊本県南部を流れる球磨川はこれまでにも幾度となく洪水による氾濫を起こしており、昭和四六年八月の洪水では二〇九戸の家屋が損壊し、床上浸水一三三二戸、床下浸水一三一五戸という被害が生じた［国土交通省九州地方整備局八代河川国道事務所a］。平成一八年七月の洪水では道路の冠水により交通が途絶した［国土交通省九州地方整備局八代河川国道事務所a］。また、令和二年七月の豪雨では、堤防の決壊、橋梁の流失、大規模な停電や断水などが生じた［国土交通省九州地方整備局八代河川国道事務所b］。さらに、平成二八年四月には震度7を観測する熊本地震もあった。この地震では震度7の揺れが二八時間以内に二度発生しており、これまでの歴史に類を見ない大規模な災害であった。[7]

こうした自然災害の経験から、レジリエンスの強化といった防災に関する視点が地域共生型の再エネにも求められている。改正温対法は、地方自治体に地域資源の活用による単なる再エネの推進を求めるものではなく、地域経済の活性化や災害に強い地域づくりなど地域に裨益する事業に重点をおいている。熊本県はこの点において改正温対法を効果的に利用でき、県では自然災害と再エネの組み合わせについても模索している。たとえば、球磨地域では災害協定により風力発電による電力を優先的に使用できることや、災害に強い道路の整備などが地域からのニーズとして上がっている。

その一方で、再エネ開発そのものが引き起こす生活への影響に対する懸念もある。熊本県の山間部の多くでは山水を生活用水として利用しているため、建設工事によって水質に悪影響が生じるのではないかといった懸念がある。また、風力発電事業が山林で行われる場合は木が伐採されるため、森林による山の保水機能が失われ土砂災害が誘発されるのではないかといった心配は一般的に多い。風力発電により災害時においてどのように地域に役立つかということも重要であるが、地元住民にとっては開発工事による生活環境への影響が重要な関心事項となっており、風力発電に対する抵抗感の一因にもなっている。県基準において、土砂災害特別警戒区域と土砂災害警戒区域は促進区域から除外すべき区域（保全エリア）とされているが、区域の設定にかかわる法令や条例等がない場所についても、土砂災害の危険性がある場所については地域カルテに留意事項や専門的知見として記載し、取りこぼしのないよう配慮された。

再エネは便益として自然災害への対応に資する部分と、自然災害に対する脆弱性をもたらすという両側面がある。相対立するような構造ではあるが、後者に十分に配慮し促進区域を設定することで、問題の低減は可能である。そのための方法の一つとして、今回のような地域カルテは有効に活用できる可能性があるだろう。

5 ゾーニング事業の課題

5・1 ゾーニングは何を意味するか

熊本県では促進区域の設定に向けた一つの検討の方法として、「導入可能性検討エリア」をさらに三つに区分けした。その一つが「促進区域の議論が可能なエリア」であるが、表記からわかるように、促進区域の議論が可能なエリアであり、風力発電施設の立地に地元がすでに同意していることを示すのではない。特に現段階では、地域懇談会で抽出された意見をもとにエリア分けをしたに過ぎず、まだ叩き台の段階である。しかし、試験的にもこのようにエリアが設定されると、一般的には合意が形成されており風力発電施設を建設してもよい場所という解釈がなされやすいのではないだろうか。しかし、熊本県は必ずしもゾーニング図を開発事業者向けに公表しているのではなく、また、今後の促進区域の設定に活用するために、「導入可能性検討エリア」やさらに詳細なエリアを設定した。また、熊本県はゾーニング図が熊本県民にも利用されることを想定しており、地域住民がゾーニング図を見ることで、自宅近くが促進区域となる可能性が高いことを認識したり、合意形成の場に参加しようという気になったりすることを期待している。熊本県の意図とゾーニングの実際の使用にできるだけ齟齬が生じないようにするためには、地域カルテを強調するなど、ゾーニングの取り扱い方についてより明確に示すことが重要になるだろう。

5・2　県境や市町村境におけるゾーニングはどのように進めるべきか

前述の通り、熊本県は広域であるため、いくつかの区域に分けてゾーニングを段階的に進めている。そのため、すでにゾーニングが実施済みの市町村と未実施の市町村の境で「導入可能性検討エリア」が設定されている場合もある。また、熊本県は鹿児島県、宮崎県、大分県、福岡県、長崎県と九州の多くの県と隣接しているが、本事業に関する詳しい内容が隣県の接続する自治体と共有されているわけではない。市町村境については、二〇二四年三月に、都道府県と市町村が共同で促進区域の設定を行うことができるように法改正されることが閣議決定されたため、複数の市町村をまたぐ広域な範囲でのゾーニングは今後可能となる。そのため、市町村境における問題は解消されるだろう。しかし、県境において促進区域をどのように設定すべきであるかという点は現段階では十分に議論されておらず、今後取り組むことが必要な課題の一つである。

6　行政が担う中間支援組織としての役割

今後は市町村が促進区域を選定することが求められる。改正温対法は、国の基準や都道府県が基準を設けている場合には、その基準に従い促進区域を設定することを可能とする制度であり、市町村に促進区域の設定を義務づけているのではない。二〇二四年四月現在、実際に促進区域を設定した市町村は三二件あり［環境省 2024］、このうち風力発電の促進区域はわずか二件である。促進区域を設定するにはハードルがあることがうかがえる。促進区域の設定には、当然ながら地域住民とのコミュニケーションが必要である。それを市町村単位で行うとなると、行政職員の負担はかなり重いものと推測される。熊本県ではこの点にも配慮し、地域住民とのコミュニケーション手法に関する整理も始めようとしている。地域ですでに紛争が発生しているのか、事業プロセスのどの段階であるのかなどにより、適切なコミュニケーション手法は異なる。そのため、市町村で促進区域の検討を進める際の参考となるよう、事業の開発段階や対象とする住民の関心に応じたコミュニケーション手法について協議会の専門家とともに取りまとめを開始しようとしている。また、前述の通り熊本県では県のゾーニングに反映されないものの、今後市町村が促進区域を検討する際の叩き台となるよう、「導入可能性検討エリア」がさらに三つのエリアに区分けされた。このことからも、市町村の負担の軽減に配慮していることがうかがえる。すなわち、熊本県の取り組みの特徴は、伴走型支援であることを指摘できる。

本章では、熊本県主導によるゾーニング事業の取り組みを紹介してきた。中間支援組織としての熊本県の役割を整理すると、特に、市町村がスムーズに促進区域の設定に移行できるための支援であると筆者には思われる。改正温対法では都道府県が促進区域の設定に関する基準を定めることができるとだけ規定されており、基準を定めた後の促進区域の設定に関しては市町村の努力であり、都道府県が主体的に関わる範囲ではない。そのため、熊本県では「導入可能性検討エリア」の設定や地域カルテの作成などが行われた。市町村レベルで促進区域について詳細な検討を始めると、県の区分けと一致しない部分も生じる可能性はあるだろう。しかし、白紙から始めるのではなく叩き台があることで、市町村にとっては議論を進めやすくなるだろう。また、県が一度地ならしをしていることで、住民にとっては風力発電のゾーニングが「寝耳に水」といった事態は避けられる。この点は風力に限らず再エネ事業全般において重要である。

しかし、今後市町村レベルで促進区域を設置し、改正温対法における地域裨益型の再エネを促進するためには、やはり県境や広域での区域設定の課題は残る。他県の取り組みについて意見を述べることはできても、他県の区域設定の議論に主体性をもって関与することには限界があるだろう。このように境界線を超えた議論が必要であるけれども、直接関与することが難しい問題については、行政ではない他の中間支援組織の存在が必要と思われる。

また、地域住民とのコミュニケーションについては、学術的な情報の収集が必要になる場合もある。コミュニケーションに関しては、科学技術コミュニケーション、リスクコミュニケーションなど専門的な学問分野が存在する。この分野の専門家が行政に協力することで、地域でのコミュニケーションがより円滑に行われ、促進区域の設定に役立つ可能性は高いだろう。その際にはどのようにリスク情報を伝えるか、科学的根拠をどのように扱うかといった観点も重要である。

こうした役割を行政に一任することは適切ではないと思われる。熊本県の事例を踏まえると、都道府県の行政はより詳細な検討へと進めるための促進力となることが重要な役割であると言える。そのため、都道府県を超える議論やコミュニケーションなどの専門分野については、都道府県行政以外のアクターが中間支援組織として関わることが、今後はさらに重要になるだろう。

【謝辞】
本章の執筆にあたり、熊本県商工労働部産業振興局エネルギー政策課の久多見長久様、株式会社パスコ環境文化コンサルタント事業部環境技術部の早坂竜児様よりご指導とご協力を得た。心より感謝申し上げる。

【注】

◉1 九州大学人間生活デザイン部門の松前あかね研究室と再エネのインフラ構築を行う事業者による共同で、唐津市にて住民を対象とした「洋上風力と唐津の未来を考えるワークショップ」が開催された。

◉2 改正地球温暖化対策推進法第21条第6項および第7項。

◉3 改正地球温暖化対策推進法第22条。

◉4 青森県の宮下宗一郎知事は令和五年九月一二日の知事記者会見にて、再エネと地域・自然との共生に係わる条例等を制定する考えがあり、そのなかで、陸上風力と太陽光を禁止するエリアを設けることを述べた（二〇二四年八月一四日取得、https://www.pref.aomori.lg.jp/message/kaiken/kaiken20230912.html）。

◉5 福島市は災害の発生が危惧され、誇りである景観が損なわれるような山地へのメガソーラーをこれ以上は望まないことを意思表明した（二〇二四年八月一五日取得、https://www.city.fukushima.fukushima.jp/kankyo-o/no-more-mega-solar.html）。

◉6 秋田県にかほ市でも住民との対話を通じたゾーニング事業が行われている。たとえば、市民が参加するワークショップやインタビュー調査の他、にかほ市の今後の風力発電について一般の人が考え話し合うことができるよう、「にかほ風力発電ハンドブック」が作成されている。

◉7 熊本地震震災ミュージアム記憶の廻廊による（二〇二四年九月一日取得、https://kumamotojishin-museum.com）。

コラム❺

ますます重要になる自治体の役割

――宮津市の事例から

稲垣憲治
（一般社団法人 ローカルグッド創成支援機構）

地域貢献する再エネを増やすためには、自治体の役割も重要である。本コラムでは、自治体職員が地域のステークフォルダーをコーディネートして、地域に歓迎されるメガソーラーを官民連携で作り上げた事例を紹介したい。

京都府宮津市には、地域課題であった獣害を防止したメガソーラーがある（二〇一七年九月竣工）。このメガソーラーは、地元宮津市の地域企業である金下建設が六二％出資して筆頭出資者になり、オムロン フィールドエンジニアリングと京セラが出資、地元金融機関の京都北都信用金庫と京都銀行が融資して地域主体で開発された。メガソーラーが設置された土地はイノシシなどの獣害が発生していた遊休地であったが、太陽光パネル設置により獣害を防止し、うっそうとした景観も改善した。地域での事業説明会では拍手（!）まで起こった

宮津市の由良第一太陽光発電所（提供：宮津太陽光発電合同会社）

という逸話もある。メガソーラーの説明会で怒号・罵声ではなく、拍手というのは珍しい。

この獣害という地域課題を解決したメガソーラーの実現には、宮津市職員の小西正樹氏の活躍がある。まず注目すべきは小西氏が地域の関係者とのコミュニケーションのなかで、獣害という地域課題をしっかり把握するとともに、荒廃農地を活用してほしいという地元要望にしっかり向き合っていたことである。そして、事業者から太陽光発電開発の提案を受けた際、太陽光発電を設置することで地域課題であるこの土地の獣害被害が解決できるのではと考えた。さらに、地元企業の金下建設や地域金融機関を巻き込みながら開発を地域主体の形にしていった。なお、この獣害の発生する問題の区域は、土地の権利関係が細分化されており権利集約が難航したが、自治会のサポートを取り付けることで取りまとめに成功している。自治会、事業者、住民を自治体がコーディネートし、官民連携で一体となって成功した事業である。

私も元自治体職員であるが、通常の自治体職員は公平性を理由に「何もしない」ことが多いのではないかと思う。特定の事業者のお世話をするのは良くない、民間の事業だから間に入って揉めても困るといった考えからだ。これは分からなくもない。しかし、これが行き過ぎると何もできなくなってしまう。小西氏のように一定の公平性を担保しながら、地域企業等を巻き込んで事業を地域にメリットある形で前に進めることが地域のためにも、再エネを増やすためにも重要である。小西氏のコーディネートで地域主体となった事業は、地域経済循環も生み出し、さらに事業ノウハウの地域化にもつながっている。

今後、これまで見られたような地域外の事業者が売電収入をすべて持っていってしまい、地域に残るのはトラブルだけといった植民地型の再エネ開発を無くし、地域貢献する再エネを拡大させるためにも、小西氏のような自治体職員が増えてほしい。そのためには、本分野において近隣自治体職員同士の交流の活性化等を通じ、地域貢献する再エネ事業組成のノウハウが自治体間で伝播することが望まれる。

なお、後日談だが、このメガソーラーが地域に歓迎された結果、さらに地域側から閉鎖された市内のスキー場跡地へも太陽光発電設置の要請があり、実際にこちらも設置されている。地域が歓迎すると再エネは増えるのだ。地域創生につながる再エネ拡大のため、自治体の役割はますます重要になっている。

第7章

認証と市場メカニズム

自然資源管理の歴史とその役割

大元 鈴子

1　ボランタリーな環境認証制度のはじまり

この章では、〈よい再エネ〉が市場メカニズムを利用して普及する可能性を検討するために、ソフトローとしての認証制度の有効性を議論する。すでに三〇年の運用実績のある林業や漁業における自然資源管理を目的とした認証制度を事例に、ソフトローによるマネジメントの利点と注意点、認証規格の適用範囲の違い、また、認証普及フェーズごとの認証制度の役割変化を整理する。

持続可能な森林資源の利用を目的とした、Forest Stewardship Council（FSC：森林管理協議会）が一九九四年に設立されてから三〇年が経過した。国際資源管理認証制度［大元ほか 2016］はその後、天然水産物を対象とするMarine Stewardship Council（ＭＳＣ：海洋管理協議会、一九九七年設立）、養殖水産物のAquaculture Stewardship Council（ＡＳＣ：水産養殖管理協議会、二〇一〇年設立）へと資源の特性に合わせて中身を適応させながら設立されていき、いずれの制度も現在、広く世界中で使われている。自然資源管理（もしくは、水産養殖やアブラヤシ生産のようにほかの生態系サービスとトレードオフ関係にある生産活動の管理）を目的とした国際資源管理認証制度の登場の背景には、

①九〇年代に国際的に取引される資源の量が一気に増加すると同時に、世界各地で環境問題が露わになった
②それにともなって、国による資源管理の限界が見え、さらに規制や条約による資源の適正な管理の国際的ルールをつくるには時間がかかりすぎ、手遅れになる
③資源を最終的に利用する側（＝消費者）が資源管理にかかわる手段がない

［大元ほか 2016］

という理由があった。また、国際的にも国内的にも科学的に最善な対応がわかっている場合でも、そのほかの状況（利権や経済的合理性など）により、その対応が実施されないことが多々あることも自然資源管理では大変にもどかしいところである。

いまではさまざまな資源や生産活動における活用が当たり前になった認証制度とエコラベルの仕組みだが、設立当時、国際資源管理認証がそれまでの資源管理と大きく違った点が三つあった［大元ほか 2016］。一つは、自然資源の利用は法律や規制によって管理されるべきだと思われていたところに、まったくのボランタリーな仕組み（拘束力がない）でアプローチしたこと。二つ目に、国家の枠組みを超えた仕組みであること。三つ目は、エ

コラベルを伴う「市場原理を利用した資源管理」［Dietsch & Stacy 2008］により、消費者がエコラベル商品を優先的に購入することが生産者に対してインセンティブを生み出す［Deere 1999］仕組みであること、である。つまり、「持続可能性」という目に見えない価値を、トレーサビリティを間違いなく担保することでエコラベルに投影させる仕組みを作り上げたのである。

一九九二年にブラジルのリオ・デ・ジャネイロで開催された地球サミット（環境と開発に関する国際連合会議）で採択されたアジェンダ21には、次のような文章が盛り込まれている。

4.21. Governments, in cooperation with industry and other relevant groups, should encourage expansion of environmental labelling and other environmentally related product information programmes designed to assist consumers to make informed choices.
（政府は、産業とその他の関係する団体との協力により、消費者のインフォームド・チョイス（理解したうえでの選択）を補助するように設計された環境ラベルとその他の環境に関連する製品情報プログラムの発展を促進しなければならない。）
［大元ほか 2016］

このように当時の世界のコンセンサスとして、消費者に対してエコラベルなどの環境情報を表示した製品の普及を促している。ＦＳＣはこの翌年設立されているが、この地球サミットにおいて森林破壊を止めるための国家間の合意が得られなかったことで、このボランタリーな制度ができたという事実がある（ＦＳＣ）。ＦＳＣの設立者が環境ＮＧＯ（ＷＷＦ）や企業だということで、それまでロビー活動する側とされる側とがと手を組んだ

「グリーンウォッシュ」であるとの批判も多かったが、世界中の小売り企業が積極的にエコラベル製品への切り替えを供給ポリシーに組み込むなどし、市場原理を利用した制度の有効性が証明されていくこととなる。

2　ソフトローの必要性と有効性

ソフトロー（soft law）の定義に確立されたものはないが、法的規範ではない社会的規範を指し、多くの場合、条約以外の国際的な文書で、原則、規範、基準、その他期待される行動についての記述があるもの［Shelton 2008］と説明される。しかしながら、より広範囲の民間による何らかの環境ルールや規範をソフトローと呼ぶ研究も多くあり、環境ラベルや認証制度も近年ではソフトローに含まれている［Reis Riani et al. 2023; Coglianese 2020］。

環境に関する認証制度が、ソフトローもしくは民間規範（Private code of conduct）として学術論文や本などに取り上げ始められたのは九〇年台後半で、その始まりはISO 14001認証ではないだろうか。ISO 14001は、スイスに本部を置く民間の国際規格認証機構（ＩＳＯ：International Organization for Standardization）が一九九六年九月に発効させた国際統一規格としての環境マネジメント規格のことである。そのような研究では、ソフトローがハイブリッドなレジーム（国家とプライベートセクター（private authorities）のミックス）であること、また国際環境ガバナンスにおいて果たす役割、そして、そのような民間の規格が開発途上国への貿易障壁となる可能性などが議論された。なぜなら、ＷＴＯ（World Trade Organization：世界貿易機関）は、国家、国家間組織、国連機関による規格（standards）は、貿易の技術的障害に関する協定（ＴＢＴ協定：各国の規格及び適合性評価手続が国際貿易に不必要な障害とならないようにする具体的なルールを定めている）の下で技術的規定（technical regulations）になるとする一方で、ＩＳＯなどの「公認団体」（recognized body）による規格は「基準」となるとしているからである。Clapp［1998］は、世界の環境ガバナンスが民営化（privatization of global environmental governance）されていくことを指摘した。

ＩＳＯはそのようなハイブリッド的立場を確立し、ISO 14001 認証の取得数は現在世界中で約五三万件で、認証取得数はいまでも年々増加している（ＩＳＯ）。ちなみに日本は、ISO 14001 認証取得企業数が飛びぬけて多い中国に次いで世界第二位であるが、近年は認証取得のメリットが感じられないとして、認証の継続を中止する企業もあり、取得件数は微減傾向にある。

環境保全において、法律や条約などのいわゆるハードロー（hard law）よりソフトローのほうが有効に働く場面がいくつかある。一つは、利害関係者（国家間含む）の不毛な論争が継続する場合や法律や規制の制定に時間がかかりすぎて、何もできないまま現状が悪化するような場合である。ソフトローの制定は、法律や規制に比べると短時間で行うことができ、「物事が動かないリスク」［大元ほか 2016: 231］を回避することができる。もう一つが、変化する生態系のダイナミズムや社会的要請の変化に柔軟に素早く対応できること、つまり、順応的ガバナンス（「不確実性のなかで価値や制度を柔軟に変化させながら試行錯誤していく協働の仕組み」）［宮内 2017: 20］となりえることである。たとえば、水産資源の持続可能性のための漁業認証制度であるＭＳＣ認証は、五年に一度その認証規格を大きく改定することを明言している。つまり、持続可能性の定義（＝認証基準）は技術革新や社会的要請により変化するということを制度設計に前提として組み込んでいるのである。ちなみに、二〇二二年のＭＳＣ漁業認証規格の改定では、絶滅危惧種・保護種、シャークフィニング（サメから経済的価値の高いヒレだけを切り取って、魚体を海に捨てること）、またゴーストギア（流出もしくは廃棄された漁具が継続的に生物を捕獲してしまうこと）に関する項目が改定・追加され［MSC 2022］、これは新たな科学的知見と高まる社会的要請に対応した形である。さらに、ソフトローは、公的機関が十分に機能していない世界の地域でも実行可能なガバナンス戦略である［Coglianese 2020］。ハードローの整備が遅れている分野や地域でも同じ理由で有効である。

国際的に広い範囲で使われている三つの認証制度（ISO 14001、森林認証、ＬＥＥＤ認証）を比較することで、認証制度というソフトローの利点を分析した研究［Coglianese 2020］でも、特にハードローで解決することが困難と思われる問題に対して、認証制度にはさまざまな潜在的な利点があることが示されている。

——公的な規制ではないため、不確実性を含んだ基準設定が可能で、新たな革新のための実験の場となる可能性があり、実験的な取り組みや、ハードローの遵守を超えた取り組みを浮かび上がらせる。

——自主的な選択によるため、企業にとって正味の利益になると判断される場合にのみ、企業は採用し、経済活動に連動する。

——ベスト・プラクティスを普及させ、社会規範を強化するのに役立ち、それが十分に実践に組み込まれれば、最終的にはハードローよりも効果的であることが証明される可能性がある。

3　認証の必須要件——審査体制と認証の範囲

認証制度の基本は、なんらかの規格に対する審査を行いその合否を決めることだが、審査のスタイルや関わる主体によってさまざまな種類がある。ここでは、認証制度を、認証する主体とされる主体の関係の違い、および認証の適用範囲の違いによって分類する。

表 7–1　認証制度の審査スタイル別区分

認証スタイル	説明	例
第一者認証	会社や生産者が，自分たちが定めた事柄についての基準（自社規格，品質）を守れているかを自分たちで確認・審査すること。	内部監査，自己申告，チェックシート
第二者認証	買い手（調達する側）が，売り手（納入する側）の製品を基準や標準仕様にそって確認すること。取引関係における二者間における審査。または，組合や協会のような業界団体がその会員（企業・個人）の製品を基準を定めて審査すること。	納入検査，受け入れ検査，検収
第三者認証	買い手でも売り手でもなく，第三者が審査をする方法。基準設定者が作った規格や審査手順にそって，審査をする第三者を認証機関や適合性評価機関（CABs：Conformity Assessment Bodies）と呼ぶ。	FSC 認証，MSC 認証などの国際資源管理認証や ISO などの国際規格
ステークホルダー参加型認証（オルタナティブな仕組み）	地域のマーケット向けの生産物を信頼と社会的ネットワークで保証する仕組み。小規模生産者や地域性を重視する場合に，提出書類の削減や認証コストを低く抑えたりできるメリットがある。生産現場への頻繁な訪問や消費者が監査に参加するなどの特徴がある。	・IFOAM ―地域参加型認証制度：PGS） ・パルシステム生活協同連合会－公開確認会

まず、認証制度に関わる主体には、基準（規格）設定者、審査実施者、審査対象者（認証を受ける主体）、認証結果利用者、がいる。**表7－1**は、第一者認証、第二者認証、第三者認証、加えて、ステークホルダー参加型のオルタナティブな審査プロセスの違いを説明したものである。

先に触れたＦＳＣやＭＳＣ、またＩＳＯなどの国際的な認証制度は、「第三者認証」（third-party certification）を採用している。ＦＳＣ、ＭＳＣ、ＩＳＯは基準設定者であり、漁業者や会社組織が認証審査を受ける当事者である場合、規格や審査手順にそって実際に審査をする主体のことを第三者と呼び、認証機関や適合性評価機関（ＣＡＢｓ：Conformity Assessment Bodies）と呼んだりする。つまり、基準設定者が直接審査をするのではなく、独立した第三者が公平に審査するという仕組みである。第三者認証の仕組みがそのほかよりも優れているということではなく、認証の目的や審査対象となる活動によって、認証制度の設計段階で使い分ける必要がある。ちなみに、国際的に広く使われる第三者認証制度の場合、認証機関が国や地域によって多数あることもあり、世界のどの審査においても同じ質（認証規格の共通理解）をもって審査が進められるよう、認証機関の審査能力を審査・認定する「認定機関」（Accreditation body）と呼ばれる機関もある。また、先に述べたＭＳＣの審査規格の更新などがあると、認証機関向けの研修が開催され、更新された認証規格の統一した理解をはかる機会が設けられる。国際資源管理認証は、グローバルに取引される特定の自然資源の持続可能な利用と管理が目的であり、認証を取得しトレーサビリティが確保された製品には、世界中どこでも通用する共通のエコラベルの表示が可能である。

表7－1の「ステークホルダー参加型認証（オルタナティブな仕組み）」として挙げたＩＦＯＡＭ（国際有機農業運動連盟）の地域参加型認証制度（ＰＧＳ：participatory guarantee system）は、次のように定義されている。

> Participatory Guarantee Systems (PGS) are locally focused quality assurance systems. They certify producers based on active participation of stakeholders and are built on a foundation of trust, social networks and knowledge exchange.
> （参加型保証システム（ＰＧＳ）は、地域に焦点を当てた品質保証システムである。ステークホルダーの積極的な参加に基づいて生産者を認証し、信頼、社会的ネットワーク、知識交換の基盤の上に構築される）

と定義されている［IFOAM 2008］。

この仕組みでは、認証取得の費用と手間をかけられない小規模農家の生産活動と生産物の質を、地域のステークホルダーとの社会的ネットワークを構築することで、「信頼」によって保証する。有機農産物と表示することはできないが、IFOAMが公式に認知するプログラムであり、認証費用がほとんどかからない。途上国や小規模農業経営体にとって有機認証取得費用が高額であることから、地域を巻き込んだ確認の方法として世界各地で活用されている。有機農業を社会生態システムに取り戻し、再地域化する重要な役割を担っている［Farreras & Salvador 2022］。もう一つのステークホルダー参加型認証として挙げた、パルシステム生活協同組合連合会の「公開確認会」は、パルシステムの組合員が、直接生産者を訪ねて生産過程を確認する取り組みで、一九九九年から行われている。組合員が監査人となって、生産物の安全性などを確認すると同時に、消費者と生産者とが直接交流する機会ともなっている。

認証制度が長期的に信頼される仕組みとなるためには、「科学的根拠」、「合法性」、「中立性」、「審査の透明性」、「トレーサビリティ」および「アクセシビリティ」が求められる［大元ほか 2016］。科学的根拠とは、認証取得事業者の活動の環境的／社会的妥当性が、認証制度の目的に応じて科学的に検証できるか、また、そのような科学的検証を可能とする明確な基準があるかどうか、である。つぎに、当たり前のことであるが、合法な生産活動であるかどうかが認証基準の最低条件である。同時に、資源管理に関する法律や社会的規制（安全な労働環境の確保、など）が複数ある場合、認証制度の基準を満たし、認証を取得することですべての法的規制もクリアできると、その認証が事業者にとって「ワンストップ」となり、事業者には重宝がられる。つぎに「中立性」であるが、資源利用をめぐって対立関係にある地域において、認証の付与が一方のグループを支持してしまうことによるさらなる混乱を避けるために、認証基準には紛争に関する基準（事前申告してもらう）を含めることも重要である。審査を行う審査員も中立を保てる立場かどうか事前の確認も必要である。「審査の透明性」は、審査へのステークホルダーの参加やパブリックコメントの期間を設けること、また、最終報告書の一般公開で担保することができる。最後に、生産者（事業者）の認証制度へのアクセシビリティは、地域や生産規模の違いによって認証制度に参加しづらい状態をできるだけ避けた基準と審査の仕組みを設けることで確保できる。審査費用についても同様で、小規模事業者にとって高額すぎる場合には何らかの配慮が必要である。これらの要素は、科学的検証法の進歩や社会的通念の変化により、たえず更新が必要になる。法律や規制も改定されるし、社会的正しさも絶えず変化する。その変化に対応して、認証基準や制度設計を順応的に見直し、審査方法をより適切で効率のよいものに改善していく仕組み（制度の順応性）も重要である。

表7－2は、自然資源管理に何らか関わる認証制度の種類をまとめたもので、認証制度は地域レベルから国際レベルまで幅広いガバナンスで重層的に使われている。「ローカル認証」と呼ばれる認証制度は、適用範囲を限定した認証制度で、特定の資源の管理や生態系の保全のみをその目的にはしておらず、持続可能な地域づくりを目指す取り組みとなっている［大元 2017］。ローカル認証は、以下のように定義されている。

> 地域の気候、生態系、土壌環境などの特徴を活かし、地域の状況に即した基準を設けた認証制度で、特定の生態系の保全だけではなく、地域全体の持続可能性を目指す取り組み。また、経済的利益を中心的目的とせず、地域的な課題の解決を組み込み、社会、文化、環境的な地域づくりを重視し、経済と農環境の多様性、地域農水産物の加工と販売を向上させる仕組み。
>
> ［大元 2017 : 54］

ローカル認証では、それぞれの「ローカル」の定義によってその適応範囲を決めている。兵庫県豊岡市の「コウノトリの舞」認証や佐渡市の「朱鷺と暮らす郷づくり」認証は、豊岡市や佐渡市という行政区がその適用範囲

表 7–2　自然資源の持続可能な利用に関する認証制度の分類

適用範囲	・全世界 ・国内 ・市町村などの行政区，流域などのエコリージョン
認証制度管理主体	・国や行政 ・NPO，NGO ・複数団体のアライアンス
対象とする自然資源や活動	・（生態系サービスの直接利用）森林，水産物 ・（生態系サービスを利用した栽培）農産物，水産養殖
重点を置く環境／社会課題	・特定動植物の保護・保全 ・生態系の保全・向上 ・資源の持続可能な活用と管理 ・資源管理，水質保全 ・小規模生産者への配慮

（出典）大元（2017）p. 43

だが、米国北西海岸地域の「サーモン・セーフ」認証は、行政区（州）の境をまたいで流れるコロンビア川の流域を一つの地域（＝ローカル）としているところがユニークである。

ローカル認証の場合にも、認証制度であるからには、上述の「科学的根拠」「合法性」「中立性」「審査の透明性」「トレーサビリティ」および「アクセシビリティ」が求められるが、その度合いや保証方法が少し異なる。長期的に活用されているローカル認証に共通の特徴として、①地域性の発揮――国際認証のダウンサイズ版ではなく、認証を受ける対象がその土地にユニークな資源であり、認証制度設計にもその地域の社会的特徴（歴史、文化、ガバナンス機構など）が組み込まれている、②対象地域と管理者――対象地域の設定は、生態系や地理的特徴など、ある程度の共通環境基盤およびそれに重ねて語ることのできる社会・文化・産業的なストーリーがある範囲である。認証制度の管理・運営者は、日本の場合には行政、海外の場合にはＮＰＯなどいずれの場合にも長期的な管理が可能な主体が担っている、③根拠とその保証——科学的な根拠を担保するために、既存の（認証）制度（農業においては、残留農薬検査など）を基準の一つとして組み込み、根拠の確保と審査のコストを下げる工夫をしている、④つくるところと住むところのオーバーラップ——生産活動を行う場所と生産者が居住するところがきわめて近いという特徴もある。環境課題やそのほかの社会課題を自分事として意識し、ローカル認証はコミュニティ内での共通意識を醸成することにも役立つ［大元 2017］。

国際的な認証を取得し、トレーサビリティが確保された製品には、世界中どこでも通用する共通のエコラベルが表示される。一方で、ローカル認証において認証される産物が目指すのは、「地域が創る新しい流通の仕組み」［大元 2017：68］であり、地域性という価値をその根拠をもって基準に反映させ、また、その認証産物の流通する範囲は、その地域内および地域性を保持できる範囲内ということになる。ローカル認証では、認証制度設計段階から認証結果を利用する対象、つまり流通と消費がある程度見えている必要があるし、制度設計に参加することにも大きな意義がある。

4　市場メカニズムを利用した再エネの認証制度の検討——課題と可能性

まず、市場メカニズムを利用した水産物の持続可能性認証制度を例にとって、認証制度の成熟がどのように起こり、その後どのようになるのか見てみたい。

ＭＳＣが毎年発行する年次報告書からＭＳＣ認証の現状をみていく。二〇二三年三月三一日時点で、ＭＳＣ認証を取得した漁業の生産量は、世界の生産量の一六％にあたり、認証取得漁業数は五五〇、認証審査中は九〇漁

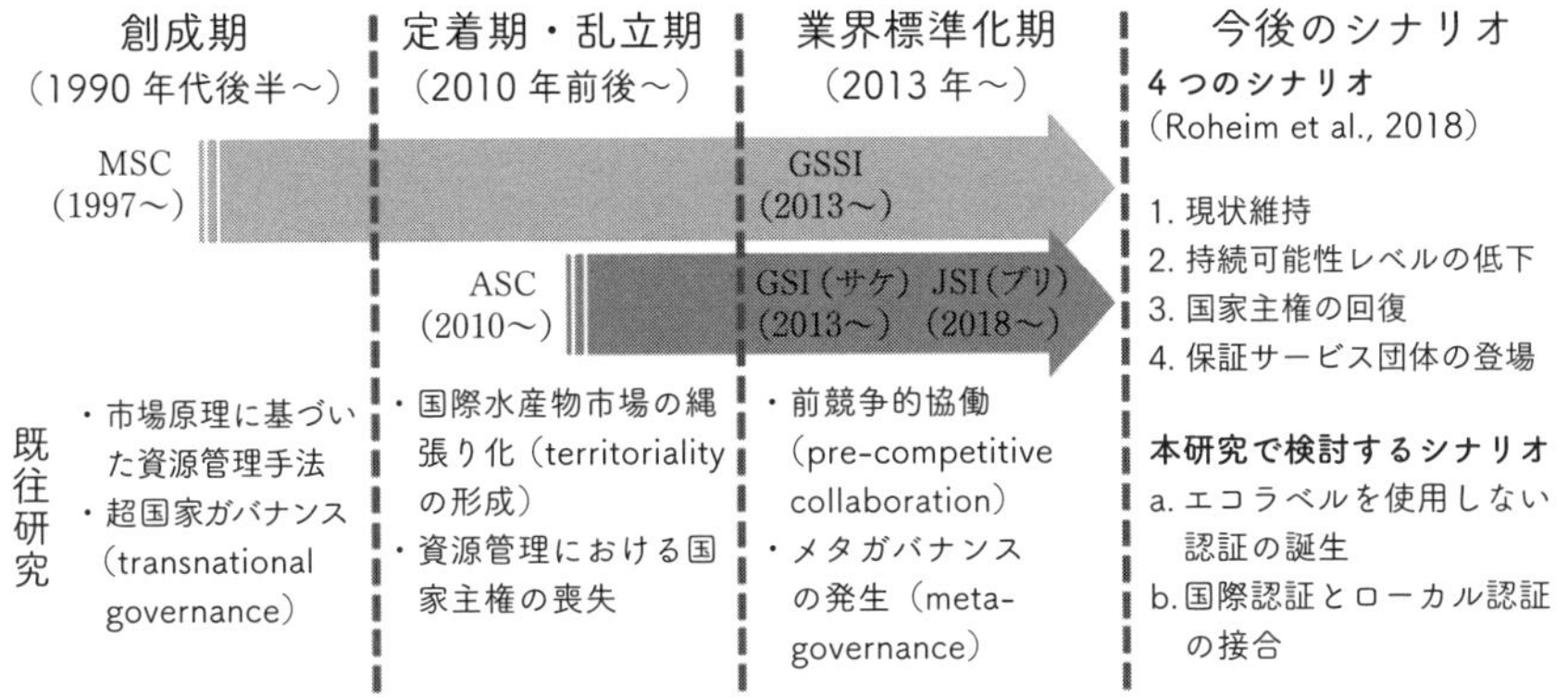

図 7–1　国際的な水産物認証の役割変化　（大元 2023）

業ある。認証漁業からの製品のうち、エコラベルが表示されているものは、世界六六か国で二万八三八点あり、その小売り売上は、一二四億アメリカドルである。また、近年認証の取得漁業数が急激に増加しているマグロ類漁業についてのみの数字では、二〇二二年度時点で、MSCプログラムに参加している一二四漁業（認証取得漁業、認証一時停止漁業、認証審査中漁業を含む）からのマグロ・カツオ類の漁獲量は、二八八万トンを超え、これは、世界の天然マグロ・カツオ類の漁獲量の実に五七％を占める［MSC 2022］。国、海域、魚種によって大きく異なるものの、認証制度の普及という目的についてはある程度達成されたと考えることができる。MSC認証設立からこれまでの二五年間は、「創成期」、「乱立期・定着期」、「業界標準化期」と分けることができ、それぞれの時代における水産物の国際資源管理認証制度の役割は変化してきた［大元 2023：図7－1］。

MSC認証が創設された「創世期」である一九九七年以降の九〇年代後半にあって、それは前述したように国家や国家間の枠組み（法律や条約）を超えるボランタリーな取り組みとして、また、環境配慮という触れることのできない新たな製品価値を市場原理にのっとって普及させる仕組みとしての役目を果たした。二〇一〇年前後の「定着期・乱立期」には、水産物の認証とエコラベルのコンセプトが広く一般にも普及したと同時に、複数の認証制度がMSCに対抗する形で設立され、認証制度間の競争が起きた。たとえば、MSC認証を初期に取得した大型漁業であるアラスカのサケ漁業（二〇〇〇年に認証取得）の申請者であったAlaska Seafood Marketing Institute（ASMI）は、二〇一〇年にみずから「責任ある漁業管理」（Alaska Responsible Fisheries Management）という別の認証の仕組みを立ち上げ、MSC認証の更新を停止した。アイスランドもMSCに対抗する独自の認証制度である「責任ある漁業管理」認証（IRFM）を設立するなど、「認証とエコラベルの政治経済的な新たな配置」（emergence of new political and economic geographies of certification and ecolabeling）が起こった［Foley & Havice, 2016 p. 2734］。

乱立する水産認証を評価する団体として二〇一三年に設立された、世界的小売り・バイヤーが協働出資して運営するGSSI（世界水産物持続可能性イニシアチブ：Global Sustainable Seafood Initiative）は、それぞれの認証制度が水産物の持続可能性という目的のためにきちんと機能しているかを評価する、認証制度におけるメタガバナンス［Roheim et al. 2018］である。つまり、これによって生産者についても小売り企業についても、認証の取得が企業間の差別化・競争ツールではなく、「業界標準化」したことを示している。

MSC認証取得率の高いマグロ類の漁業では（世界の漁獲量の五七％）、認証取得漁業が直接的に地域漁業管理機関（Tunas Regional Fisheries Management Organization：RFMO）とよばれる高度回遊性魚類の国際的管理機関に働きかけることで、国家間の同意が必要な漁獲戦略方策（harvest strategy measures）の採用につながっている［Schiller & Bailey 2020］。たとえば、日本のマグロ漁船にとって一番関連の深いRFMOであるWCPFCは、中西部太平洋まぐろ類条約（Convention for the Conservation and Management of Highly Migratory Fish Stocks in the Western and Central Pacific Ocean）に基づいているため、WCPFCで決まった管理措置については、ほぼ自動的に国内法・規制の整備を行うことになる。これは、先に述べたように、ソフトローが社会規範を強化するのに役立ち、それが十分に実践に組み込まれ、最終的にはハードローにも影響を与えた証拠だといえる。

ここまで、先行する国際的な資源管理のための認証制度を事例に、ソフトローによる自然資源管理の利点、認証制度の仕組みと種類、また、認証制度の役割の変化について述べてきた。最後に再エネに認証制度を導入することを検討してみたいと思う。まず、〈よい再エネ〉の環境的・社会的持続可能性に対する有効な認証規格の策定が最も難しいと思われる点は、エネルギーは手に触れることができず、その「質」が鮮度や濃さでは測れないところにある。これは、いわゆるコモディティーであり、価格以外ではその違いを実感することが非常に難しい。しかも「大きな社会単位で誰もが了解可能な具体的判断基準を設定することは困難」［丸山 2014: 101］であるから、消費者のインフォームド・チョイス（informed choice）を促すためには、エネルギーの作り方についての情報管理が非常に重要で、相当丁寧に作り込まれた、しかもわかりやすい認証規格が必要だと考えられる。

つぎに、再エネは、地球温暖化や気候変動など、グローバルな環境課題に直結する国際社会の課題の解決方法としてみれば推進すべきエネルギーの作り方であるにもかかわらず、社会に与える影響としては地域性が非常に高い。その一方で、再生可能エネルギーは、地域ごとに分散している「自然資源」であり［丸山 2014: 101］、永続的な利用が可能な安定した生活基盤を提供することから、認証制度を導入するのであれば、次のようなローカル認証の定義がぴったりあてはまる。すなわち、「地域の気候、生態系、土壌環境などの特徴を活かし、地域の状況に即した基準を設けた認証制度で、特定の生態系の保全だけではなく、地域全体の持続可能性を目指す取り組み。また、経済的利益を中心的目的とせず、地域的な課題の解決を組み込み、社会、文化、環境的な地域づくりを重視し、経済（と農環境）（＝再エネ環境）の多様性、地域（農水産物の加工と販売）（＝エネルギーの生産と販売）を向上させる仕組み」［大元 2017：54］である。認証設計のコスト削減という観点から、その基準は国内共通の項目と地域色の出る項目との組み合わせがよさそうでもある。

つぎに、これはどの認証制度でも同じことがいえるが、認証取得件数と認証によって市場原理が働き、認証取得事業者からの再エネがある程度普及し〈よい再エネ〉が一般的になれば「普通の再エネ」との差別化という認証制度の価値は薄れる。このことについても想定しておいたほうがよいだろう。

最後に、認証制度はトレーサビリティの担保が制度の根幹であるために、生産・流通・小売り／消費をネットワーク化することによって、ステークホルダー間の対話のプラットフォームとなる［大元ほか 2016］。エネルギーの生産と流通の形態においても、現在さまざまな場所で同時多発的に地域性の高い試行錯誤が起こっているなかで、認証制度、特にローカル認証制度の設計のプロセスは、不確実性を含んだ基準設定をある程度許容し、新たな革新のための実験の場となる可能性があり、実験的な取り組みや、ハードローの遵守を超えた取り組みを浮かび上がらせる場としての対話のプラットフォームとして利用する価値はあるのではないだろうか。そのときに、将来的に審査に携われる人材の育成も同時に行うことも今後の認証の普及には大変重要だと考える。

コラム❻

再生可能エネルギー証書

本巣芽美

企業に対し気候変動対策に関する情報開示の要請が高まっている。これを背景に、事業で利用するエネルギーを一〇〇％再エネで調達することを目標とするＲＥ１００（Renewable Energy 100%）という国際的イニシアティブが二〇一四年に発足した。ＲＥ１００に加盟した企業は二〇五〇年までの自社で設定した期限までに目標を達成する必要があり、その際、温室効果ガス（ＧＨＧ：Greenhouse gas）排出量の算定と報告の基準として、ＧＨＧプロトコルが推奨されている。

ＧＨＧプロトコルとは、世界環境経済人協議会（World Business Council for Sustainable Development：ＷＢＣＳＤ）と世界資源研究所（World Resource Institute：ＷＲＩ）によって共同で設立された組織である。また、ＧＨＧの排出量の算定と報告に関する国際的な基準を提供していることから、その基準そのものもさす。ＲＥ１００の他、ＣＤＰやＳＢＴｉ（Science Based Targets initiative）など気候変動や温室効果ガスに関する国際的な枠組みやイニシアティブにおいても、この基準が採用されている。

ＧＨＧプロトコルでは、「スコープ１」「スコープ２」「スコープ３」の三つの排出量の算定の段階がある。「スコープ２」においては、調達した電気に関するＧＨＧ排出量の算定について記載した「スコープ２ガイダンス」があり、再エネの証書の品質基準を定めている。ＲＥ１００やＣＤＰなどでは、このガイダンスに対応した再エネ証書を利用することができる。

「スコープ２ガイダンス」に対応した再エネ証書には、たとえば欧州のＧＯ（Guarantee of Origin）、北米のＲＥＣ（Renewable Energy Certificate）、欧米以外の地域のＩ－ＲＥＣ（International Renewable Energy Certificate）などがある。ＧＯは欧州において消費者への情報開示を目的に、再生可能エネルギー指令（ＲＥＤ：Renewable Energy Directive）19条で発行義務が規定されており、電気、ガス、熱などのエネルギータイプや発電場所などの再エネの起源を保証している。Ｉ－ＲＥＣは、欧米の信頼性・透明性の高いトラッキングシステムや再エネ証書が存在しない国と地域で利用されており、主に、一メガワット時の再エネ電力に対し、それと同等の再エネ電力価値が生み出されたことを証明するものである［みずほリサーチ&テクノロジーズ 2024］。

一方、日本においては、政府が管理する非化石証書やＪ－クレジット、民間企業が管理するグリーン電力・熱証書があり、これらが「スコープ２ガイダンス」に対応している。ＣＤＰ、ＳＢＴにはいずれも適合しているが、ＲＥ１００ではＧＨＧプロトコルに加え独自の要件も設けており、政府によってトラッキングされ電源種別や発電所の所在地などの属性が付与されている非化石証書や、再エネ電力由来のＪ－クレジットを利用することができる［経済産業省 2024］。

しかし、立地地域に資する再エネという観点からは、国内外のどの再エネ証書も十分に対応できているとは

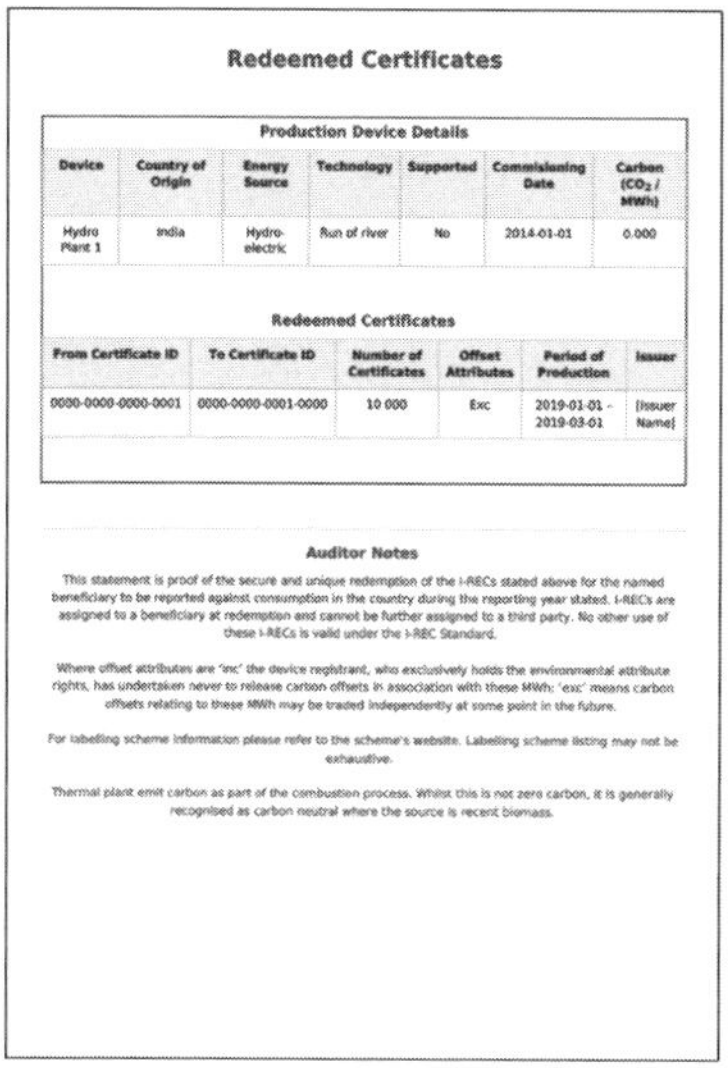
Redeemed Certificates

Production Device Details						
Device	Country of Origin	Energy Source	Technology	Supported	Commisioning Date	Carbon (CO_2 / MWh)
Hydro Plant 1	India	Hydro-electric	Run of river	No	2014-01-01	0.000

Redeemed Certificates					
From Certificate ID	To Certificate ID	Number of Certificates	Offset Attributes	Period of Production	Issuer
0000-0000-0000-0001	0000-0000-0001-0000	10 000	Exc	2019-01-01 - 2019-03-01	[Issuer Name]

Auditor Notes

This statement is proof of the secure and unique redemption of the I-RECs stated above for the named beneficiary to be reported against consumption in the country during the reporting year stated. I-RECs are assigned to a beneficiary at redemption and cannot be further assigned to a third party. No other use of these I-RECs is valid under the I-REC Standard.

Where offset attributes are 'inc' the device registrant, who exclusively holds the environmental attribute rights, has undertaken never to release carbon offsets in association with these MWh; 'exc' means carbon offsets relating to these MWh may be traded independently at some point in the future.

For labelling scheme information please refer to the scheme's website. Labelling scheme listing may not be exhaustive.

Thermal plant emit carbon as part of the combustion process. Whilst this is not zero carbon, it is generally recognised as carbon neutral where the source is recent biomass.

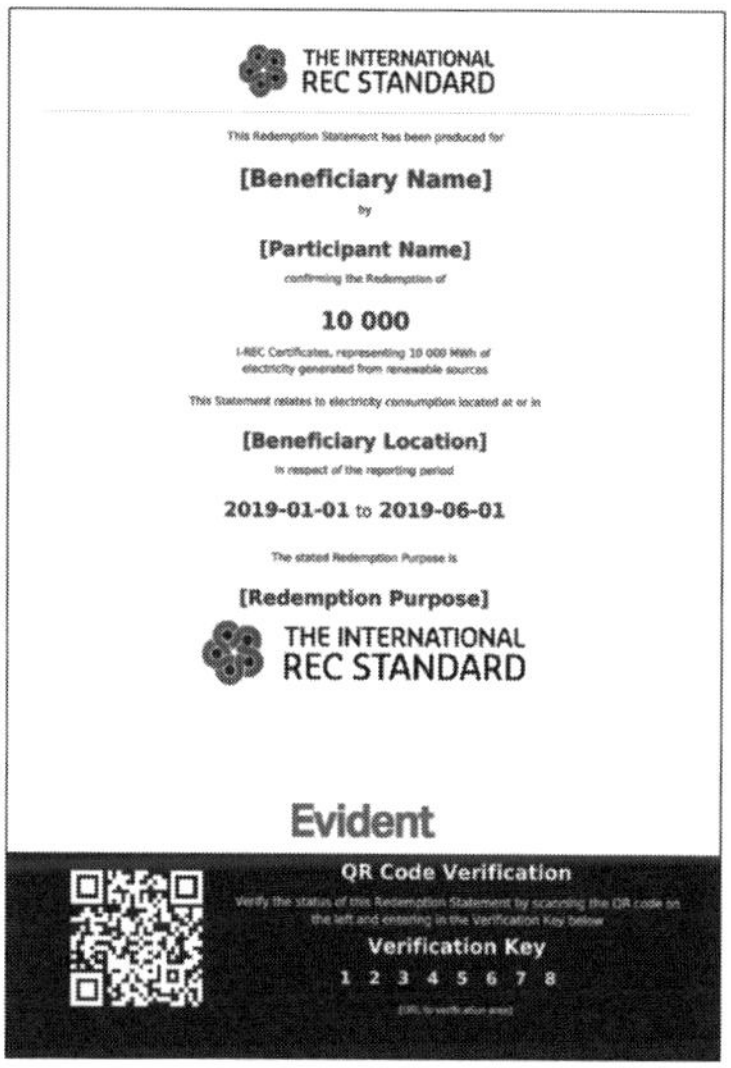
THE INTERNATIONAL REC STANDARD

This Redemption Statement has been produced for

[Beneficiary Name]

by

[Participant Name]

confirming the Redemption of

10 000

I-REC Certificates, representing 10 000 MWh of electricity generated from renewable sources

This Statement relates to electricity consumption located at or in

[Beneficiary Location]

in respect of the reporting period

2019-01-01 to **2019-06-01**

The stated Redemption Purpose is

[Redemption Purpose]

THE INTERNATIONAL REC STANDARD

Evident

QR Code Verification

Verify the status of this Redemption Statement by scanning the QR code on the left and entering in the Verification Key below

Verification Key

1 2 3 4 5 6 7 8

I-REC償却証明書イメージ（国際版）
一般社団法人ローカルグッド創成支援機構「日本でのI-REC発行について」（2023年12月19日，p. 23） https://localgood.or.jp/wp-content/uploads/2023/12/I-REC-in-Japan20231219.pdf（2024年10月21日取得）

言いがたい。既存の再エネ証書はCO$_2$排出量の削減に限定しており、電力の調達先である地域の環境影響やコミュニティ便益については評価を行っていない。海外の再エネ証書は、発電所が立地する地域を選択できるが、地域トラブルの有無は証書では確認できず、これは証書の購入側にとっては重要な情報の一つであろう。また、日本の非化石証書は、発電種別や発電所の所在地などについて海外の再エネ証書のように選択できるよう改善する方向だが［JEPX 2024］、現状ではCO$_2$排出量に特化している。今後はCO$_2$削減効果に加え、再エネ施設と地域の共生についても評価できるような認証の仕組みがあれば、再エネ証書の購入を通して、地域と共生する再エネ施設の導入拡大の後押しになるだろう。

コラム⑦

「顔の見える電力」サービスを通じた地域共生型再生可能エネルギーの促進

真野秀太
㈱UPDATER

再生可能エネルギーは、自然環境への影響を最小限にしつつ地域資源をエネルギーとして活用できることが最大のメリットであり、地域との共生が不可欠である。一方、事業収益のみを重視し、地域との合意形成や地域環境への配慮を軽視した事業も多く見られる。そのような事業が地域との軋轢を生み、結果として「再生可能エネルギーの推進か反対か」といった二者択一を迫るような地域も出てきてしまっている。これは、目指すべき再生可能エネルギーの姿ではない。本来、再生可能エネルギーの拡大は、深刻化する気候変動危機を緩和する手段としての役割を果たしつつ、地域の発展にも寄与するものでなければ、今後早晩行き詰まってしまうだろう。

UPDATER（みんな電力）では、再生可能エネルギーの持つ地域貢献性を発揮できるように二つの仕組

顔の見える発電所一覧

出典：UPDATER ウェブサイト（https://portal.minden.co.jp/powerplant-list）

みを整備している。まず、独自に発電所からの調達ポリシーを策定し、地域との合意形成や地域環境への配慮、燃料を使用するバイオマス発電については燃料の環境負荷などを考慮し、再生可能エネルギー電力を調達する仕組みである。もう一つは、独自のトラッキングシステムを開発し、発電量と需要量を三〇分単位でマッチングし供給することで、電力ユーザーが自らの使用する電力の供給元を指定することができる、電力トレーサビリティの仕組みである。これらの仕組みにより、電力ユーザーに対しては、単なるCO_2削減手段にとどまらず、地域貢献性などを考慮した「顔の見える電力」を通じた電源選択の機会を提供し、一方、発電事業者に対しては、地域貢献や環境配慮の取り組みなどが「再エネ＋α」の付加価値として評価される機会を提供している。

　今後、狭い国土の日本において、さらに再生可能エネルギーを拡大していくためには、再生可能エネルギーを単なる脱炭素の手段として捉えるのではなく、地域活性化に貢献するための地域事業という観点を持ち、そのような事業が評価され、より大きな収益を得られるように仕組みとして組み込んでいけるかが鍵を握っていると考える。

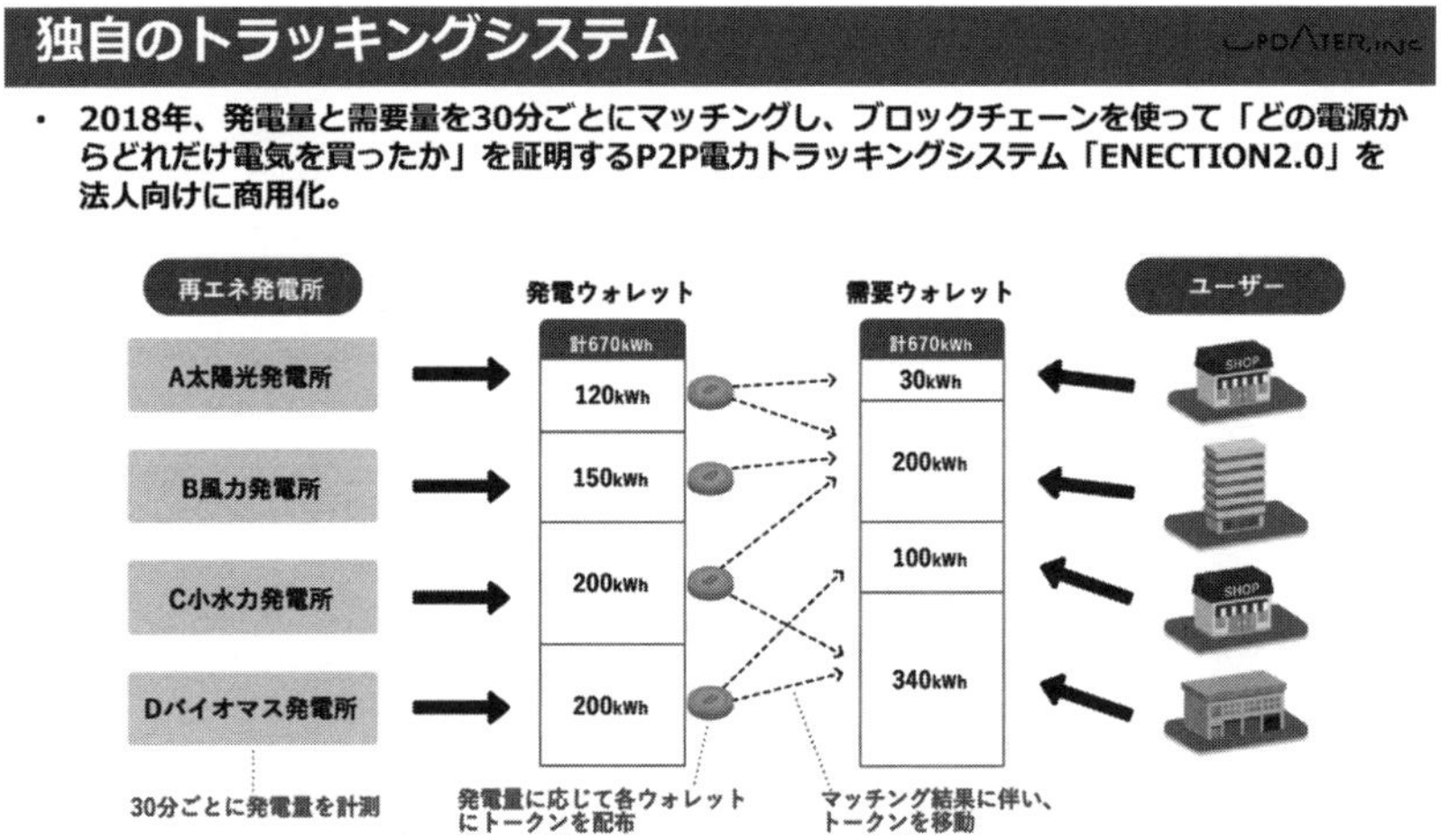

UPDATER（みんな電力）の独自の仕組み

第8章 ドイツ公正風力《フェアウインド》エネルギー証書

社会的公正と参加を促進するチューリンゲン州の試み

クリスティアン・ドート

1 ドイツの再生可能エネルギーの現状

ドイツはエネルギー転換のパイオニアの一角を占めており、再生可能エネルギーの拡大を目指す多くの国々のロールモデルとなっている。すでに二〇二三年には、ドイツの電力消費量の五七％が再生可能エネルギーで発電されている。陸上風力発電は、エネルギーミックスで最も高いシェアを占める再生可能エネルギー技術であり、二〇二三年の発電量の二六・六％を占めている。太陽光発電（ＰＶ）は一二％のシェアで二位だった［Fraunhofer ISE 2023］。しかしながらドイツであっても、パリ協定が掲げる一・五℃の約束に適合するほどまで急速にエネルギー転換が進んでいるわけではない。

そのため、再生可能エネルギー法が見直されることになり、改正法が二〇二三年初めに施行された。これはこの数十年で最大のエネルギー法改正のひとつと見られている［再生可能エネルギー法 2023］。ドイツ政府は二〇三〇年の再生可能エネルギー目標を従来の六五％から八〇％に引き上げ、二〇三五年までに事実上カーボンニュートラルな発電を目指している。政府は、二〇三〇年までに陸上風力発電を六一〇〇万キロワットから一億一五〇〇万キロワットへとほぼ倍増させ、二〇二五年以降は毎年一〇〇〇万キロワットずつ設備容量を増やす計画だ。これは、二〇二三年に七四五基の新しい風車が設置され、わずか三五〇万キロワットだった新規導入量が大幅に増加することになる［Deutsche Windguard 2024］。

すでに二〇二二年七月に成立している陸上風力発電法は、陸上風力発電事業の拡大を加速させることを目的としている［WindBG 2022］。この法律は、二〇三二年までに風力発電の指定地域を現在の〇・五二％から全国で二％まで拡大することを義務づけている。各連邦州には、それぞれ個別の地域目標がある。広大な領土を持つ州は二・二％まで指定しなければならないが、小さな都市州が風力発電事業に割り当てなければならない面積は〇・五％でよしとされている。

その結果、ドイツ全土の人々が、地域社会で増加する新しい風力発電事業の影響を直接受けることになる。つまり、エネルギー転換は、技術的な大転換であると同時に、社会的な大転換でもあるのだ。個々のプロジェクトがドイツ全土の多くの地域社会で迅速かつ成功裏に実施されるためには、社会的受容性が決定的な役割を果たすだろう。

一般的に、ドイツ人の多くは陸上風力発電を支持している。代表的な調査によれば、回答者の八一％がドイツにおける陸上風力発電の拡大は重要だと考えている。しかし、ほとんどの回答者が、自分の住む地域で風力発電事業に反対している人の割合を大幅に過大評価している。回答者は、新しい風力発電事業に反対している住民の割合が四三％ほどだと見積もっているが、実際には一七％にすぎないのだ［FA Wind 2024］。ある集団が認識している意見は、社会規範や、地域レベルで再生可能エネルギー事業を支持するかもしくはそれに反対するかという住民の決定に影響を与える可能性がある［Huebner et al. 2023］。

風力発電事業に反対する人たちは少数派であることが多いが、世論に影響を与えるべく市民運動を組織したり、風力発電事業に対して大きな声で抗議したりすることをあえて厭わない。訴訟もまた、特定の風力発電事業を阻止するための戦略のひとつである。二〇一九年五月の業界調査によると、総容量が少なくとも七五〇メガワットを超える風力発電事業が、全国で訴訟を起こされている［FA Wind 2019］。費用のかかる法的手続きの期間は通常数年に及ぶ。

エネルギー転換を成功させるためには、より代表的な地域のステークホルダーが合意形成のための方策に参加し、地域社会の希望に沿った再生可能エネルギー事業の設計を共同で見出すよう促すことが重要である。これには一般的な解決策はなく、地域の特性を考慮する必要がある。

2　チューリンゲン州のエネルギー転換に向けた動き

ドイツでは、連邦各州が地域の事情に合わせてエネルギー転換を進めている。本章では、特にチューリンゲン州と、社会的に公正なエネルギー転換を確保するための同州のアプローチに焦点を当てる。チューリンゲン州はドイツの中央部に位置する連邦州で、その規模と人口は福島県とほぼ同じである。旧東ドイツのなかで、再生可能エネルギー一〇〇%への道を約束した最初の州である。総発電量における再生可能エネルギーの割合は、二〇二二年には六三・八%に達した［Thüringer Landesamt für Statistik 2024］。

風力エネルギーはチューリンゲン州における再生可能エネルギーの発電量のなかで最も多く、四五%を占めており、次いで太陽光発電（二六・七%）、バイオマス（二五%）となっている。現在、八七一基の風車が設置されており、その発電容量は一八二九メガワットである。しかし、新しい風車の増設は近年あまり行われていない。二〇二三年に新設されたタービンはわずか六基で、二〇二二年の二三基、二〇二一年の一四基よりもさらに少ない。

チューリンゲン州では、風力発電事業は原則として、いわゆる風力発電優先開発区域にしか建設できず、自治体の承認が必要である。現在、チューリンゲン州の面積の〇・四%しか風力発電用に指定されていない［BMWK 2023］。チューリンゲン州は広大な面積を持つ連邦州であるため、陸上風力エネルギー法に基づき、この割合を二〇三二年までに二・二%まで増やす必要がある。

これまでのところ、風力発電事業のほとんどはチューリンゲン州外の事業者によって建設されている。さらに、プロジェクトが設置される土地は、地元住民が所有していないことが多い。そのため地域の価値創造は低く、利益の大半はチューリンゲン州から流出している。

チューリンゲン州の市民一〇五一人を対象とした代表的な調査によると、陸上風力発電は総じて重要だと考えている人が七三%と過半数を占めている。風車が自宅の近く（六〇〇〜五〇〇〇メートル）に建設される場合、賛成は五七%に減少する。自宅の近くに風車が建設されることを容認している人は、プロジェクトから迷惑を被ってはいない（二七%）、あるいは脱原発のためには必要だ（二四%）と述べている。自宅近くの風力発電に反対する人々は、景観への悪影響（四二％）、騒音公害（二八％）、野生生物への悪影響（二一％）を反対の理由として挙げている。驚くべきことに、回答者の五九％が風力発電は地域にデメリットをもたらすと考えており、メリットを期待しているのは一八％にすぎない。社会的受容性を高めるための方策を尋ねたところ、風力発電事業に関する情報提供や啓発の強化・向上が三二％で最も高く、次いで市民との直接対話の増加（一三％）、より安い電気料金（一二％）と続いた［Schmidt 2018］。

このような不公平感と不確実性のなかで、チューリンゲン州では約五〇の反風力発電市民団体が結成されている［Windwahn 2024］。市民団体のほとんどは、それぞれの地域社会における地元プロジェクトに焦点を当てている。しかし、チューリンゲン州全体で風力発電に反対する地域イニシアチブもあり、専門家や政治家と風力発電について話し合うイベントを定期的に開催している。[1] これは、風力発電に反対するネットワーキングや協力の増加、そしてこのテーマの政治化を示している。

特に、保守的で右寄りの政党が、再生可能エネルギーに反対する集会を開くことで、不満を持つ市民を動員しようとしている。とりわけ、いわゆるオルターナティヴ・フュア・ドイッチュラント（ＡｆＤ）は、この加熱した雰囲気に乗じている。ＡｆＤチューリンゲン州は、二〇二一年に憲法保護局から、同党には「自由民主主義の基本秩序に対抗する努力」がみられるとして、「疑いの余地なき右翼過激派」に分類された［MDR 2021］。二〇二四年九月の州選挙の結果、三二・八％の得票率でＡｆＤがチューリンゲン州の最大政党になった［チューリンゲン州統計局 2024］。過激派政党は世論の分極化を悪化させ、合意形成をさらに難しくしている。

このように、チューリンゲン州のエネルギー転換にはまだ多くの課題がある。地元のステークホルダーが参加する機会は多くなく、風力発電事業が地域社会にもたらす恩恵も少ない。このような状況下で、チューリンゲン州の人々は、真の解決策を提示しないポピュリスト的な動きに弱い。こうした課題を緩和し、優れた再生可能エネルギー・プロジェクトの数を増やすために、チューリンゲン州は、社会的に公正なエネルギー転換を促進することを目的としたエネルギー機関を設立した。これを達成するためのアプローチのひとつが、公正な風力発電事業者の認証であり、本章では以下それについて論じたい。

3　チューリンゲン州の風力エネルギー・サービスセンター

チューリンゲン州は、二〇一〇年にチューリンゲン・エネルギー・グリーンテック機構（ＴｈＥＧＡ）と呼ばれる州エネルギー機関を設立した。[2] ＴｈＥＧＡは、州政府の委託を受けて活動しているが、それ自体は独立した機関であり、意思決定者としては活動していない。その目的は、中立的な立場でエネルギー転換のあらゆる側面について信頼できる情報と助言を提供することである。この機関は、国家資金と欧州地域開発基金（ＥＲＤＦ）からの補助金で運営されている。ＴｈＥＧＡの正確な予算は公表されていない。

州エネルギー機構はまず、各省庁、地方自治体、学界、企業間の連携を図るために設立された。当初は、チューリンゲン州の将来のエネルギー部門に関する情報をまとめ、関連するステークホルダーに提示することを目的としていた。現在では、ＴｈＥＧＡはチューリンゲン州のエネルギー転換を進める上で、さらに積極的な役割を果たしている。現在の活動分野は、コンサルティング、プロジェクト開発、ネットワーキング、技術教育、調査・分析、コミュニケーション、イベント、コンペティションなどを含む。主な専門分野は、再生可能エネルギー、エネルギー効率、エネルギー管理、持続可能なモビリティである。

表 8–1　自治体，事業者，市民のための風力エネルギー・サービスセンターの多様なサービス

自治体	事業者	市民
・風力エネルギーに関する初回協議 ・可能性のある地域の分析 ・実施に関するアドバイス ・参加機会 ・法律事務所による契約アドバイス ・紛争時の調停（市民参加）	・風力発電の可能性のある地域を調べる ・意思決定者とのネットワーキング ・実施に関するアドバイス	・土地使用契約の内容の見直し ・土地利用ゾーニングに関するアドバイス ・インフォメーション・イベント ・資金調達の機会

対象は自治体、住民、事業者である。これらの多様な業務を遂行するため、ＴｈＥＧＡはエンジニア、エネルギー・建築技術プランナー、環境技術者、建築家、都市計画家、エネルギー・コンサルタント、コミュニケーション専門家を含む三〇人の専門家を雇用している。

二〇一五年、チューリンゲン州の風力エネルギーに特化した部門が設立され、より迅速な事業拡大のための障壁に取り組んでいる。いわゆる風力エネルギー・サービスセンターは、三人の常勤スタッフで構成されている。ＴｈＥＧＡの原則に従い、風力発電に関する信頼できる情報を発信し、コンサルテーションを提供し、さまざまなステークホルダー間の対話を促進する中立的な役割を果たす。風力エネルギー・サービスセンターのサービスはすべて無料である。

設立以来、サービスセンターは、チューリンゲン州の二三八の自治体、三一二の市民、四五七の事業者と定期的な相談を行ってきた。サービス内容は、**表8－1**の概要に示すように、それぞれの対象グループに見合ったものだ。

風力発電事業の拡大のなかで、自治体は重要な役割を果たしている。地方自治体は、その地域社会におけるプロジェクトの最終的な承認を行い、その管轄区域内での風力発電の指定区域を決定することが多い。し

かし、地方自治体にはしばしば、計画や承認プロセスを効果的に進めるための知識や人材が不足している。風力エネルギー・サービスセンターは、複雑なゾーニング・プロセス、参加機会、紛争解決に関する情報や専門知識を提供することで、この点をサポートしている。チューリンゲン州の全市町村の三分の一以上がすでに相談を受けており、このようなサービスに対する需要は、依頼件数を見れば明らかである。

事業者もまた、プロジェクトの計画プロセスで多くの問題に直面するため、ますます風力エネルギー・サービスセンターの助けを求めるようになっている。チューリンゲン州の風力発電事業者は特に、事業が反対に遭った場合、長期にわたって高額な訴訟になることを恐れている。特に、風力発電事業がすでに入札に成功している場合、最大三〇ヶ月の規定期間内に実施されないと、三〇ユーロ／キロワット（約五〇〇〇円／キロワット）の違約金が発生する。[3] 典型的な風車一基は、一〇万ユーロ（約一六〇〇万円）以上の違約金に直面する。そのため、事業者は社会的に認められた風力発電事業を開発し、訴訟を避けるために早い段階からステークホルダーを巻き込むことへの高いモチベーションを持っている。

また、風力発電事業は、計画プロセスが複雑で、地域社会における事業の結果を予測することが難しいため、市民に多くの不確実性をもたらす。前述のように、チューリンゲン市民の多数が、風力発電事業のデメリットがメリットを上回ると考えている。透明性を高め、風力発電の地域的な利点を説明するために、風力エネルギー・サービスセンターは、参加機会、コミュニティ・パワー・プロジェクト、市民が事業者や意思決定者と直接コミュニケーションできるオープン・スペースについての意識を高めようとしている。相談は、現地で行われる対話イベントか、電子メールやチューリンゲン州の風力エネルギーに関する情報ウェブページを通じたオンラインによって行われる。[4] さらに、風力エネルギー・サービスセンターでは、毎週木曜日の一〇時から一六時まで、市民が電話で無料で相談できる「市民相談日」を設けている。

これらの多様なサービスにより、風力エネルギー・サービスセンターは、チューリンゲン州のすべての関係者が信頼できる情報、相談、サポートを受けるための障壁を低くしている。

4 公正《フェア》風力《ウインド》エネルギー証書

4・1 証書の概要

二〇一六年、風力エネルギー・サービスセンターは、認知度向上、ステークホルダーの参加、地域の価値創造に向けた重要なアプローチをツールキットに追加した。「公正風力エネルギー証書」の創設である。これは、公正な風力エネルギー事業者に授与されるドイツ初の証書である（図8－1）。

図8–1　風力エネルギー・サービスセンターによる公正風力エネルギー証書

認証を受けようとする事業者らは、公正なプロジェクトであることを保証するために、風力エネルギー・サービスセンターが作成したガイドラインに従わなければならず、風力エネルギー・サービスセンターとの間で誓約書を結ぶ。現在、チューリンゲン州の風力発電事業者約六〇社のうち四四社が認証を受けており、この認証制度は定着している。すべての認証企業はＴｈＥＧＡのホームページに掲載され、誰でも見ることができる。[5] 認定企業は、ＲＷＥやＪＵＷＩのような大企業から、小さな地域エネルギー協同組合まで多岐にわたる。

認定を受けた公正な風力発電事業者は、以下の五つの基本ガイドラインに従わなければならない。

1. 計画段階全体における、風力発電事業周辺のすべての利益集団の関与
2. 現地でのプロジェクト関連情報の透明性の確保、サポートおよび啓発サービスの提供
3. 直接利益を得るわけではない地権者を含む、影響を受けるすべての人々および住民の公正な参加
4. 地域のエネルギー供給会社と金融機関の関与
5. チューリンゲン市民、企業、自治体に対する直接的な財政参加の機会の創出

これらの広範に定義された基本指針が、公正風力エネルギー証書の基礎となっている。これらの原則は、シンプルで誰にでも理解しやすいように設計されている。各ガイドラインの具体的な基準は、事業者と風力エネルギー・サービスセンターとの間の契約書に詳しく記載されており、必要と判断された場合には変更されることがある。

4・2　ガイドライン1の基準

ガイドライン1、周辺地域のすべての利益集団の参加は、事業者が風力発電事業のために土地を確保する以前に、すでに市町村などの首長または地方議会が情報を提供され関与していれば、満たされているとみなされる。

計画の全過程において関与すべき利益集団とは、一般に、土地所有者、地域住民、農家、森林所有者、市民、自治体機関、さらに特定のプロジェクトに関連するその他のステークホルダーである。

4・3 ガイドライン2の基準

ガイドライン2は、透明性の向上と意識改革を目指している。これは、契約や法的手続きを、関係者全員にとって可能な限り透明で公正なものにすることを意味する。たとえば、土地所有者と事業者との間で結ばれる土地使用契約は、通常二〇年から二五年の期間に及ぶが、五年経過後に臨時に解約できるオプションを含めるのが妥当である。なぜなら、土地使用契約書に署名した時点では、さまざまな理由（たとえば、ドイツ連邦公害防止法の認可手続きがまだ完了していないなど）により、プロジェクトの実施がまだ保証されていないことが多いからである。しかし、承認プロセスには五年以上かかることが多いため、この要件は事業者から批判され、妥協案として五＋三＋二ルールが導入された。これは、事業者が五年後と八年後に所定の追加料金を支払うことで、実施までの期間を最大一〇年まで延長し、地権者の解約を回避しようというものである。ＴｈＥＧＡによれば、改訂されたルールは事業者から公正であると評価されており、この契約条項が原因で金融機関から融資を拒否されたという報告は今のところない。特別なキャンセル・オプションに加えて、最初の支払いは通常、しばしば数年かかる風力発電所の稼働までは行われないため、公正な契約には最初から予約料も含めるべきである。

ガイドライン2の後半は、地元のステークホルダーに透明性のある情報を提供することを目的としている。具体的な対策は、事業者と風力エネルギー・サービスセンターとの間で、地元の事情を考慮できるよう、ケース・バイ・ケースで協議される。一般的には、計画中のプロジェクトの地元周辺での情報提供イベントの開催、地元メディアを通じた啓蒙活動、意見調査・投票、可能であれば当該のプロジェクトのシミュレーションの閲覧などが含まれる。計画に変更があった場合は、新たな説明会が開催されるべきである。

4・4　ガイドライン3の基準

ガイドライン3は、影響を受けるすべてのステークホルダーの公平な参加を保証するものである。使用する土地の地権者だけでなく、風力発電事業から直接利益を得ない人々にも利益を提供することを重視している。そのための重要な手段が、いわゆる用地プールモデルである。このモデルでは、風力発電のために指定された地域の複数の土地所有者が共同で土地プールを作る。そして土地プールの参加者は、どのような基準で自分たちの土地を事業者に貸し出すかを決定する。また、最終的に実際に使用されない土地の所有者は、リース料の一定割合を受け取ることが保証されている。このモデルは、地域社会の平穏を維持し、妬みにもとづいた議論を縮減するために、一個人の土地所有者にとりわけ高い報酬がもたらされないようにすることを意味する。土地プールのメンバーは、事業者との交渉プロセスにおいて強力な基盤を持っている。この交渉力によって、より高いリース料、より多くの参加オプション、その他の具体的な要望を実現することができる。たとえば、チューリンゲン州ネッケローダにある一〇基の風車を備えたウィンドパークの交渉では、リース契約のなかで、リース収入の五%を社会的目的に使用するという条項が設けられた。この契約により、年間四万ユーロが利用可能となる。その使途は、自治体や市民と協議される［ThEGA 2024］。地域社会にとってのメリットに加え、土地プールモデルは事業者により迅速な計画立案を可能にしてくれるものであり、風力発電にとっては受け入れ態勢が整うことで、より多くの利用可能地域が確保される。

ガイドライン3の二つ目の重要な点は、風力発電事業が立地する自治体に、その事業会社の登記上の事務所を設置する必要性である。この基準の背景にあるのは、その自治体に対する営業税[6]を増やすためである。一般的な規定では、風力発電事業にかかる営業税の七〇%はプロジェクトが立地する市町村に、三〇%は事業会社が拠点を置く市町村に支払われる。言い換えれば、公正風力エネルギー証書の基準は、風力発電事業の自治体が一〇〇%の営業税を受け取ることを保証するのである。

最後に、ガイドライン3は、風力発電事業による地域の自然や景観への影響に対するドイツの法定補償措置について言及している。補償措置は、影響を受ける地域社会のなかで議論され、実施されなければならない。たとえば、森林再生、営巣補助施設の建設、池や牧草地の設置などである［BWE 2019］。

4・5　ガイドライン4の基準

ガイドライン4は、地域のエネルギー供給会社と金融機関の関与を要求している。事業者は、一社以上の地域のエネルギー供給会社や地域の信用機関に、マーケティングや融資のパートナーとして風力発電事業に参加する機会を提供すべきである。

具体的には、地域のエネルギー供給会社が、地域の電気料金プランや電気料金の引き下げを構想できるよう認められるべきである。とりわけ、安価な電力は、再生可能エネルギー事業に対する市民の受け入れ意欲を高めることができる。ドイツの再生可能エネルギー庁が行った代表的な調査では、回答者の半数が「見返りとして安価な電力が得られるのであれば、近隣での再生可能エネルギー事業を受け入れる」と答えている。この回答が最も多く、次いで自治体がプロジェクトから利益を得ることを望む（三一%）、計画段階での参加機会が増えることを要望する（一八％）と続いた［AEE 2023］。

地域信用機関には、利害関係者のために、貯蓄債券のような間接的な参加モデルを設計する機会を与えるべきである。証書の基準を満たすためのもうひとつの選択肢は、地域信用機関が風力発電事業に直接資金的に参加することを認めることである。

4・6 ガイドライン5の基準

最後のガイドラインは、チューリンゲン州の他のステークホルダーにも資金参加の選択肢を提供することを目的としている。具体的には、風力発電所から半径五キロメートル以内の市民・企業・自治体が事業への参加に関心を示すことができる「関心表明手続き」を行うことを事業者に義務づけている。さらに、地元のステークホルダーは、より好ましい参加形態についての希望を表明することができる。一般的な資金参加モデルとしては、ファンド、エネルギー協同組合、貯蓄債券、クラウド投資などがある。風力エネルギー・サービスセンターは、特定のプロジェクトやステークホルダーに適した解決策を見つける手助けをする。資金参加は可能な限り柔軟であることが望ましく、複数の選択肢が提供されるべきである。

事業者はまた、再生可能エネルギー法2023の第6条に記載されているように、発電所の建設によって影響を受ける地域に財政的支援を申し出るべきである［EEG 2023］。この条項は、二〇二三年の法改正で追加された。これによって、風力発電事業者は、風車から半径二五〇〇メートル以内の自治体に対し、〇・二セント／キロワット時を提供することができる。したがって、風車が建設される自治体だけでなく、近隣の自治体もプロジェクトから財政的利益を得ることができる。

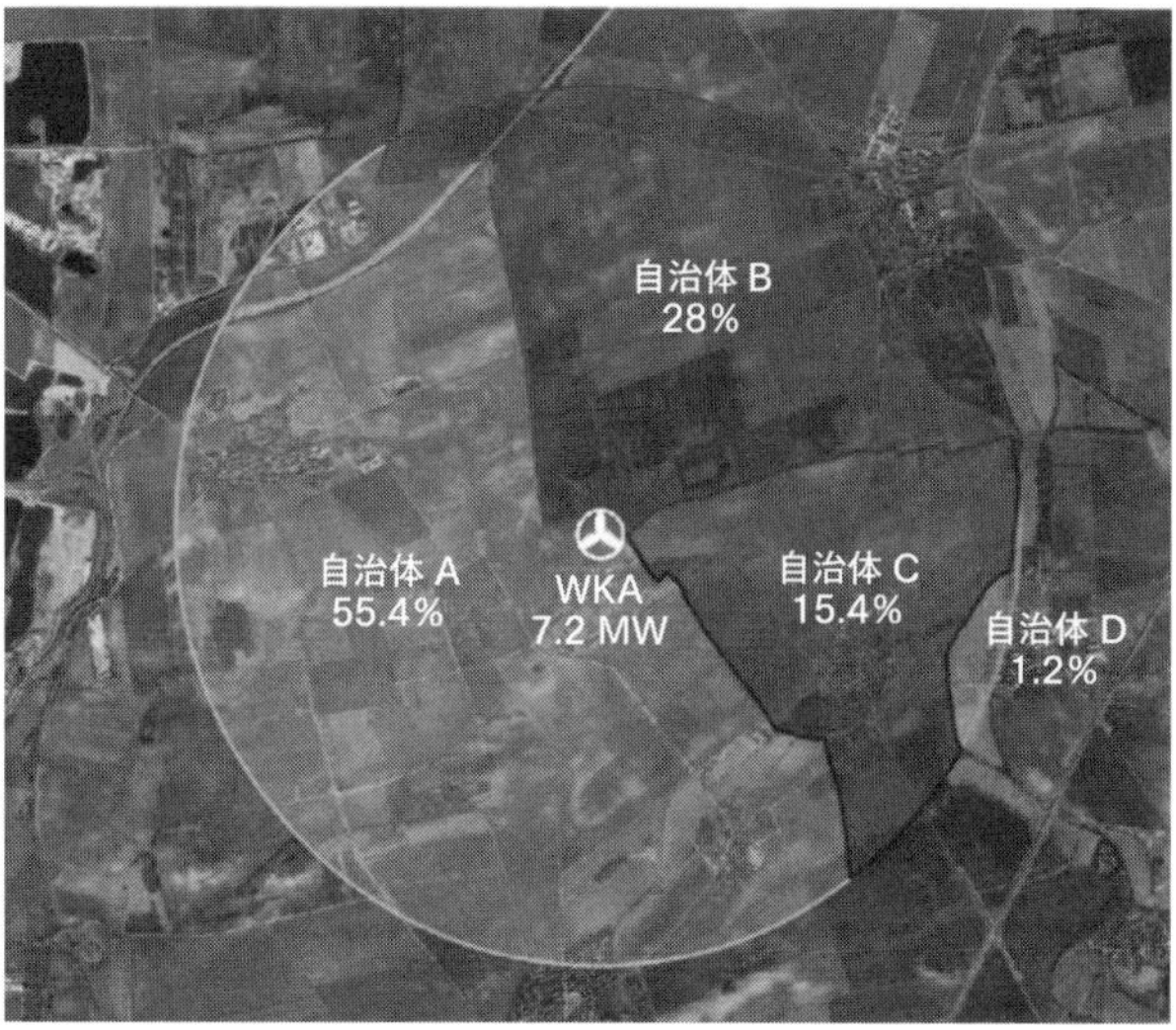

図 8–2　再生可能エネルギー法 2023 の第 6 条に基づく財政参加の例
（出典：ThEGA）

発電容量七・二メガワット、一六五〇万キロワット時の風力発電事業の例では、年間三万三一二〇ユーロの拠出が認められる。**図8－2**の例に基づくと、自治体Aは負担金の五五・四%にあたる年間一万八三四八・四八ユーロ、自治体Bは九二七三・六〇ユーロ、自治体Cは五一〇〇・四八ユーロ、自治体Dは三九七・四四ユーロを受け取ることになる。

4・7　モニタリング

風力エネルギー・サービスセンターは、認定事業者が五つのガイドラインの基準をすべて満たしているかどうかを厳しく監視している。年二回、エクセルシートを使って、認定事業者の現在のプロジェクトについて問い合わせがある。さらに、認定事業者と風力エネルギー・サービスセンタースタッフとの間で、事業内容やガイドラインの達成状況について、年に二回まで相談会を開催している。風力エネルギー・サービスセンターはまた、市長や住民といった地元の関係者が、地元での風力発電事業に関与し、満足しているかどうかを確認する。さらに、リース契約などの契約書がガイドラインに準拠しているかどうかも調べる。風力エネルギー・サービスセンターが、認定を受けた事業者がガイドラインに従わず、参加プロセスを改善する意思がないと判断した場合、認定証は取り消される。認証取り消しの通知は、ＴｈＥＧＡのホームページに公開され、誰でも見ることができるようになる。

4・8　インセンティブ

公正風力エネルギー証書は、事業者だけでなく、自治体や住民にもインセンティブを与える。

風力発電事業者は、認定証のポジティブなイメージを利用して、地元のステークホルダーの間で信頼性を高めることができる。逆に、認証を取得していない事業者は、現在ではチューリンゲン州では少数派であり、信頼を証明し、風力発電事業のための地域を確保することが難しくなっている。また、認定を受けた事業者によるプロジェクトは、社会的受容性を向上させることを目的としたガイドラインに従わなければならないため、紛争が起こりにくくなる。そのため、高額で長期にわたる訴訟も起こりにくくなる。さらに、認定を受けた事業者は、風力エネルギー・サービスセンターの経験豊富なスタッフから、ステークホルダーの参加に関する専門的で価値あるサポートを無料で受けることができる。

自治体や住民には、信頼できる事業者を簡単に選べるというメリットがある。地元のステークホルダーは、事業者がガイドラインに従うことを保証されるため、地域社会における紛争のリスクを低減することができる。また、恩恵や利益が地元に留まり、地域社会の生活を直接改善することも保証される。グッドプラクティスと事業者との積極的な相互作用は、チューリンゲン州のエネルギー転換を促進し、地域の価値創造を増大させる証書付き風力発電事業のさらなる推進につながる可能性がある。

4・9　成功要因と欠点

公正風力エネルギー証書の大きな利点は、この証書が独立した措置ではなく、経験豊富で広い人脈をもった州エネルギー機関であるＴｈＥＧＡ、特にその風力エネルギー・サービスセンターが、風力エネルギーの社会的受容性を高めることを目的とした包括的な政策措置の束を提供することでサポートされていることである。風力エネルギー・サービスセンターのスタッフは、証書とその適切な実施に強くコミットしている。もうひとつの利点は、一つの連邦州だけに焦点を当てることで、地域的・構造的・社会経済的条件を反映できることである。地元に精通したスタッフが、チューリンゲン州のさまざまな地域に見合ったサポートを提供するのである。

風力発電事業者らから認められなければ、証書は効力を発揮しない。このような高い受け入れ率は、この証書が任意かつ無料であることが大きな要因である。チューリンゲン州におけるこの証書と同様の証書がシュレスヴィヒ・ホルシュタイン州で導入されたが、二〇一八年の開始以来、二社の事業者しか認定を受けようとしなかった。事業者はこの認証のために約一万ユーロを支払わなければならない。しかも、認証機関は風力エネルギー・サービスセンターのような独立した組織ではなく、利害関係のある民間企業なのである。

たとえＴｈＥＧＡが独立した組織であり、営利を目的としていないとはいっても、関係するステークホルダーから信頼に足ると認められ、受け入れられるのは簡単ではない。特に、証書を設立した当初はそうである。風力エネルギー・サービスセンターは、認知度を高め、信頼を築くために、風力エネルギー事業者向けのイベントや展示会で証書を紹介し、議論した。初期プロジェクトが成功すると、チューリンゲン州の他の自治体に紹介され、証書への関心を高めることができた。

この証書の人気が高まったことに欠点があるとすれば、相談や監視すべきプロジェクトが増えたことで、時間がかかり、小規模なスタッフ・メンバーではますます対処するのが難しくなっていることだ。さらに、ThEGAと風力エネルギー・サービスセンターは、連邦政府から資金援助を受けているため、運営には与党州政府の政策的コミットメントが必要である。気候変動を否定するAfDのさらなる台頭は継続的な支援を危うくする可能性がある。

5　公正風力エネルギー証書の日本への応用

公正風力エネルギー証書は、チューリンゲン州ではすっかり定着し、この地域の風力発電事業の基準を引き上げている。認証を受けた事業者は、チューリンゲン州だけでなく、他の連邦州でも風力発電所を建設することが多い。そのため、チューリンゲン州のプロジェクトで学んだ教訓は、全国の他のプロジェクトに引き継がれ、認証の影響力をさらに高めることができる。

現在、チューリンゲン州だけでなくドイツの多くの地域では、大規模太陽光発電事業の拡大だけでなく、反対運動も活発化している。このような動きに対応すべく、ThEGAは現在、公正な太陽光発電事業のための認証に取り組んでいる。公正風力エネルギー証書と同様に、公正な参加機会、透明性のある情報の提供、地域の価値創造が重視される。プロジェクトが環境に与える悪影響を減らすだけでなく、動植物の新たな生息地を創出することも目的としている。しかし、太陽光発電の事業者が風力発電よりもはるかに多いため、認証の手続きにさらに多くの時間を要しており、そのことが認証の導入の妨げの一因となっている。

日本もエネルギー転換のために、同じような、あるいはそれ以上に深刻な課題に直面している。ドイツよりもさらに参加機会が少なく、大規模な再生可能エネルギー事業に反対する運動も増えている。対策を講じなければ、二〇五〇年までに脱炭素化するという日本の目標の達成は難しくなるだろう。気候危機のほかに、日本は地方の衰退という課題にも直面している。地域のステークホルダーを巻き込み、収益を地域に残す再生可能エネルギー・プロジェクトは、こうした地域の活性化にもつながるだろう。

そのためには、ＴｈＥＧＡのような地域ファシリテーターが、優れた再生可能エネルギー事業の認知度を高め、地域社会にとって可能な利益を強調し、意思決定者と住民の信頼関係を向上させることが必要である。特に、打つ手のなくなっている自治体や事業者には、この面での支援が必要である。

公正風力エネルギー証書のような証書は、日本の都道府県における再生可能エネルギー事業の水準を構造的に引き上げるのに役立つだろう。明確なガイドラインは、経験の浅い自治体と事業者に対しより公正なプロジェクトを実施するのを支援することができる。ある都道府県で十分な数の企業が参加すれば、未認証の事業者も認証を受けるか、少なくともステークホルダーの参加の基準を引き上げるかするよう、圧力を感じるだろう。ガイドラインに従い、紛争を回避した優れたプロジェクトは、認証のない他地域のプロジェクトのモデルとなり、そのプラスの効果を増幅させることもできるだろう。

チューリンゲン州と日本とでは、地域特性、文化的背景、法的枠組みが異なることには留意しなくてはならないし、社会的受容性は地域事情に大きく左右されるため、慎重な考慮が必要である。認証機関が、地域特性について十分な知識を持ち、日本の関連ステークホルダーとの既存のネットワークを持っていれば、認証の伝達が成功する可能性は高まる。理想的には、証書単体ではなく、さまざまな支援策を提供する中間支援組織による総合的なアプローチがゴールとして目指されるべきである。

【注】

◉1　チューリンゲン・エネルギー政治連盟（Thüringer Landesverband Energiepolitik mit Vernunft e. V：二〇二四年一〇月二一日取得、https://www.thlemv.de）。

◉2　二〇二四年一〇月二一日取得、ThEGA https://www.thega.de/landesenergieagentur-thega/ueber-uns/

◉3　二〇二四年一〇月二一日取得、EEG §55（1）https://www.gesetze-im-internet.de/eeg_2014/__55.html

◉4　二〇二四年一〇月二一日取得、https://www.windenergie-thueringen.de/

◉5　ＴｈＥＧＡのホームページ、二〇二四年一〇月二一日取得、https://www.thega.de/themen/erneuerbare-energien/servicestelle-windenergie/service-fuer-unternehmen/#c209

◉6　事業者の所得に対して発生する地方税。

コラム❽

JWPAの社会受容性の課題への取り組みや環境・社会行動計画の策定

小笠原憲人
（一般社団法人　日本風力発電協会）

世界のエネルギー情勢からも、長期化するロシアによるウクライナ侵攻や、中東地区における紛争、さらには脱炭素の流れに乗って、再生可能エネルギーへの注目と期待が年々高まっている。この日本においても国産資源として有望な賦存量を誇る洋上風力発電は、再エネの主力電源化に向けた切り札として、また、産業の活性化や地域経済への貢献の観点からも大きく注目されている。本コラムでは風力発電産業の普及拡大を目指す当協会の取り組みと活動内容について紹介したい。

当協会は、二〇〇一年任意団体として設立、二〇〇九年に一般社団法人へ移行し、二〇一〇年風力発電事業者懇話会と合併して今の組織に至っている。また、会員構成としては発電事業者からメーカー、建設工事、メンテナンス、コンサルタント、金融会社等、五〇〇社以上の企業が会員として参画している。活動内容として

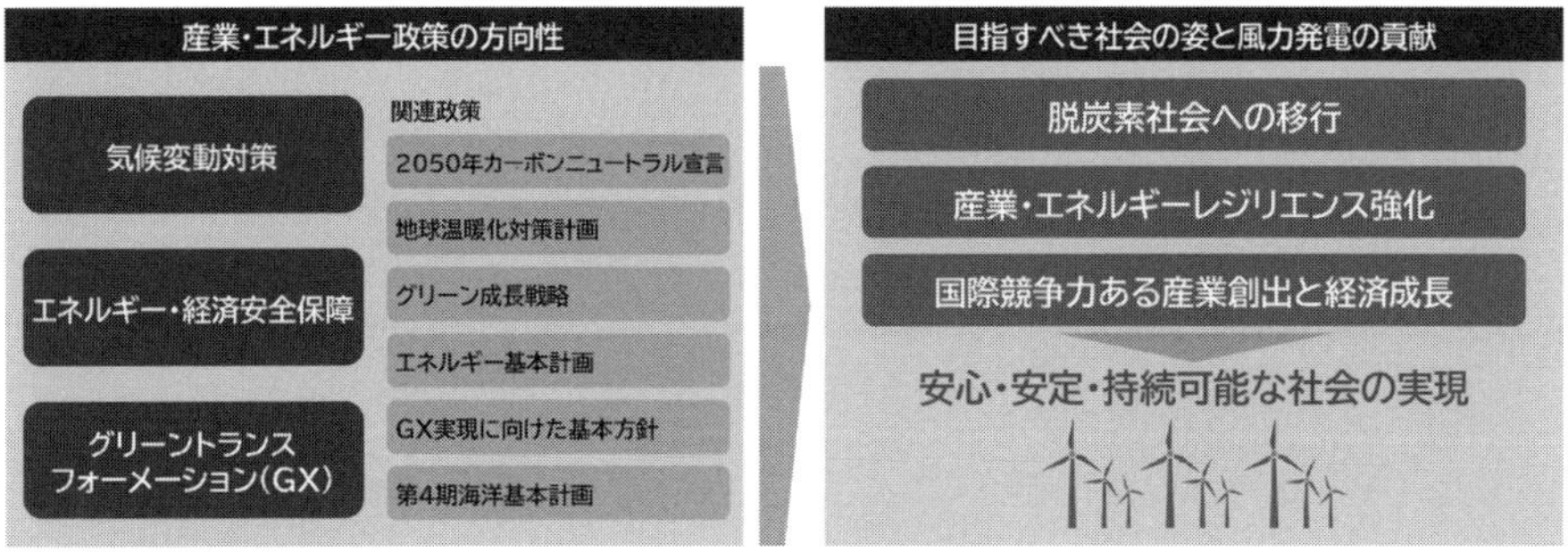

図１　わが国が目指すべき社会の姿と風力発電の貢献

は、風力発電促進に向けた諸課題の洗い出しや対応解決策について検討する五つの専門部会（政策部会、環境部会、技術部会、系統部会、国際部会）において意見を取りまとめ、政策提言や報告書発行等を通して事業推進に取り組んでいる。さらに、地元への理解を深めるため、出前授業や現地でのセミナー、ウィンドデイといった風力発電をＰＲするグローバルイベントについても全国で開催しており、より身近に風車を感じてもらうことに努めている。

二〇二〇年に洋上風力産業ビジョンとして政府による導入目標（二〇四〇年までに三〇〇〇万～四五〇〇万キロワットの案件形成）と発電量に占める再エネのシェア（二〇五〇年に五〇―六〇％へ）、および国内調達率目標が明示された。そこで当協会でも、わが国が目指すべき社会の姿と、その実現に貢献するために必要な風力の導入量および各種施策をとりまとめた「JWPA Wind Vision 2023」を策定し、二〇二三年五月に公表した（https://jwpa.jp/information/7513/）。本図書では導入目標として、二〇五〇年までに一四〇ギガワット（陸上風力四〇ギガワット、着床式洋上風力四〇ギガワット、浮体式洋上風力六〇ギガワット）、さらに国産グリーン水素供給拡大に向けて三〇ギガワット以上の浮体式洋上風力の追加導入を掲げている。また、風力の必要導入量に伴う経済波及効果を含めた社会的便益、国内産業育成に向けた道筋についてもまとめている。

当協会では二〇二三年に『ＪＷＰＡ 環境・社会行動指針』を策定し、そこでは環境配慮と発電事業の両立を図りながら、地域共生する風力事業の推進のために、加盟企業に向けた行動規範を定めた。また二四年六月にはその行動指針をベースとし、さらに具体策に踏み込んだ『ＪＷＰＡ 環境・社会行動計画』を公表した(https://jwpa.jp/information/10485/)。本計画は、協会として取り組む行動計画と会員各社で個々に推奨される取り組み例に分けて記載しており、その達成状況が把握しやすい計画内容を定め、定期的に進捗確認しその結果を会員へ還元することで環境や社会に配慮する活動を促進させる意図で取りまとめた。現時点では定量的数値目標が定められている項目が限定的ではあるが、本行動計画を三年スパンで更新し、さらに期待値の高い目標設定にすべく、加盟企業への啓蒙活動とともに、持続可能な社会の実現に邁進したい。

図2
JWPA 環境・社会行動計画

第9章 再生可能エネルギーのコミュニティ的受容のルールを形成する

長野県地域と調和した太陽光発電事業の推進に関する条例を例として

田中信一郎

1 地上設置型太陽光発電施設のトラブル

日本国内では地上設置型太陽光発電施設（地上ＰＶ）の急速な普及に伴い、多くのトラブルが発生している。地上ＰＶのトラブルを研究している山下紀明は、二〇二一年一二月時点で報道を元に把握したトラブルを一六三件と報告している［山下 2022］。一橋大学等の「全国市区町村再生可能エネルギー実態調査」（二〇二〇年の調査）によると、過去もしくは現在に再生可能エネルギーに関するトラブルを認知した市区町村は六三五団体（全市区町村の三六・五％）あり、回答時点でのトラブル認知に限定しても二九六団体（同一七・〇％）あったという［山下・藤井 2021］。

こうしたトラブルへの対応として、多くの自治体が規制条例を制定している。都道府県では、二〇二二年度末までに兵庫、和歌山、岡山、山梨、山形、宮城、奈良の七県が地上ＰＶへの届出・認定・許可を求める条例を制定した［一般財団法人地方自治研究機構ホームページ］。経済産業省の調査によると、市区町村では「全国の自治体の約一割が、再エネ条例を制定している状況」にあり、調査に回答したうちの「一三〇件の条例は、再エネ発電設備の設置に関し、抑制区域や禁止区域を規定」していた［経済産業省 2022］。

それらの条例の多くは「抑制・禁止区域の設定」「届出・許可・同意の手続」「行政との協定手続」の三つの要素を含んでいる［山下・丸山 2022：38–40］。抑制・禁止区域の設定とは、地域をゾーニングして、一定の区域で設置の抑制を求めたり、禁止したりすることである。届出・許可・同意の手続とは「事業者に事業の届出を義務づけ、要件が整っている場合に首長の許可や同意を与えるもの」である。行政との協定手続とは「事前協議などをもとに事業者と行政の間で協定の締結を行い、事業が環境や景観に与える影響を確認し、協定の内容を守るように指導するもの」である。

一方、これらの条例は、再生可能エネルギーの社会的受容性に関する研究の知見が十分に反映されていないと思われる。地上ＰＶを迷惑施設と捉え、それを抑制する規制が強く示されながらも、適切な地上ＰＶを普及したり、地域との良好な関係を促進したりする手続・仕組みが弱いからである。地上ＰＶをはじめとする再生可能エネルギーが社会にとっての迷惑物であればそれで十分だが、気候変動という人類的な課題に取り組むためには必要な施設であるため、地域との調和を促進する必要がある。

再生可能エネルギーの社会的受容性に関する研究では、遍く普及していく再生可能エネルギー施設と受け入れる社会との関係を考察し、より良い関係性の構築を目指している。社会的受容性は、国・社会全体レベルでの社会的・政治的受容（Socio-Political Acceptance）と地域レベルでのコミュニティ的受容（Community Acceptance）と大きく二つに分類される［丸山 2022: 19］。

コミュニティ的受容は、分配的正義、手続的正義、信頼の三つの要素からなる。分配的正義とは「再生可能エネルギー事業によって利益が適切に分配されているか」について、手続的正義とは「事業に関わる意思決定における」正当なプロセスが「担保されているか」について、信頼とは「地域社会の住民と事業者など地域外の事業者との」良好な関係性が「担保されているか」について、それぞれ問うものである［丸山 2022: 20］。

筆者は、二〇二三年三月から長野県環境審議会「地域と調和した太陽光発電事業の推進に関する専門委員会」の委員長として、長野県の地上ＰＶ関連の条例案の作成に携わり、再生可能エネルギーの社会的受容性に関する研究の知見を取り入れようと努めた。条例は「長野県地域と調和した太陽光発電事業の推進に関する条例」（長野県条例）として二〇二三年一〇月に成立し、二〇二四年四月一日から施行されている。

その際、長野県が抱える課題をコミュニティ的受容プロセスの欠如と捉え、条例案の作成に当たった。すなわち、既存の法令や行政手続にコミュニティ的受容プロセスが欠けており、それを補う条例が必要と考えた。分配的正義、手続的正義、信頼の三つの要素を含む条例である。

そこで、コミュニティ的受容に関する知見が長野県条例にどのようにして盛り込まれたのか、説明する。最初に、長野県に先行して条例を整備した七県について、コミュニティ的受容の観点がどのように盛り込まれているか（いないか）を分析する。次に、長野県条例の特徴を説明する。その上で、コミュニティ的受容の観点から長野県条例を分析する。最後に、残された課題、とりわけ条例と認証制度との組み合わせについて考察する。

2 先行七県条例の課題

表9－1は、地上PVに関する条例における情報公開と合意形成に関する比較である。兵庫、和歌山、岡山、山梨、山形、宮城、奈良の先行七県と長野県を記載している。長野県と他県の比較については後述するため、ここでは先行七県の条例について考察する。

情報公開と合意形成を主たる比較対象としているのは、再生可能エネルギーのコミュニティ的受容の知見を踏まえているか否かを判断する上で、基礎になると考えられるからである。事業に直接的な関与をしない一般の住民にとって、事業に関する情報を得て、合意形成に参加することが、ほぼ唯一の関与となる。

言いかえれば、再生可能エネルギー事業に関する「公共圏」を活性化させる手法が情報公開と合意形成となる。環境問題の順応的ガバナンスを研究する宮内泰介は、環境問題について「ローカルな当事者の視点から問題をとらえ直し、さらに地域のなかにある解決の技法を浮かび上がらせたうえで、さて、どうやって解決の道筋を立てていけばよいのだろうか」との問いに対し、「不確実性のなかで、「意味」に満ちあふれており、それらの「意味」が錯綜しているのであるならば、まずはその多様な意味をぶつからせて、そこから解決を図る、という方法が中心に置かれるべき」と指摘している［宮内 2024 : 20］。

その際、形式的でなく、実質的な情報公開と合意形成が行われるかどうかが重要となる。宮内は「力を持った者同士がつくり出す狭い公共圏ではなく、本当の公共圏をつくり出していくには、弱い立場の者たちを含めた多

表 9–1　地上設置型太陽光発電に関する条例の情報公開と合意形成に関する比較

	情報公開	合意形成
兵庫	なし	【条例】 近隣関係者への事業計画の説明の義務
和歌山	【条例】 事業者による事業計画の公表義務	【条例】 自治体との事前協議の義務，協議後の事業計画の住民への説明義務
岡山	なし	【条例】 住民等への説明の努力義務
山梨	なし	【条例】 住民等への説明義務 【規則】 説明状況の届出への添付
山形	【条例】 知事による事業計画の公表	【条例】 自治体との事前協議の義務，協議後の事業計画の住民への説明義務 ／ 事業計画への意見書の提出と事業者による見解の提出 ／ 知事による市町村長の意見聴取
宮城	なし	【条例】 住民等への説明義務 【規則】 説明状況の届出への添付
奈良	【条例】 事業者による計画の公表義務	【条例】 住民等への説明義務 ／ 説明状況の公表
長野	【条例】 知事による事業基本計画と許可申請・届出内容の公表 ／ 各プロセスの公表	【条例】 事業基本計画の説明義務 ／ 意見書の提出 ／ 意味ある応答の義務 ／ 説明状況の提出 ／ 知事による市町村長の意見聴取

（出典）各県ホームページに基づき筆者作成

様なステークホルダーをつなげていく必要がある。見えないものを見える形にし、聞こえない声を聞こえる形にすることが重要」と述べている［宮内 2024：20］。このように「多様なステークホルダーをつなげ」るには、やはり情報公開と合意形成をどのように行うのかが基本となる。

まず情報公開については、和歌山、山形、奈良の三県が規定を設け、他の四県は特段の規定を設けていない。後述するように、説明会の規定はいずれの県も設けており、それでもって情報公開と考えていると思われるが、現実には説明会に参加できる者が物理的に限られてしまうため、説明会だけでは情報公開の規定として不十分である。

情報公開の規定を設けている三県に共通するのは、事業者が計画を決定した後に、その計画を公表することである。和歌山と奈良は事業者に事業計画の公表義務を課し、山形は知事に事業計画の公表義務を課している。計画決定後の情報公開の規定は、それがないよりはコミュニティ的受容に資するといえるが、公表後に計画を変更しがたい点で、不十分である。事業者とすれば、説明会等の合意形成の手続が終わって計画を決定した後に、あれこれと意見を述べられても、変更するコストが大きくなるからである。計画を決定する時点で、工事スケジュールを決定し、場合によっては関連事業者への発注も済ませているかもしれない。そうした変更コストは事業の収益を直接的に圧迫する。

以上のとおり、先行県の情報公開の規定は、事業計画の変更をもたらしにくい。情報公開の規定がない県においては、言わずもがなである。

次に合意形成の規定については、先行七県のうち六県が住民への説明義務を設け、岡山が説明の努力義務を設けている。山梨、宮城、奈良の三県は、県への届出に説明状況を添付させたり（山梨・宮城）、説明状況を公表させたり（奈良）している。

自治体（市町村）との事前協議を事業者に義務づけているのは、和歌山と山形である。いずれも、自治体との協議が整った後、住民への説明を義務づけている。山形は加えて、自治体と事業者にそれぞれ意見を知事に提出させる規定を設けている。最終的には、知事が裁定を下す仕組みとなっている。

つまり、合意形成においては、住民説明型と自治体事前協議型の二つに大きく分かれ、住民説明型はフォロー有りとフォロー無しの二つに分かれる。自治体事前協議型（和歌山・山形）は、自治体と事業者の協議が整ってしまうと、その後に大きな変更をする余地はないと思われる。なぜならば、協議成立後に大きな変更が常態化してしまえば、自治体との協議が意味を成さなくなるからである。そのため、住民説明型とは分けられる。住民説明型フォロー有り（山梨・宮城・奈良）は、行政もしくは外部の目にさらされるという、いわゆる抑止力でもって住民説明の実効性を高めようとしている。住民説明型フォロー無し（兵庫・岡山）は、住民説明が形骸化しても、それを抑止することはできない。

先行七県では、住民説明型フォロー有り（山梨・宮城・奈良）が実質的な合意形成に配慮した制度設計になっているが、計画変更に至る可能性は大きくない。行政や外部の目という抑止力が働くことを前提に、あくまで事業者の善意に期待するレベルを超えていないからである。事業者としても、抑止力や善意だけでは、多少のことならまだしも、事業の収益を圧迫するような意見を取り入れることには消極的になって不思議でない。要するに、住民説明型フォロー有りであっても、事業者と住民との間のコミュニケーション（公共圏）を活性化させるには不十分なのである。

総合して言えることは、先行七県の条例は情報公開と合意形成にそれほどの重きを置いておらず、そこから再生可能エネルギーの社会的受容性に関する研究の知見が十分に反映されたものといえないとの認識が導き出せる。そして、それが後続する長野県にとっての課題となった。

3　長野県条例の特徴

長野県条例の基本構成は、先行七県の条例と同じく、抑制・禁止区域の設定と届出・許可・同意の手続を柱としている。長野県条例は、土砂災害の危険性が高い区域について、原則として設置禁止と設定し、設置する場合に知事の許可を要するとの手続と、その他の区域における届出を定めている。なお、先行七県条例にも長野県条例にも、行政との協定手続は含まれていない。

長野県条例の手続フローは、**図9－1**のとおりである。一〇キロワット以上の地上PVをすべて対象とし、第一段階から第五段階までのプロセスを経る。土砂災害特別警戒区域等の「特定区域」、自然公園等の「環境配慮区域」、その他の区域とゾーニングを設定し、特定区域での禁止と許可の手続、環境配慮区域での環境保全策検討の手続、その他の区域を含めた届出と共通の手続を定めている。

特徴の第一は、事業者が事業計画を確定させる前に、合意形成の手続を設けている点にある。先行七県の条例では、事前手続を設けていなかったり、設けていても行政との事前協議等であったりするが、長野県条例では事業計画の骨格となる基本計画を先に公表し、市町村や住民との合意形成を行うこととしている。事業者とすれば、事業計画を決定する前であれば変更は容易であるが、決定した後に変更を求められても容易でないからである。

行政との事前協議は、行政の意見を反映しやすくする手続ではあるが、協議が整ってから住民の意見を受けるの

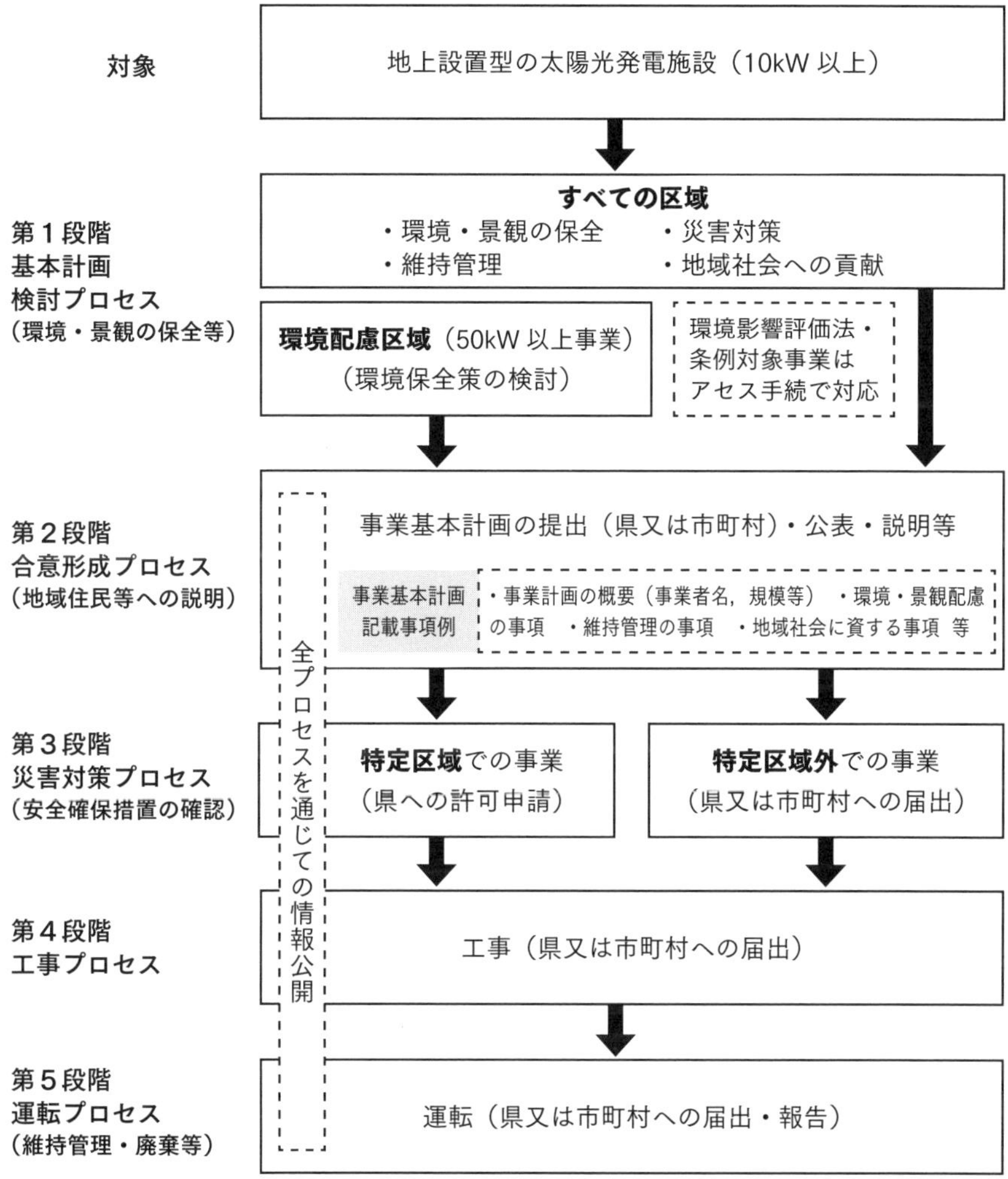

（出典）長野県「地域と調和した太陽光発電事業の推進に関する条例事業者向け説明会資料」

図 9–1　長野県条例の全体フロー

では、住民との合意形成プロセスが形骸化する。

特徴の第二は、事業に対する質問や意見に対する応答の義務を設けている点にある。長野県条例第一三条は、質問や意見に対して「誠実に回答しなければならない」と定めている。長野県条例の手引きはこの点について「述べられた意見について無回答や合理的な理由もなく「できない」などといった回答にあっては、誠実に回答していない」ことになると解説している［長野県 2024: 56］。一方、この条文はすべての要求を受け入れることを求めるものではない。手引きは「必ずしも地域住民の意見を事業に反映させることではありませんが、意見を反映できない場合は、その理由を明らかにする必要」があると説明している。

特徴の第三は、すべてのプロセスの情報公開にある。基本計画から、各段階での届出、説明会等での説明と応答の内容、維持管理計画に至るまで、すべての情報が公表される。当たり前のように思えるが、**表9-1**のように先行七県と比較すると、長野県条例は情報公開を強調している。

特徴の第四は、地域社会への貢献を検討するよう、事業者に義務づけたことにある。事業基本計画の書式のなかに「地域社会に資する事項」が設けられており、手引きは「再生可能エネルギーについては、遠くの需要地に使われ、地域で活用がされていない、地域の雇用を創出しないなど、地域経済の活性化に寄与しないとの課題も指摘され、地域への受容が難しくなり、再生可能エネルギーの普及につながらない事例もある」ので「地域への受容性を高める取組みが必要と考えられ」「太陽光発電事業の実施予定地である地域の実情に応じた取組みを検討し、記載」するよう求めている［長野県 2024: 44］。

特徴の第五は、許可・届出に不備・疑義があった場合の手続を設け、情報公開・合意形成等の実効性を確保していることにある。長野県条例第34条は、専門家等によって構成する長野県太陽光発電事業技術委員会を設置することとし、手続等に関して知事に助言するとしている。これにより、疑義のある届出等がなされた場合に、内容に応じて手続不備として事業者に差し戻すことができる。

特徴の第六は、ポジティブゾーニングの規定を設けている点にある。ポジティブゾーニングとは、再生可能エネルギー設備を積極的に設置すべき区域を設定することである。長野県条例第35条がこれを定め、地球温暖化対策の推進に関する法律における地域脱炭素化促進事業の区域であって、長野県条例に相当するような地域の合意形成等が確保されている場合にあっては、長野県条例の手続を緩和する規定である。

4　長野県条例への知見の反映

長野県条例を検討する専門委員会は八名で構成され、委員長（筆者）と委員長代理の二名が再生可能エネルギーの社会的受容性に関する研究に携わっていた。[1] また第二回の専門委員会で五名の専門家を招き、うち二名が再生可能エネルギーの社会的受容性に関する研究に携わる者であった。[2] そのため、長野県条例には研究のある程度の知見が反映されたと考えられる。

まずは分配的正義について、特徴の第四の地域社会への貢献の検討義務づけと、特徴の第六のポジティブゾーニングの規定が、それにあたる。コミュニティの利益を重視することが、地域社会から再生可能エネルギーが受け入れられるための重要な条件であると、社会的受容性に関する研究では明らかになっている。参考人の意見陳述においても、その点が強調されていた。ポジティブゾーニングも、地域にとって望ましい地上ＰＶを促進するための仕組みである。

表 9–2　公衆参加の五段階モデル

1	情報提供（Informing）
2	意見聴取（Consultation）
3	形だけの応答（Placation）
4	意味ある応答（Meaningful Reply）
5	パートナーシップ（Partnership）

原科幸彦［2011］に「Meaningful Reply」を加筆

　次に手続的正義について、特徴の第一の事業者が事業計画を確定させる前の合意形成手続と、特徴の第二の事業に対する質問や意見に対する応答の義務が、それにあたる。説明会等の規定が設けられていても、それが反映されないように形骸化していては住民の理解を得にくい。そのため、事業計画の確定前に合意形成手続を設けている。また、**表9－2**の原科幸彦の公衆参加の五段階モデルに基づくと、長野県条例は第四段階の「意味ある応答」を確保できている［原科 2011: 98–103］。「意味ある応答」とは「誠実な対応」でもって「公衆の意見を反映する」ことである。具体的には「事業者は公衆の意見に正面から応え、公衆の疑問に対しては納得できるように十分な説明を行う。このためには公衆が検証可能な形での説明をしなければならない」「公衆が環境影響を緩和するために求める事業計画の修正や大幅な変更にも、必要ならば応じる。ときには、事業の中止に至ることもありえよう」ということである［原科 2011: 100］。

　最後に信頼について、特徴の第三のすべてのプロセスの情報公開と、特徴の第五の情報公開・合意形成等の実効性の確保が、それにあたる。西城戸誠は「事業者が開発行為やその後の事業運営をスムーズに行うためには、地域住民との「信頼」関係を構築していくことが不可欠である」と指摘している［西城戸 2022: 162］。情報を隠すことは、良好な信頼関係の妨げとなり、実効性確保の措置によって情報公開への信頼性も高まる。

　以上のとおり、長野県条例は再生可能エネルギーの社会的受容性に関する研究の知見を取り入れた内容となっている。それは、長野県条例の重要な特徴であり、先行七県条例と大きく異なる点である。

5　残された課題——認証制度の必要性

以上のとおり、長野県条例は情報公開と合意形成を基礎にしたルールとなっているが、先行七県の条例を含めて一定の課題が残されている。それは、長野県条例そのものの課題というよりも、条例（あるいは法令）の本質的限界であり、長野県条例に欠陥があるという意味ではない。

法令による規制的手法は、その対象となる事象について、悪い状態を改善させ、一定程度の水準にすることに優れた政策手法である一方、法令の許容範囲のなかで、さらに優れた取り組みを促進することに向いた政策手法ではない。すなわち、対象となる事象の多くは、法令の基準を最低限度でクリアする動機を有するものの、さらに改善してより良い事象となっていく動機に欠ける。

そこで必要となるのが、適法な事象に対してさらなる改善を促す政策手法を講じることである。この場合に考えられる政策手法は、経済的手法、情報的手法、誘導的手法の三つである。経済的手法は、好ましい事象の価格を低下させ、好ましくない事象の価格を上昇させることで、人々の行動・判断の変容を促す。情報的手法は、合理的な行動・判断を可能とする情報を提供することで、人々の行動・判断の変容を促す。誘導的手法は、好ましい事象に対して金銭的なインセンティブを提供し、人々の行動・判断の変容を促す。

こうした課題に対し、環境分野で広く用いられているのは、ラベリングという情報的手法である。環境に好ましい製品・サービスであることを一定の基準で認証し、消費者・購買者はその表示を見て、購入等の判断に役立てる。段階的な評価を含めることで、環境に好ましい製品等を求める消費者等が好ましさの度合いの高い製品等を選択することも可能である。

ただし、自由な表示が認められるわけでなく、国によって一定のガイドラインが示されている。環境省の「環境表示ガイドライン」は、①根拠に基づく正確な情報であること、②消費者に誤解を与えないものであること、③環境表示の内容について検証できること、④あいまいまたは抽象的でないこととの要件を示している。また、公正取引委員会「環境保全に配慮している商品の広告表示の留意事項」は、①表示の示す対象範囲が明確であること（環境保全効果に関する広告表示の内容が、包装等の商品の一部に係わるものなのかまたは商品全体に係わるものなのかについて、一般消費者に誤認されることなく、明確に分かるように表示することが必要）、②強調する原材料等の使用割合を明確に表示すること（環境保全に配慮した原材料・素材を使用していることを強調的に表示する場合には、「再生紙六〇％使用」等、その使用割合について明示することが必要）、③実証データ等による表示の裏付けの必要性（商品の成分が環境保全のための何らかの効果を持っていることを強調して広告表示を行う場合には、通常に当該商品を使用することによって、そのような効果があることを示す実証データ等の根拠を用意する必要）、④あいまいまたは抽象的な表示は単独で行わないこと（「環境にやさしい」等のあいまいまたは抽象的な表示を行う場合には、環境保全の根拠となる事項について説明を併記するべき）、⑤環境マーク表示における留意点（環境保全に配慮した商品であることを示すマーク表示に関して、第三者機関がマーク表示を認定する場合には、認定理由が明確に分かるような表示にすることが求められる。また、事業者においても、マークの位置に隣接して、認定理由が明確に分かるように説明を併記する必要がある）と示している。

以上を踏まえると、再生可能エネルギーであれば、法令の基準にとどめずに多面的な厳しい評価基準を設け、第三者機関がそれをチェック・認証して、ラベルを付与することが考えられる。実際、欧州や北米ではこうした認証制度がある。たとえば、欧州の四〇以上の環境ＮＧＯによる「EKOenergy」は、二〇一三年から欧州全域で電気のサステイナビリティを認証している。ただし「EKOenergy」のコミュニティ的受容についての基準は強いといえず、法令の遵守にとどまっている。

コミュニティ的受容の観点を踏まえ、自治体の関係機関が設置段階から優良な事業となるように支援し、それを認証する事例もある。ドイツ・チューリンゲン州の外郭団体である「エネルギー・グリーンテック機構(Thuringian Energy and GreenTech Agency GmbH／ＴｈＥＧＡ)」は、自治体や企業等への脱炭素化の支援の一環として、再生可能エネルギー事業に係わる住民参加や紛争調停を促進している。具体的には、計画段階からの情報公開と合意形成を規定したガイドラインに基づき、地域と調和した事業を促進し、そうした事業者を認証している。また長野県飯田市では「飯田市再生可能エネルギーの導入による持続可能な地域づくりに関する条例」に基づき、住民等による事業計画に対し、専門家等で構成する審査会が助言を行い、事業の公共性と事業性を市が認証することで市場での信用力を高めるとともに、市が資金的な支援を講じている。

そこで、長野県等の条例を制定した県においては、条例の運用が落ち着いた後、認証制度の導入について検討を行うことが望ましいと考えられる。その際、次の点に留意する必要がある。

第一に、環境省と公正取引委員会のガイドラインに準拠することである。そのためには、曖昧さをできる限り排除した、明確かつ客観的な基準を作成しなければならない。

第二に、事業者自身が責任を有しつつ、それを支援・補強する仕組みとすることである。環境省と公正取引委員会のガイドラインに準拠した場合、事業者自身が「自己宣言」をして責任を負い、その信頼性を第三者が認める方式となる。事業者としては、法令の基準を満たした上で、さらに「自己宣言」を行うことのメリットに乏しく、認証を誘導するインセンティブについて相当な工夫を要することを意味する。

第三に、認証機関の信頼性と専門性を確保することである。前述のＴｈＥＧＡは州の開発公社（State Development Corporation of Thuringia）の下部機関として州政府から信用を付与され、三〇名以上の高い専門性（エネルギー、環境、建築、都市計画、エンジニアリング、コミュニケーション等）を有するスタッフが在籍している。日本の自治体で外郭団体として信頼性を確保し、常勤・非常勤の別を問わないとしても、多分野の専門家を地域で雇用することが最も難しいことかもしれない。

ところで、長野県条例は、現実の課題（地上ＰＶをめぐるトラブル）を解決するために、学術研究の最新成果（再生可能エネルギーの社会的受容性に関する研究）を反映することができた事例と考えられる。ＥＢＰＭ（Evidence Based Policy Making）の一般的な手法とは異なるが、学術研究の成果を大幅に取り入れた政策形成過程であった。

その要因として、専門委員会のメンバーと参考人に、この研究に関わっている研究者がいたことが大きいと考えられる。背景には、長野県の担当職員が研究者等とのネットワークを形成し、日常的に意見交換していたことがある。

今後の課題としては、以上のとおり望ましい地上ＰＶを普及するためのより有効な手法を開発し、実装していくことにある。たとえば、望ましい事業を誘導するための仕組み（認証など）、トラブルを調整する人材の育成、積極的な脱炭素地域への合意形成が考えられる。

最後に、本分野の研究は、国際的に見ても発展途上である。今後も新たな知見を生成し、現実の政策に反映させつつ、そのフィードバックを受けて発展させていくことが期待される。また、その知見を大学・大学院での教育現場に反映させるとともに、他の自治体等へ拡散させることも重要となる。

【注】

◉1　田中信一郎（千葉商科大学准教授）、茅野恒秀（信州大学准教授）。

◉2　丸山康司（名古屋大学教授）、山下英俊（一橋大学准教授）。

編者あとがき

本書の刊行の準備をしている間に、第六次環境基本計画が閣議決定された。この環境基本計画の特徴は「現在及び将来の国民一人一人のウェルビーイング／高い生活の質」を環境政策の最上位の目標に掲げた点である。気候変動、生物多様性の損失、汚染などといった環境危機に直面している現代社会が、「循環共生型社会」の実現によって環境問題を克服するとともに、生活の質を高めようという内容である。この点は本書にも共通する考え方である。

環境問題というと、その解決のために、誰かに我慢やリスクを強いるような構造や、人々の行動を統制するような空気を感じる人もいるかもしれない。再エネの導入と地域の関係にも同じような雰囲気を感じ取り、スッキリと賛成できない場合もあったかもしれない。日本では地域外の会社が所有する場合が多く、外部者の「金儲け」と見なされやすいという事情もある。事業の是非をめぐって地域に軋轢が生じたり、地域の自然環境がないがしろにされるように感じる人もいたかもしれない。もはや再エネが、再エネだという理由だけで正当化される時代は終わりにするべきだろう。ただ、悩ましいことに気候変動という問題への対策として、再エネという選択肢を抜きに考えるのも難しいという現実もある。運輸や熱も含めて脱炭素が実現している市町村は皆無に近い。都市部だけの課題ではない。

もちろん、こうした考え方はただの「押しつけ」かもしれない。その一方で、再エネの導入を通じて立地地域との共存共栄を図ろうとする「地域共生」といった考え方や実践も生まれている。事業利益の一部の基金化、雇用創出、経済復興、地場産業化、生物多様性型、漁業協調型など共生の手法はさまざまある。これにより、これまで電力供給と脱炭素が目的だった再エネが、地域にいかに役立つかということや、地域のウェルビーイングをいかに高めることができるかという新たな視点が取り入れられることとなった。

もちろん、何が「地域共生」に相当するかは相当複雑な課題であるし、「地域共生」を意図していることと実際に機能しているかは別問題である。こうした問題意識から、本書では地域にとっても合理的な再エネ事業とは何かを考え、地域に役立つ再エネ事業を拡げるための社会的仕組みとして、認証や中間支援の方法を検討した。〈よい再エネ〉をどう定義するかは難題である。人々の価値観や立場は多様であるがゆえに、すべての人を満足させるような〈よい再エネ〉というのは、現実には存在しないかもしれない。だが、個別の不利益を「必要悪」として切り捨てず、個別の多様な便益も同時に実現することを基本的な要件とした。現代社会にはエネルギー問題だけでなく、少子高齢化や子どもの貧困、労働力不足、ジェンダー問題、買い物難民など多様な問題が存在する。こうした社会問題への対応も含めた「循環共生型社会」を具体化する手段として再エネが貢献できる潜在的な可能性はある。そのために必要なのが、〈よい再エネ〉へのアップデートであると考えている。

本研究で注力したもう一つの点は、事業者にとっても合理的となる社会的仕組みを考案することである。住民からの信頼を得たり、合意形成のコストを下げたりすることは、本来事業者にとっても合理的である。そこから一歩踏み込んで、認証を通じたプレミアムにつなげることができれば、事業者にとって「地域共生」は余計な負担ではなく、正当な投資となるはずである。少なくとも、そのように考える「よい事業者」が経済的にも報われるような仕組みを整えることによって、市場の仕組みを通じた問題解決の道筋を拓くことができるのではないかと考えている。ナイーブかつ稚拙な発想かもしれないが、賛否が交錯する再エネの議論について、どちらにも与することができない私たちが真面目に悩んだ結果として、ご容赦いただければ幸いである。

本研究を進めるにあたり、公益財団法人日本生命財団の助成を受けた。本研究は採択された矢先にコロナ禍という困難な局面を迎えることになったが、粘り強く柔軟な支援をいただいたことによって、研究をとりまとめることができた。また、政府系の研究支援とは異なる懐の広いパトロネージュは、結果に対する確信がないからこそ挑戦した本研究を大いに勇気づけてくれた。本研究に取り組む機会を与えてくださったことに感謝申し上げるとともに、ワークショップの開催や本書籍の出版に際してご支援くださった同財団の広瀬浩平様、北村俊幸様、吉川克巳様に深く謝意を表したい。

最後に、本書の出版については、法政大学出版局の郷間雅俊様に大変お世話になった。原稿の締め切りの管理をはじめ、各章におけるアドバイス、英文和訳のチェックなど多くのサポートをいただいた。編集過程ではつねに温かいお言葉や励ましのお言葉があったからこそ、時間的制約の重さで逃避したくなったときも作業に集中することができた。この場を借りて心より感謝申し上げたい。

二〇二四年一一月

丸山康司
本巣芽美

索　引

あ 行

か 行

さ 行

た 行

な 行

は 行

ま 行

や 行

ら 行

文献一覧

はじめに

Doedt, C. and Y. Maruyama [2023] "The mega solar Twitter discourse in Japan: Engaged opponents and silent proponents," *Energy Policy*, 175: 113495.

Haac, R., R. Darlow, K. Kaliski, J. Rand and B. Hoen [2022] "In the shadow of wind energy: Predicting community exposure and annoyance to wind turbine shadow flicker in the United States," *Energy Research & Social Science*, 87: 102471.

IPCC [2021] Climate Change 2021. edited by Masson-Delmotte, V. e. a. e. Cambridge, United Kingdom and New York, NY, USA.

—— [2023] "Summary for Policymakers," Intergovernmental Panel on Climate, C. ed., *Climate Change 2022 - Mitigation of Climate Change: Working Group III Contribution to the Sixth Assessment Report of the Intergovernmental Panel on Climate Change*. Cambridge: Cambridge University Press. 3–48.

Liebich, T., L. Lack, K. Hansen, B. Zajamšek, N. Lovato, P. Catcheside and G. Micic [2021] "A systematic review and meta-analysis of wind turbine noise effects on sleep using validated objective and subjective sleep assessments," *Journal of Sleep Research*, 30 (4): e13228.

Pedersen, E., F. van den Berg, R. Bakker and J. Bouma [2009] "Response to noise from modern wind farms in The Netherlands," *The Journal of the Acoustical Society of America*, 126 (2): 634–43.

Rand, J. and B. Hoen [2017] "Thirty years of North American wind energy acceptance research: What have we learned?," *Energy Research & Social Science*, 29: 135–48.

Renn, O. [2008] *Risk Governance. Coping with Uncertainty in a Complex World*. London: Earthscan.

Renn, O. and A. Klinke [2015] "Risk Governance and Resilience: New Approaches to Cope with Uncertainty and Ambiguity," Fra.Paleo, U. ed., *Risk Governance: The Articulation of Hazard, Politics and Ecology*. Dordrecht: Springer Netherlands. 19–41.

Warren, C. R. and M. McFadyen [2010] "Does community ownership affect public attitudes to wind energy? A case study from south-west Scotland," *Land Use Policy*, 27 (2): 204–13.

WHO [2018] *Environmental noise guidelines for the European Region*: World Health Organization.

飯田哲也・環境エネルギー政策研究所・古屋将太・吉岡剛・山下紀明［2014］『コミュニティパワー――エネルギーで地域を豊かにする』学芸出版社.
経済産業省［2024］『エネルギー白書 2024』(2024年10月28日取得, https://www.enecho.meti.go.jp/about/whitepaper/2024/pdf/).
島田泰夫［2015］「風力発電事業と鳥類貴重種との共存策について」, 丸山康司・西城戸誠・本巣芽美編『再生可能エネルギーのリスクとガバナンス――社会を持続していくための実践』ミネルヴァ書房, 95–116.
松田裕之・門畑明希子［2015］「風力発電事業による環境影響とその対処」, 丸山康司・西城戸誠・本巣芽美編『再生可能エネルギーのリスクとガバナンス――社会を持続していくための実践』ミネルヴァ書房, 61–92.
丸山康司［2014］『再生可能エネルギーの社会化――社会的受容性から問いなおす』有斐閣.

第 1 章

丸山康司［2014］『再生可能エネルギーの社会化――社会的受容性から問いなおす』有斐閣.
山下英俊［2021a］「所有と調達――地域経済効果の理論」『風力エネルギー』45 (3): 388–391.
山下英俊［2021b］「再生可能エネルギーと地域再生の可能性」『生活経済政策』298: 14–18.
山下英俊・小川祐貴・佐々木陽一［2022］『再生可能エネルギーがもたらした地域付加価値に関する実証的研究――再エネと地域との共生のかたち』PHP 総研（2024年9月2日取得, https://thinktank.php.co.jp/wp-content/uploads/2022/04/policy_pdf_220401.pdf).
山下英俊・寺林暁良［2022］「地域主導か地域貢献か――再生可能エネルギーの市場化とドイツにおけるコミュニティ・パワーの課題」, 丸山康司・西城戸誠編著『どうすればエネルギー転換はうまくいくのか』新泉社, 118–138.

第 2 章

小田切徳美［2009］『農山村再生――「限界集落」問題を超えて』岩波ブックレット No. 768.
五島市地域振興部再生可能エネルギー推進室［2017］「しまの豊かさを創造する海洋都市「五島市」」『風力エネルギー』41 (1): 72–74.

渋谷正信［2021］『地域や漁業と共存共栄する洋上風力発電づくり』KK ロングセラーズ.
渋谷正信［2024］『地域や漁業と共存共栄する洋上風力発電づくり 2』KK ロングセラーズ.
高橋勅徳［2023］「交渉と応答のプロセスとしてのソーシャル・イノベーション」『環境社会学研究』29: 53–70.
徳野貞雄［2008］「農山村振興における都市農村交流，グリーン・ツーリズムの限界と可能性——政策と実践の狭間で」，日本村落研究学会編『年報村落社会研究第 43 集　グリーン・ツーリズムの新展開』農山漁村文化協会.
中澤秀雄［2017］「まちづくりの制度転用と域内循環」『法学新報』124（7・8）: 39–74.
西城戸誠［2008］『抗いの条件——社会運動の文化的アプローチ』人文書院
西城戸誠［2021］「長崎県五島市の洋上風力における漁業共生と地域づくり」『風力エネルギー』45（3）: 411–416.
西城戸誠［2022］「「よそ者」によるコミュニティ・パワーの展開と「信頼」の構築——生活クラブ生協の実践から」，丸山康司・西城戸誠編著『どうすればエネルギー転換はうまくいくのか』新泉社.
西城戸誠［2023］「反・脱原発の市民運動によるオルタナティブの創出」，茅野恒秀・青木聡子編著『シリーズ 環境社会学講座 2　地域社会はエネルギーとどう向き合ってきたのか』新泉社.
舩橋晴俊［1998］「環境問題の未来と社会変動——社会の自己破壊性と自己組織性」，舩橋晴俊・飯島伸子編『講座社会学 12　環境』岩波書店.
古屋将太［2022］「メディエーターの戦略的媒介による地域の意志決定支援」，丸山康司・西城戸誠編著『どうすればエネルギー転換はうまくいくのか』新泉社.
丸山康司［2023］「エネルギー転換を可能にする社会イノベーション」，茅野恒秀・青木聡子編著『シリーズ 環境社会学講座 2　地域社会はエネルギーとどう向き合ってきたのか』新泉社.
丸山康司・西城戸誠［2022］「エネルギー転換をうまく進めるために——大きな物語を飼い慣らす」，丸山康司・西城戸誠編著『どうすればエネルギー転換はうまくいくのか』新泉社.
Nishikido, M.［2024］“Alternative Movements for Energy in Japan: Alternative Politics in Contemporary Japan,” David H. Slater and Patricia G. Steinhoff（eds.）*Alternative Politics in Contemporary Japan: New Directions in Social Movements*, University of Hawai’i Press.
Porter, M. and M. Kramer［2011］“Creating Shared Value: Redefining Capitalism and the Role of the Corporation in Society,” *Harvard Business Review*, January and February 2011.
Rittel Horst W. J. and Webber Melvin M.［1973］“Dilemmas in a general theory of planning,” *Policy Science*, 4（2）: 155–169.

第３章

小川総一郎［2018］「エコロジカル・ランドスケープ概論――地域環境の潜在の能力を生かして環境をデザインする」『建設機械施工 = Journal of JCMA : 一般社団法人日本建設機械施工協会誌』70 (3): 26–31.

環境省［2016］『生物多様性の観点から重要度の高い湿地〔重要湿地〕』（2024 年 5 月 1 日取得，https://www.env.go.jp/nature/important_wetland/pdf/jwetlist2804v5.pdf）

環境省［2022a］『30 by 30 ロードマップ』（2024 年 5 月 1 日取得，https://www.env.go.jp/content/900518835.pdf）.

環境省［2022b］「地域共生型再エネと環境省の取組」（2024 年 5 月 1 日取得，https://www.env.go.jp/policy/local_keikaku/re_energy.html）。

環境省［2023］『生物多様性国家戦略 2023–2030』（2024 年 5 月 1 日取得，https://www.env.go.jp/content/000124381.pdf）.

瀬戸内 Kirei 未来創り合同会社「発電事業」（2024 年 5 月 1 日取得，http://www.setouchimegasolar.com/business/index.html）。

日本自然保護協会［2023］「大型陸上風力発電計画の自然環境影響レポート」（2024 年 5 月 1 日取得，https://www.nacsj.or.jp/official/wp-content/uploads/2023/04/20230406_WindPower_Analysis_Report_FIN.pdf）.

日本野鳥の会「自然エネルギーとの共生」（2024 年 5 月 1 日取得，https://www.wbsj.org/activity/conservation/renewable-energy/）。

錦澤滋雄・長澤康弘［2023］「再生可能エネルギーの導入拡大に向けた環境配慮施策の現状と課題　太陽光発電事業を中心に」『環境情報科学』52 (3): 5–9.

向峯遼ほか［2024］「営農型太陽光発電の支柱はクモの網の足場として機能する」日本生態学会第七一回全国大会講演要旨.

山下紀明［2022］「太陽光発電の地域トラブルに対する条例における対応」『太陽エネルギー = Journal of Japan Solar Energy Society』48（5): 62–9.

Bennun, L. et al.［2021］*Mitigating biodiversity impacts associated with solar and wind energy development. Guidelines for project developers,* Gland: IUCN and Cambridge, UK: The Biodiversity Consultancy（2024 年 5 月 1 日取得，https://portals.iucn.org/library/sites/library/files/documents/2021-004-En.pdf）.

BP p.l.c.［2022］“bp Statistical Review of World Energy 2022”（2024 年 5 月 1 日取得，https://www.bp.com/content/dam/bp/business-sites/en/global/corporate/pdfs/energy-economics/statistical-review/bp-stats-review-2022-full-report.pdf）.

Clean Energy States Alliance［2020］“State Pollinator-Friendly Solar Initiatives”（2024 年 5 月 1 日取得，https://www.cesa.org/wp-content/uploads/State-Pollinator-Friendly-Solar-Initiatives.pdf）.

EnBW, “Weesow-Willmersdorf solar park”（2024 年 5 月 1 日取得，https://www.enbw.com/renewable-energy/solar/solarpark_weesow/）.

IEA［2023］“Net Zero Roadmap: A Global Pathway to Keep the 1.5 °C Goal in Reach,” Paris: IEA（2024 年 5 月 1 日 取 得，https://www.iea.org/reports/net-zero-roadmap-a-global-pathway-to-keep-the-15-0c-goal-in-reach）.

IPBES［2016］*The assessment report of the Intergovernmental Science-Policy Platform on Biodiversity and Ecosystem Services on pollinators, pollination and food production.* S.G. Potts, V. L. Imperatriz-Fonseca, and H. T. Ngo（eds）. Secretariat of the Intergovernmental Science-Policy Platform on Biodiversity and Ecosystem Services, Bonn, Germany（2024 年 5 月 1 日取得，https://doi.org/10.5281/zenodo.3402856）.

Minnesota Board of Water and Soil Resources［2024］“List of Habitat Friendly Solar Sites March 2024”（2024 年 5 月 1 日取得, https://bwsr.state.mn.us/sites/default/files/2023-04/List%20of%20BWSR%20HFS%20Sites%20April_2023.pdf）.

Minnesota Board of Water and Soil Resources［2024］“Minnesota Habitat Friendly Solar Program”（2024 年 5 月 1 日取得，https://bwsr.state.mn.us/minnesota-habitat-friendly-solar-program）.

NREL［2019］“Beneath Solar Panels, the Seeds of Opportunity Sprout”（2024 年 5 月 1 日取得，https://www.cesa.org/wp-content/uploads/State-Pollinator-Friendly-Solar-Initiatives.pdf）.

Pörtner, H.O. et al.［2021］*IPBES-IPCC co-sponsored workshop report on biodiversity and climate change*; IPBES and IPCC. DOI:10.5281/zenodo.4782538.

REN21［2023］*Renewable Energy and Sustainability Report*, Paris: REN21 Secretariat（2024 年 5 月 1 日取得，https://www.ren21.net/wp-content/uploads/2019/05/REN21-RESR-2023_LowRes.pdf）.

ScottishPower Renewables, “About Whitelee Windfarm”（2024 年 5 月 1 日 取 得，https://www.whiteleewindfarm.co.uk/whitelee-windfarm-about-us）.

UNFCC［2022］“What is the Triple Planetary Crisis?”（2024 年 5 月 1 日取得，https://unfccc.int/news/what-is-the-triple-planetary-crisis#:~:text=The%20triple%20planetary%20crisis%20refers,viable%20future%20on%20this%20planet）.

WWF Japan［2022］「日本各地で進む再生可能エネルギー開発の現状と課題」（2024 年 5 月 1 日取得，https://www.wwf.or.jp/activities/opinion/5048.html）.

第 4 章

飯田哲也［2014］環境エネルギー政策研究所『コミュニティパワー――エネルギーで地域を豊かにする』学芸出版社.

鬼頭秀一［1998］「環境運動／環境理念研究における「よそ者」論の射程――諫早湾と奄美大島の「自然の権利」訴訟の事例を中心に」『環境社会学研究』4: 44–59.

高橋叶［2023］「デンマークの「20％オーナーシップ地元購入権」の終了と新たな地域共生策」，京都大学大学院経済学研究科再生可能エネルギー経済学講座コラム（2024 年 7 月 14 日取得，https://www.econ.kyoto-u.ac.jp/renewable_energy/stage2/contents/column0403.html）.

東北大学中田俊彦研究室「地域エネルギー需給データベース（Version 2.9）」（2024 年 7 月 14 日取得，https://energy-sustainability.jp）.

古屋将太［2022］「メディエーターの戦略的媒介による地域の意思決定支援」，丸山康司・西城戸誠編『どうすればエネルギー転換はうまくいくのか』新泉社，254–285.

松村和則［1999］「山村再生と環境保全運動――「自由文化空間」と「よそ者」の交錯」『環境社会学研究』5: 21–37.

Doedt, C., & Maruyama, Y.［2023］“The mega solar Twitter discourse in Japan: Engaged opponents and silent proponents”, *Energy Policy*, 175: 113495.

Gorroño-Albizu, L., Sperling, K., & Djørup, S.［2019］“The past, present and uncertain future of community energy in Denmark. Critically reviewing and conceptualising citizen ownership,” *Energy Research & Social Science*, 57: 101231.

IEA［2023］*Denmark 2023 Energy Policy Review*（2024 年 7 月 14 日取得，https://iea.blob.core.windows.net/assets/9af8f6a2-31e7-4136-94a6-fe3aa518ec7d/Denmark_2023.pdf）.

Johansen, K., & Emborg, J.［2018］“Wind farm acceptance for sale? Evidence from the Danish wind farm co-ownership scheme,” *Energy Policy*, 117: 413–422.

Middelgrunden Offshore Wind Farm［2003］*The Middelgrunden Offshore Wind Farm: A Popular Initiative*.

第 5 章

菊池直樹［2008］「コウノトリの野生復帰における「野生」」『環境社会学研究』14, 86–100.

佐藤哲［2016］『フィールドサイエンティスト――地域環境学という発想』東京大学出版会.

佐藤哲［2024］「統合知を生かして複雑な課題に取り組む――社会・生態系システムの本質的転換に向けて」，宮内泰介・三上直之編『シリーズ環境社会学講座 6　複雑な問題をどう解決すればよいのか――環境社会学の実践』新泉社，134–154.

佐藤真久・島岡未来子［2020］『SDGs 時代の ESD と社会的レジリエンス研究叢書②　協働ガバナンスと中間支援機能――環境保全活動を中心に』筑波書房.

茅野恒秀［2009］「プロジェクト・マネジメントと環境社会学――環境社会学が組織者になれるか，再論」『環境社会学研究』15: 25–38.
茅野恒秀［2024］「公共圏の活性化によって解決を考える――環境社会学者が社会に果たす役割」，宮内泰介・三上直之編『シリーズ環境社会学講座 6　複雑な問題をどう解決すればよいのか――環境社会学の実践』新泉社，232–253.
寺林暁良［2021］「コミュニティ便益とコミュニティの主体性――スコットランド自治政府の再生可能エネルギー『実践原則』をもとに」『風力エネルギー』日本風力エネルギー学会 45 (3), 392–395.
寺林暁良・宮内泰介［2022］「再生可能エネルギーがもたらすコミュニティの再生――スコットランドのコミュニティ・パワーの事例から」，丸山康司・西城戸誠編『どうすればエネルギー転換はうまくいくのか』新泉社，139–160.
内閣府国民生活局［2002］「NPO 支援組織レポート」『中間支援組織の現状と課題に関する調査報告書』.
西城戸誠［2015］「再生可能エネルギー事業における内発的発展の両義性――日本版・コミュニティパワーの構築に向けて」，丸山康司・西城戸誠・本巣芽美編『再生可能エネルギーのリスクとガバナンス――社会を持続していくための実践』ミネルヴァ書房，211–249.
日本 NPO センター［2024］日本 NPO センターホームページ（2024 年 7 月 7 日取得，https://www.jnpoc.ne.jp/who-we-are03/）.
馬場健司・木村宰・鈴木達治郎［2004］「風力発電の立地プロセスにおけるアクターの参加の場と意思決定手続き」『社会技術研究論文集』2: 68–77.
平岡俊一［2016］「地域再生可能エネルギー事業における中間支援組織の活動と機能」『環境情報科学学術研究論文集』30: 297–302.
藤井敦史［2016］「中間支援組織調査を通して見た日本の労働統合型社会的企業（WISE）の展開と課題」『全労済公募研究シリーズ』60.
古屋将太［2022］「メディエーターの戦略的媒介による地域の意思決定支援」，丸山康司・西城戸誠編『どうすればエネルギー転換はうまくいくのか』新泉社，254–285.
宮永健太郎［2017］「地域分散型・地域主導型エネルギーシステムとその担い手――社会的企業（social enterprise）論からの考察」『経済論叢』190 (4): 89–107.
向井清史［2015］『ポスト福祉国家のサードセクター論――市民的公共圏の担い手としての可能性』ミネルヴァ書房.
吉田忠彦［2004］「NPO 中間支援組織の類型と課題」『龍谷大学経営学論集』44 (2): 104–113.
吉田忠彦［2009］「イシュー・ネットワークと組織形成――日本 NPO センターの設立を事例として」『商経学叢』56 (1): 423–433.
Aberdeenshire Council［2024］“Census Results: Census 2022”（2024 年 7 月 7 日取得，

https://www.aberdeenshire.gov.uk/council-and-democracy/statistics/census/).
Bosworth, G., Annibal, I., Carroll, T., Price, L., Sellick, J., & Shepherd, J.［2016］“Empowering Local Action through Neo-Endogenous Development; The Case of LEADER in England,” *Sociologia Ruralis*, 56 (3): 427–449.
Foundation Scotland［2021］“Unlock our Future Fund webinar 02/03/2021”（2024 年 7 月 7 日取得，https://www.youtube.com/watch?v=mGb-pajP1Gw).
Foundation Scotland［2023a］“Fund report : Vattenfall Unlock our Future Fund”（2024 年 6 月 26 日取得，https://www.foundationscotland.org.uk/sites/default/files/2023-01/Vattenfall%20Unlock%20our%20Future%20Fund%20An%20Report%202022%20final%20%28web%29.pdf).
Foundation Scotland［2023b］“Fund report : Vattenfall Unlock our Future”（2024 年 6 月 26 日取得，https://www.foundationscotland.org.uk/sites/default/files/2023-12/Vattenfall%20Unlock%20our%20Future%20Fund%20Annual%20Report%202023.pdf).
Foundation Scotland［2023c］“Invitation to Tender & Terms of Reference: Evaluation the Vattenfall Unlock our Future Fund”（2024 年 6 月 30 日取得，https://www.foundationscotland.org.uk/sites/default/files/2023-11/UOFF%20Evaluation%202023_0.pdf).
Foundation Scotland［2023d］“Vattenfall, Unlock Our Futures Fund‘ seminar for potential applicants”（2024 年 7 月 7 日取得，https://www.youtube.com/watch?v=3zTxOJ821N8）
Foundation Scotland［2024］“Fittie's fit for the future”（2024 年 7 月 11 日取得，https://www.foundationscotland.org.uk/our-impact/case-studies/fittie-for-future).
Freiberg, A., Schefter, C., Hegewald, J., & Seidler, A.［2019］“The influence of wind turbine visibility on the health of local residents: a systematic review,” *International Archives of Occupational And Environmental Health*, 92 (5): 609–628.
Glasson, J., Durning, B., Olorundami, T., & Weich, K.［2020］“Technical Report 4: European Offshore Wind Deployment Center（EOWDC）(Aberdeen Offshore Wind Farm): Socio-Economic impacts Monitoring Study”（2024 年 6 月 27 日取得, https://radar.brookes.ac.uk/radar/items/e413f0fe-3088-40d3-87ef-db42a8b4b755/1/).
Habermas, J. 1968, *Technik und Wissenschaft als Ideologie,* Frankfurt: Suhrkamp (長谷川宏訳, 2000］『イデオロギーとしての技術と科学』平凡社).
Haggett, C.［2017］“EOWC Community Benefits Baseline Study,” University of Edinburgh.
Karasmanaki, E.［2022］“Is it safe to live near wind turbines? Reviewing the impacts of wind turbine noise,” *Energy for Sustainable Development*, 69: 87–102.
Local Energy Scotland［2024a］“Community benefits”（2024 年 7 月 12 日取得，https://localenergy.scot/hub/community-benefits/).
Local Energy Scotland［2024b］“Case studies: Vattenfall Unlock our Future Fund”（2024 年 6 月 26 日取得，https://localenergy.scot/casestudy/vattenfall-unlock-our-future-fund/).
Lowe, P., Phillipson, J., Proctor, A., & Gkartzios, M.［2019］“Expertise in Rural Development:

A Conceptual and Empirical Analysis," *World Development,* 116: 28–37.
McCauley, D., Heffron, R., Stephan, H., & Jeskins, K.［2013］"Advancing energy justice: the triumvirate of tenets and systems thinking," *International Energy Law Review,* 32（3）: 107–116.
OPM/Compass Partnership［2004］*Working Towards an Infrastructure Strategy for Working with the Voluntary and Community Sector*, London: OPM, Buckinghamshire: Compass Partnership.
Scottish Government［2014］"Good Practice Principles for Community Benefits from Offshore Renewable Energy Developments Produced by Local Energy Scotland on behalf of The Scottish Government"（2024 年 6 月 30 日取得，https://consult.gov.scot/energy-and-climate-change-directorate/principles-for-shared-ownership-of-o/supporting_documents/GoodPracticePrinciples.pdf）.
Sovacool, B. K., & Dworkin, M. H.［2015］"Energy Justice: Conceptual Insights and Practical Applications," *Applied Energy*, 142: 435–444.
Teneler, AA. and Hassoy, H.［2023］"Health effects of wind turbines: a review of the literature between 2010–2020," *International Journal of Environmental Health Research* 33（2）: 143–157.
Vattenfall［2018］"Press Release: Transformer for the North-East"（2024 年 7 月 7 日取得，https://group.vattenfall.com/uk/newsroom/pressreleases/stories/transformer-for-the-north-east）.
Vattenfall［2024］"Aberdeen Offshore Wind Farm: Also known as the European Offshore Wind Development Center"（2024 年 7 月 7 日 取 得，https://group.vattenfall.com/uk/what-we-do/our-projects/european-offshore-wind-deployment-centre）.
Walker, C., Baxter, J. and Ouellette, D.［2015］"Adding insult to injury: The development of psychosocial stress in Ontario wind turbine communities," *Social Science & Medicine* 133: 358–365.
Ward, N., Atterton, J., Kim, T.-Y., Lowe, P., Phillipson, J., and Thompson, N.［2005］"Universities, the Knowledge Economy and 'Neo-Endogenous Rural Development'," Newcastle Up on Tyne, Newcastle University.
World Population Review［2024］"Population of Cities in United Kingdom"（2024 年 7 月 7 日取得，https://worldpopulationreview.com/countries/cities/united-kingdom）.

コラム❹

Arrow, K. J.［1951］*Social Choice and individual Values*, New York: John Wiley & Sons.
Paulus, G., Schrotta, S., & Visotschnig, E.［2013］*Systemisches KONSENSIEREN－Der*

Schlüssel zum gemeinsamen Erfolg, Holzkirchen: DANKE-Verlag.
Sen, A. K.［1987］*On Ethics and Economics*, Oxford: Blackwell（徳永澄憲・松本保美・青山治城訳, 2016,『アマルティア・セン講義経済学と倫理学』ちくま学芸文庫）.
Visotschnig, E., & Visotschnig, V.［2000］*Einführung in das SK-Prinzip*（2024 年 6 月 7 日取得, https://www.systemisches-konsensieren-trier.info/uploads/1/0/4/2/104259489/erich_und_volker_visotschnig_-_einführung_in_systemisches_konsensieren.pdf）.

第 6 章

環境省［2024］「環境省説明資料（2024 年 6 月 13 日）」（2024 年 8 月 15 日取得, https://www.meti.go.jp/shingikai/enecho/denryoku_gas/saisei_kano/pdf/063_02_00.pdf）.
熊本県［2020］『第 2 次熊本県総合エネルギー計画』（2024 年 7 月 1 日取得, https://www.pref.kumamoto.jp/uploaded/life/189795_476624_misc.pdf）.
熊本県［2021］「第 4 編　分野別計画」『第四次熊本県環境基本指針（令和 3 〜 12 年度）・第六次熊本県環境基本計画（令和 3 〜 7 年度）』（2024 年 7 月 1 日取得, https://www.pref.kumamoto.jp/uploaded/life/103587_232019_misc.pdf）.
熊本県［2023］『地球温暖化対策の推進に関する法律に基づく再エネ促進区域の設定に関する熊本県基準』, p.12（2024 年 7 月 2 日取得, https://www.pref.kumamoto.jp/uploaded/attachment/231690.pdf）.
国土交通省［2019］「Press Release　平成 30 年 7 月豪雨が統計開始以来最大の被害額に〜平成 30 年の水害被害額（暫定値）を公表〜（平成元年七月三〇日）」（2024 年 8 月 13 日取得, https://www.mlit.go.jp/common/001301033.pdf）.
国土交通省［2022］『国土交通省白書 2022』（2024 年 8 月 13 日取得, https://www.mlit.go.jp/hakusyo/mlit/r03/hakusho/r04/html/nj010000.html）.
国土交通省九州地方整備局八代河川国道事務所 a（2024 年 7 月 2 日取得, https://www.qsr.mlit.go.jp/yatusiro/river/kouzui/index.html）.
国土交通省九州地方整備局八代河川国道事務所 b,「令和二年七月豪雨球磨川水害伝承記〜後代に残す記録〜」, 災害の概要（2024 年 7 月 2 日取得, https://kumariver-r0207archive.jp/overview/）.
増原直樹・馬場健司［2021］「水・エネルギーネクサスに対する学際・超学際的アプローチの成果と課題――別府市における温泉・観光と地熱発電に関するシナリオプランニングの事例」『環境科学会誌』34 (2): 66–79.
丸山康司［2024］「再生可能エネルギー促進と生物多様性保全を考える」『日本生態学会誌』74: 61–64.
三上直之［2010］「日本でのコンセンサス会議の展開とその課題」『計画行政』33 (3): 15–20.

第7章

大元鈴子・佐藤哲・内藤大輔編［2016］『国際資源管理認証――エコラベルがつなぐローカルとグローバル』東京大学出版会.

大元鈴子［2017］『ローカル認証――地域が創る流通の仕組み』清水弘文堂書房.

大元鈴子［2023］「「前競争的協働」時代の国際水産認証制度とエコラベルの役割――認証制度を基盤にした主体間ネットワーク形成に注目して」『環境社会学研究』29：38–51.

丸山康司［2014］『再生可能エネルギーの社会化――社会的受容性から問いなおす』有斐閣.

宮内泰介［2017］『どうすれば環境保全はうまくいくのか――現場から考える「順応的ガバナンス」の進め方』新泉社.

Clapp, J.［1998］"The Privatization of Global Environmental Governance: ISO 14000 and the Developing World," *Global Governance: A Review of Multilateralism and International Organizations*, 4 (3): 295–316.

Coglianese, C.［2020］"Environmental Soft Law as a Governance Strategy," *Jurimetrics*, 61: 19–51.

Deere, C.［1999］*Eco-labelling and Sustainable Fisheries*, IUCN: Washington, D.C. and FAO: Rome.

Dietsch, T. V., & Stacy, M. P.［2008］"Linking Consumers to Sustainability: Incorporating Science into Eco-friendly Certification," *Globalizations*, 5 (2): 247–258.

Farreras, V., & Salvador, Pablo F.［2022］"Why do some Participatory Guarantee Systems emerge, become effective, and are sustained over time, while others fail? An application of the Ostrom social-ecological system framework," *Land Use Policy*, 118 (3): 106–134.

Foley, P., & Havice, E.［2016］"The rise of territorial eco-certifications: New politics of transnational sustainability governance in the fishery sector," *Geoforum*, 69: 24–33.

IFOAM［2008］Participatory Guarantee Systems (PGS)（2024年8月17日取得，https://www.ifoam.bio/our-work/how/standards-certification/participatory-guarantee-systems）.

MSC［2022］*The MSC Fisheries Standard and Guidance v3.0*（2024年8月17日取得，https://www.msc.org/docs/default-source/default-document-library/for-business/program-documents/fisheries-program-documents/msc-fisheries-standard-v3-0.pdf?sfvrsn=53623a3_31.）

Reis Riani, R., da Costa, F., Chai, C., Carneiro, M., Galvão Basílio, D., & Martins Batalha, G.［2023］"Private Regimes and Global Environmental Governance: Soft Law as an Instrument to Address Common Environmental Issues," *Beijing Law Review*, 14: 1523–1540.

Roheim, C.A., Bush, S.R., Asche, F. Sanchirico, J. N., & Uchida, H.［2018］"Evolution and

future of the sustainable seafood market," *Nat Sustain*, 1: 392–398.
Schiller, L., & Bailey, M.［2020］"Rapidly increasing eco-certification coverage transforming management of world's tuna fisheries," *Fish and Fisheries*, 22: 592– 604.
Shelton, Dinah L.［2008］"Soft Law," *Handbook of International Law*, Routledge Press, 68–80.

コラム❻

経済産業省［2024］「気候変動をめぐる国際的なイニシアティブへの対応」，2024 年 6 月 4 日掲載（2024 年 7 月 26 日取得，https://www.meti.go.jp/policy/energy_environment/kankyou_keizai/international_climatechange_initiatives.html）．

みずほリサーチ＆テクノロジーズ［2024］「国内外の証書制度の整理」，第 34 回ガス事業制度検討ワーキンググループ，資料 4，2024 年 2 月 29 日掲載（2024 年 7 月 26 日取得，https://www.meti.go.jp/shingikai/enecho/denryoku_gas/denryoku_gas/gas_jigyo_wg/pdf/034_04_00.pdf）．

JEPX［2024］「非化石価値取引の改定〜全量トラッキングの実現　2024 年度分から〜」，2024 年 3 月 4 日（2024 年 9 月 19 日取得，https://www.jepx.jp/nonfossil/news/pdf/jepx20240304.pdf?timestamp=1720396800031）．

第 8 章

再生可能エネルギー法［2023］"Gesetz für den Ausbau erneuerbarer Energien（Erneuerbare-Energien-Gesetz – EEG 2023）"（2024 年 10 月 21 日取得，https://www.gesetze-im-internet.de/eeg_2014/EEG_2023.pdf ドイツ語）
チューリンゲン州統計局［2024］「2024 年チューリンゲン州選挙——最終結果」（2024 年 10 月 21 日取得，https://wahlen.thueringen.de/datenbank/wahl1/wahl.asp?wahlart=LW&wJahr=2024&zeigeErg=Land Fraunhofer ドイツ語）
AEE［2023］"Renewable energies in Germany: between acceptance and uncertainty"（2024 年 10 月 21 日取得，https://www.unendlich-viel-energie.de/erneuerbare-energien-in-deutschland-zwischen-akzeptanz-und-unsicherheit ドイツ語）
BMWK［2023］「再生可能エネルギーの拡大状況，陸上風力エネルギー利用のための地域，計画，承認に関する連邦・州協力委員会報告書」（2024 年 10 月 21 日取得，https://www.bmwk.de/Redaktion/DE/Downloads/E/EEG-Kooperationsausschuss/2023/bericht-bund-laender-kooperationsausschuss-2023.pdf?__blob=publicationFile&v=10 ドイツ語）
BWE［2019］"It's in our nature- Climate and nature conservation WITH wind energy"（2024

年 10 月 21 日取得，https://www.wind-energie.de/fileadmin/redaktion/dokumente/publikationen-oeffentlich/themen/01-mensch-und-umwelt/03-naturschutz/FINAL_-_BWE-Broschuere_-_Windenergie_und_Naturschutz_-_20190823_aktualisiert_Online_01.pdf ドイツ語）

Deutsche Windguard［2024］「2023 年ドイツにおける陸上風力エネルギー拡大の現状」（2024 年 10 月 21 日取得，https://www.wind-energie.de/fileadmin/redaktion/dokumente/publikationen-oeffentlich/themen/06-zahlen-und-fakten/20240116_Status_des_Windenergieausbaus_an_Land_Jahr_2023.pdf ドイツ語）

EEG［2023］「§6 開発に対する地方自治体の財政参加」（2024 年 10 月 21 日取得，https://www.gesetze-im-internet.de/eeg_2014/__6.html ドイツ語）

FA Wind［2019］“Barriers to expansion of wind energy in Germany”（2024 年 10 月 21 日取得，https://www.wind-energie.de/fileadmin/redaktion/dokumente/pressemitteilungen/2019/20190719_FA_Wind_Branchenumfrage_beklagte_WEA_Hemmnisse_DVOR_und_Militaer.pdf ドイツ語）

FA Wind［2024］「陸上風力発電受け入れに関するアンケート調査 2023 年秋」（2024 年 10 月 21 日取得，https://www.fachagentur-windenergie.de/fileadmin/files/Veroeffentlichungen/Akzeptanz/FA_Wind_Umfrageergebnisse_Herbst_2023.pdf ドイツ語）

Huebner, G., et al.［2023］“Broadening the social acceptance of wind energy — An Integrated Acceptance Model,” *Energy Policy*, 173, 113360.

ISE［2023］「2023 年のドイツの純発電量」（2024 年 10 月 21 日取得，https://www.energy-charts.info/post.html?l=de&c=DE&q=nettostromerzeugung_in_deutschland_im_jahr_2023_01102024 ドイツ語）

MDR［2021］「「過激派であることが証明された」――チューリンゲン州憲法保護局が AfD を観察（2021 年 5 月 12 日）」（2024 年 10 月 21 日取得，https://www.mdr.de/nachrichten/thueringen/verfassungsschutz-afd-beobachtung-100.html ドイツ語）

Schmidt, R.［2018］“Opinion on wind energy in Thuringia”（2024 年 10 月 21 日取得，https://www.enbw.com/media/konzern/docs/energieerzeugung/stimmungsbild-windkraft-thueringen-2018.pdf ドイツ語）

ThEGA［2024］「自分の国で，心を込めて！ 連邦政策要件における市民エネルギー協同組合の機会と範囲」（2024 年 10 月 21 日取得，https://www.buendnis-buergerenergie.de/fileadmin/user_upload/konvent_2024/25_WS11_Buergerwind_ThEGA.pdf ドイツ語）

Thüringer Landesamt für Statistik［2024］“Thuringian Electricity Production 2022”（2024 年 10 月 21 日取得，https://statistik.thueringen.de/presse/2024/pr_026_24.pdf ドイツ語）

WindBG［2022］“Gesetz zur Festlegung von Flächenbedarfen für Windenergieanlagen an Land (Windenergieflächenbedarfsgesetz – WindBG)”（2024 年 10 月 21 日取得，https://www.gesetze-im-internet.de/windbg/BJNR135310022.html ドイツ語）

Windwahn［2024］「ドイツにおける市民イニシアチブ地図」（2024 年 10 月 21 日取得, https://www.windwahn.com/karte-der-buergerinitiativen/ ドイツ語）

第 9 章

一般財団法人地方自治研究機構ホームページ「太陽光発電設備の規制に関する条例」（2024 年 3 月 31 日取得，http://www.rilg.or.jp/htdocs/img/reiki/005_solar.htm）．

経済産業省［2022］「説明資料」（経済産業省再生可能エネルギー発電設備の適正な導入及び管理のあり方に関する検討会第 1 回資料 3（2024 年 8 月 26 日取得, https://www.meti.go.jp/shingikai/energy_environment/saisei_kano_energy/pdf/001_03_00.pdf）．

長野県［2024］『長野県地域と調和した太陽光発電事業の推進に関する条例手引き（第 1 版）』（2024 年 8 月 26 日取得，https://www.pref.nagano.lg.jp/zerocarbon/documents/jyoreitebiki240322.pdf）．

西城戸誠［2022］「「よそ者」によるコミュニティ・パワーの展開と「信頼」の構築――生活クラブ生協の実践から」，丸山康司・西城戸誠編『どうすればエネルギー転換はうまくいくのか』新泉社，162.

原科幸彦［2011］『環境アセスメントとは何か――対応から戦略へ』岩波新書.

丸山康司［2022］「エネルギー転換と「やっかいな問題」」，丸山康司・西城戸誠編『どうすればエネルギー転換はうまくいくのか』新泉社.

宮内泰介［2024］「複雑な問題をどう解決すればよいのか――環境社会学の視点」，宮内泰介・三上直之編『複雑な問題をどう解決すればよいのか――環境社会学の実践』新泉社，20.

山下英俊・藤井康平［2021］「地域における再生可能エネルギー利用の実態と課題――過去 3 回の全国市区町村アンケートの結果から」『一橋経済学』12 (1): 67–85.

山下紀明［2022］「太陽光発電の地域トラブルと調和・規制条例，今後の適正な促進に向けて」（経済産業省再生可能エネルギー発電設備の適正な導入及び管理のあり方に関する検討会第 2 回資料 2）（2024 年 8 月 26 日取得，https://www.meti.go.jp/shingikai/energy_environment/saisei_kano_energy/pdf/002_02_00.pdf

山下紀明・丸山康司［2022］「太陽光発電の地域トラブルと自治体の対応」，丸山康司・西城戸誠編『どうすればエネルギー転換はうまくいくのか』新泉社，38–40.

〈よい再エネ〉を拡大する

地域に資するための社会的仕組み

2024 年 12 月 25 日　初版第 1 刷発行

編著者　丸山康司・本巣芽美

発行所　一般財団法人 法政大学出版局
〒102-0071 東京都千代田区富士見 2-17-1
電話 03（5214）5540　振替 00160-6-95814
組版：HUP　印刷：日経印刷　製本：積信堂

ISBN978-4-588-62552-7

◉編著者

丸山康司（まるやま やすし）

名古屋大学大学院環境学研究科教授。環境社会学・科学技術社会論。著書に『再生可能エネルギーの社会化』（有斐閣），共編著に『再生可能エネルギーのリスクとガバナンス』（ミネルヴァ書房），『どうすればエネルギー転換はうまくいくのか』（新泉社）ほか。

本巣芽美（もとす めみ）

名古屋大学大学院環境学研究科特任准教授。IEA Wind Task 62 委員，環境省脱炭素先行地域評価委員会専門委員のほか，地方自治体の環境審議会委員等を務める。著書に『風力発電の社会的受容』（ナカニシヤ出版）ほか。博士（学際情報学）。

◉著 者

山下英俊（やました ひでとし）

一橋大学大学院経済学研究科准教授。専門は環境・資源経済学。博士（学術）。共編著に『ドイツに学ぶ――地域からのエネルギー転換』（家の光協会），『農家が消える』（みすず書房）ほか。

西城戸誠（にしきど まこと）

専攻は環境社会学・地域社会学・社会運動研究。著書に『抗いの条件』（人文書院），共編著に『芦別』（寿郎社），『どうすればエネルギー転換はうまくいくのか』（新泉社），『震災と地域再生』（法政大学出版局），共著に『避難と支援』（新泉社）ほか。

山下紀明（やました のりあき）

特定非営利活動法人環境エネルギー政策研究所（ISEP）主任研究員，名古屋大学大学院環境学研究科博士課程（知の共創プログラム特別コース）。論文に「太陽光発電の地域トラブルに対する条例における対応」（『太陽エネルギー Journal of Japan Solar Energy Society』48（5））ほか。

古屋将太（ふるや しょうた）

特定非営利活動法人環境エネルギー政策研究所（ISEP）研究員。デンマーク・オールボー大学大学院にて PhD 取得。地域参加型自然エネルギーにおける政策形成・事業開発・合意形成支援に取り組む。

平春来里（たいら すぐり）

名古屋大学大学院環境学研究科博士後期課程。環境社会学。論文に「風力発電をめぐる環境論争の「ときほぐし」にむけて――山形県荘内地方の風力発電事業を事例に」（『環境社会学研究』第 29 号）ほか。

大元鈴子（おおもと れいこ）

鳥取大学地域学部教授。カナダの Waterloo 大学博士課程修了（地理学博士）。海洋管理協議会・日本事務所，総合地球環境学研究所などでの勤務を経て現職。著書に『国際資源管理認証』（東京大学出版会），『ローカル認証』（清水弘文堂書房）ほか。

クリスティアン・ドート（Christian Doedt）
環境エネルギー政策研究所研究員。再生可能エネルギーの社会的受容における SNS の影響に関する研究に従事。また，日本における営農型太陽光発電の社会政治的背景について研究している。ドイツ出身。

田中信一郎（たなか しんいちろう）
千葉商科大学基盤教育機構准教授。明治大学大学院政治経済学研究科博士後期課程修了，博士（政治学）。公共政策。国会議員政策秘書，明治大学専任助手，横浜市，内閣府，内閣官房，長野県，自然エネルギー財団等での勤務を経て現職。

◉コラム著者

吉田明子（よしだ あきこ）
国際環境Ｎ GO FoE Japan 気候変動・エネルギー担当。2011 年の震災・原発事故以後，エネルギーシフトに向けた活動に携わる。2015 年に再エネ選択を呼びかける「パワーシフト・キャンペーン」を立ち上げる。

半澤彰浩（はんざわ あきひろ）
1982 年生活クラブ生協神奈川に入職後，同生協専務理事を経て，現在常任顧問。㈱生活クラブエナジー代表取締役，一般社団法人グリーンファンド秋田代表理事，一般社団法人生活クラブエネルギー事業連合副理事長，特定非営利活動法人参加型システム研究所所長。

岩垂麻理絵（いわだれ まりえ）
株式会社グリーンパワーインベストメント対外連携推進・運営室所属。自社発電事業地の自治体や地域住民と連携した地域振興策の立案・推進に携わる。

稲垣憲治（いながき けんじ）
文部科学省，東京都庁を経て 2020 年から現職。地域エネルギー会社運営支援，自治体脱炭素支援を行う。著書に『地域新電力』（学芸出版社）ほか。博士（地球環境学）。

真野秀太（まの しゅうた）
株式会社三菱総合研究所，自然エネルギー財団を経て，SB エナジー株式会社にて再生可能エネルギー発電事業に携わる。2018 年よりみんな電力株式会社（現 UPDATER）に参画。2023 年 7 月執行役員に就任。

小笠原憲人（おがさわら けんと）
一般社団法人日本風力発電協会企画部にて環境部会の事務局を担当。JWPA 環境・社会行動計画の策定や部会活動の運営に携わる。株式会社東芝エネルギーシステムズより 2023 年から同協会へ出向。